ストーカーとの七〇〇日戦争◉目次

Ⅰ部

II部

III部

題字デザイン
●
平野甲賀
写真
●
iStock / Getty Images Plus
装丁
●
征矢武

法律監修
●
藤吉修崇弁護士
（弁護士法人ATB）

ストーカーとの七〇〇日戦争

I
部

1　別れ話

やっぱり警察に相談しておこうか。ただの痴話喧嘩でしょ、と冷笑されてどうせ相手にしてくれないのだろうけど。

事件は、ごく普通の、ありふれた話から始まる。交際していた男と別れようとした。それだけだ。ただちょっとだけ、先を急いでしまった。私は嫌だとなったら急に手のひらを返したようになってしまい、話をするのも厭《いと》わしくなる性分なので。まさかそれが大惨事を招くことになるとは、当時は思いもしなかった。

二〇一六年四月初旬。家に遊びに行きたいという交際相手Aの要求を、忙しいからと拒否したところ、電話が鳴りやまなくなった。

私は二〇一四年に東京から小豆島に移住した。たまに東京の出版社との打ち合わせに出る以外は、小豆島の海が見える家で、まっ白いヤギ、カヨと暮らしている。カヨが出産したため、息子のタメという真っ黒い子ヤギも加わったばかり。ヤギの世話の合間に東京の出版社に原稿やイラストを送り、狩猟免許を取得し、小豆島の猪や鹿などの獣害について取材していた。都内の高額家賃から解放され、瀬戸内海の鮮やかな青い海を毎日眺めながら、広い家で仕事をす

る。ヤギの世話や家の手入れなどが忙しく、のんびりというわけにはいかなかったが、楽しく山海を駆けまわっていた。その日は島からフェリーに乗って一時間、対岸の街、高松の銃砲店に来ていた。

Aとはインターネットを通じて知り合い、八カ月ほど交際していた。彼は香川県下に居住していて、私が高松に行くときに会うことが多かった。

打ち合わせ中だから後にしてくれと何度メッセージを出しても、まったく聞かない。とにかく声が聴きたい、とにかく声をと、メッセージをよこし、電話を掛け続けてきた。

この男、交際を始めてからというもの、私の言うことを絶対に聞き容れようとしなかった。「お前はなんでも自分が正しいと思っている」というのが口癖。激しい口論になるのが面倒で、相手の言い分を仕方なく通すことも多くなり、沈黙してしまうことも増えた。すっかり嫌気がさして、どうやって距離をとって別れにもっていくかを考えていた時期ではあった。

しかしこれまで、私の仕事や日常に支障をきたすほどのことをしてきたことは、さすがになかった。結局用事を終えた私が根負けして電話に出るまで、電話の呼び出し音は（途中からマナーモードにしていたが）三時間ほど全く止まらなかった。

そもそも仕事がうまくいかないだとか、鬱病の診断を受けたとかで、二月の一カ月間はAからの連絡もほとんどない状態。このままこれで自然消滅すると思っていたら、三月に入ってから元気を盛り返し、誘われて何度か会った。するとAは急に前向きになって小豆島で音楽フェスをやりたいと言い出した。資金も人間力もないまま、しかも鬱病だと自称する男が、どうやって音楽祭のプロモートなどという交渉力が大いに問われる仕事ができるのか。地元住民や

役場との交渉、ボランティアスタッフ集めや資金集めをあてにされるのは目に見えている。巻き込まれたくない。やるなら高松でやれば。もうこの男を島に呼ぶのはやめよう。そう決めた矢先に、急に家に来たいと言ってきたのだ。彼なりに何かを察知したのだろうか。

しかし家に来るのを断っただけで、まさかこんな嫌がらせに発展するとは思わなかった。なんだかとっても面倒なことになりそうな予感がする。「うんざり」に加えてこれまでに感じたことのない「恐怖」がドッと募る。時間をかけて距離をとって、最終的には対面で話して理解・同意を得て、円満に別れようと計画していたけれど、一刻も早く関わりを断ちたくなり、電話でそのまま別れを告げた。

「無理だわ。私、電話をやめてっていうのにやめないで掛け続けてくるひとは、無理。お付き合いできない。もう終わりにしましょう」

「え、なに、これで終わりってこと？　ちょっと待てよ」

もちろんAは納得がいかず、関係を続けたいと言い募る。こちらとしてはなぜ別れたいのかを説明して納得してもらうしかない。けれどもやっぱり会うのは怖い。Aと高松で会うことは、Aの車に乗って移動することを意味する。私は小豆島以外での運転経験がほとんどなく、高松市街地での運転は難しい。それにもし運転が上達したとしても、フェリーに車を乗せるとなると往復で一万円近くかかってしまうため、よほどのことがない限り、高松での移動は徒歩かレンタル自転車となる。自転車で移動しにくい距離の施設に用事がある場合、バスやタクシーを利用するのだが、居合わせた男性が帰り際に、フェリー乗り場まで車で送りましょうと申し出てくださることも多い。ところが、ご厚意に甘えて助手席に乗ったというだけで自分に好意が

あると勘違いされるアクシデントが続いた。これまで車移動中心の地方に住んだことがないので、どうもこの兼ね合いが分からない。怖い。Ａの車の助手席に乗ることで、私がまだＡに好意を持っていると、受け取られるのではないか。それがなくても、別れ話がこじれて激高される可能性もゼロではないのだから、密室となり、どこに連れていかれるのか分からない車への同乗は、避けたいところだ。メッセンジャーというフェイスブックのメッセージ機能を使って説得することにした。これまでも連絡に使っていたものだ。

最初のうちＡは平謝りで、私がここぞとばかりに列挙した「別れたい理由」「続けられない理由」に対して、「全部自分が悪かった。お前の言う通りに直すからやり直そう」という姿勢のメールが延々と続いた。

今まで付き合ってきた間の不毛な言い合いはなんだったのだ。このコロッと変わって全面降伏する感じ、本で読んだだけだけど、ＤＶ夫が妻を殴ったあとに急に優しくなって謝り続ける様子にソックリなんだが。これは、どう考えても復縁しちゃまずいパターンなんじゃないか。

私が愛玩しているヤギ、カヨと仲良くできなかったことへの言い訳も沢山書いてきた。「お前が大事にしているから、手が出せなかった」とか、「反抗されたら殴り殺しそうで怖かったから」。ちょっと尋常ではない言い訳だ。さらに続けて「未成年の頃に、加減を間違えて動物を半殺しにしてしまったことがあり、教護院（現在の児童自立支援施設）におくられたことがある。けれども自分は動物が大好きなのだ。カヨとも本当は仲良くしたかった」。

なにこれ。目の前が真っ暗になった。言い訳が言い訳になっていない。教護院の話、本当かどうか分からないけど、嘘であってもそんな嘘を思いつくだけで不気味すぎる。一刻も早く縁

を切りたい。

どんなに謝られても無理なモノは無理である旨を伝え、その後返事をしなかったら、朝のご挨拶だけになった。既読さえつけていれば、それ以上はなにも言ってこない。それが十日あまりも続いた。

おはよう　既読
おはよう　既読
おはよう　既読
おはよう　既読

画面を見て虚しくならないのだろうか、これ。しかしこれで自然消滅に向かうのだろう。電話が鳴り止まなかったときはどうなることかと思ったけれど、意外と簡単に終わらせることができそうだ。安心して、既読をつけなくなった。そろそろいいだろう。本音としては既読をつけることすら厭わしい。メッセンジャーを開けるのも嫌だった。

すると、自分が無愛想であったり、私を傷つける発言をしたのは、鬱病の可能性があって、母親の具合も悪くて、という長い長い言い訳が届いた。

ああああ、全然諦めていなかった。既読をつけていれば良かった。それにしても私を傷つけてきた理由を病気のせいにして、復縁を迫ってくるのは、ものすごく気分が悪い。八カ月の

交際期間、私が何度も嫌な気分になってきた事実は変えようがないのであるから、もう一度やり直す気は、ない。ヤギの世話で指を骨折したときにも「折れてるわけがない。たいしたことないくせに」と言って、私の家に泊まりにきてもなにひとつ手を貸してくれなかったのだ。そりゃ鬱病かもと言われたって「そう。お大事に」としか言いようがない。で、そういう暴言もなにもかも鬱のせいだったと今更言われたところで、はあ？　知るわけねえだろ、だ。

鬱になったパートナーを支えることができるのは、それ以前に強固な信頼関係をしっかり築いてきた場合に限られるだろう。私たち、付き合って八カ月。しかもひと月目から喧嘩して、喧嘩して、いろいろ試みたが無理だと分かって、別れようとしているところなんだから、とてもじゃないけど支える気にはなれない。あれだけ人を傷つけておいて、なんなんだろう。湧き上がる怒りを抑えつつ、返信を打った。

もうこれ以上、私はあなたに傷つけられるのを我慢することはできません。あなたの心配や世話をすることはできません。あなたの我儘《わがまま》を受け入れられる頑丈な女性を探してください。病気は大変でしょうけど、どうかお大事に。これを最後の返信とさせていただきます。さようなら。

するとしばらくして、

もう傷つけることは絶対にしません。我儘も言いません。お酒もやめました。一生飲みません。

心を本当に入れ替えます。手伝えることなんでもします。本当に好きです。

という懇願じみたメッセージが届いた。本当はこの三倍くらいは長い。……うざい。もう相手するのに飽きたし、これまでの横柄な態度とのギャップが激しいのが、実に嫌な感じがする。

以前にストーカーに近い行為にあったことがありますので、しつこくされたり無理矢理意志を押し付ける人が本当に嫌いです。これ以上私との接触を望み続けるならば、警察の生活安全課に相談します。

ストーカー対策は、主に警察署の生活安全課が担当している。それを世事に疎《うと》い私がどうして知っていたのかというと、猟銃の所持許可の担当が、生活安全課だったからである。二〇一五年から二〇一六年にかけて審査のために半年以上も生活安全課の方々に面談されたり、自宅に来られたり、周辺に聞き込みをされた。そしてもちろん試験や講習を高松の香川県警本部まで受けに行って、射撃場での射撃教習も受けた。よおおやく、よおおおおおやく、中古であるが、ベレッタの中折れ式上下二連の散弾銃を一丁購入して、家にガンロッカーを設置して、念願の猟銃を迎え入れたばかりだった。何度も手続きや面談のために小豆《しょうず》警察署に通いつめた。そのため、生活安全課の署員全員とまではいかないけれど、半数以上は顔見知りという状態であった。

小豆郡内で、猟銃の所持許可を持つ女性はとても少ない。生活安全課に何度か電話したとき

に、取次の方が他の誰かと間違えて「××のストーカーの件ですね？」と言ったのを聞き、「⁉」となったのだ。そうか生活安全課ってストーカー相談窓口も兼ねているんだ。なるほどねえ。小豆島でもストーカー相談があるのか。そういえばニートも少なくないと聞く。人口二万七千人もいれば、いろいろあるだろうなあ。ちなみに生活安全課は、風俗店や探偵業、パチンコ店などの営業許可も担当している。

メッセージのやりとりに戻ると、このときは本気で生活安全課に行こうと思っていたわけではない。警告として生活安全課という言葉を使ってみたかっただけだった。しかしそれは決して言ってはいけない禁句だったのだ。これまで平身低頭だったAは一変して逆上した。

ストーカーだの警察だの好き放題言ってるなら、島の友だちにも散々俺の悪口を言ってるんでしょう。フェイスブックも見れなくしてるし。俺も曝露日記を書くかも。もうなんでもいいや。

Aは「俺をストーカー呼ばわりしたことは許せない」と言い募り、失うものはなにもないから、知り合いのライターに頼んでこれまでの交際を曝露してやると言い始めた。さらにフェイスブック上の友人に「いいね！」をつけていることから私がその男性と浮気をしていると決めつけた。

はあ？　独身の中年男女の交際が記事になったとして一体誰が読むと言うのだろうか。バカじゃねえの。閨房《けいぼう》の話を書くなどと言っているが、読んでもらえるように書く能力もないだろ

うに。と思ったのでつい、書きたかったら気が済むまで書けばいい。そんなことをしてもなんにもならないと思うけれど、と書いた。これまでの会話からAに知り合いのライターなどいるとは思えなかったし、こんな卑怯な脅しに屈したくないという気持ちもあった。

するとAはさらに激高し、とうとう私の友人の作家が重篤な病気に罹患していることを「週刊文春」にリークしてやるだとか、小豆島に行って、私の友人たちに私がいかに酷い人間かを曝露してやるだとか、Aが勝手に浮気相手と妄信している人の家に乗り込むだとか言い始めた。さらに小豆警察署に行って、私が猟銃を持つ資格がない、激高する性格であることを報告して猟銃の所持許可を取り消させるなどとも言ってきた。それから鬱病になったのも私から暗い愚痴ばかり聞かされたからであり、損害賠償で訴えてやるとも。どうしよう。完全に正気じゃなくなってしまった。

この頃になると睡眠をとる時間以外はずっと、五分おきくらいに携帯が震えてメッセージが届くようになっていた。これはまずい。方針を変えた。正確にはストーカー呼ばわりをしていないけれど、ストーカーという言葉を使ったのは悪かったと謝り、友人の病気のことは他言しないでほしいと頼んだ。けれどもどうにも言うことをきかない。必死になって宥《なだ》め、説得をするのだが、ゆるさないの一点張り。

冷静に、怒らせないように、しかし私が怖がっていることを伝えないように考えながら返信を重ねる。しかし一旦は納得したように見えても、すぐにまた「島に行ってめちゃくちゃにしてやる」と言い始める。「週刊文春」にも本当に電話したと言う。

だんだんと気味が悪くなってきた。正常な思考状態にないように思える。文脈もおかしいし、

理屈もなにもすっ飛んでいることすらも自覚していない。それなのに、嫌がらせに関してはやけに頭が回る。こちらが嫌だと思うことを、的確に突いてくる。私が無視をすれば、「シカトするのか」と憤り、酷く不安定になって、過激な罵倒を連ねていく。

島に来るなら来るで、いきなり押し掛けるのではなく、ちゃんとメールで連絡をして約束を取り付けてから来てほしい。あなたが会いに行くと言っている人、みんなあなたと話をしていいと言っているからと返すと、そんなのは男のやり方ではない、田舎の人間をなめるな、会ってもらえるまで家の前で待ち続けるのが男の道だ、などと言い、俺の悪口を言いふらしたなと激怒し始めた。そして浮気をしていると妄信している人物の家を突き止めたと、グーグルマップを貼り付けて送ってきた。うわあああ。

その人の家がどこにあるのか知らなかったので、あわてて連絡をとり、実は恥ずかしながら……と事情を説明すると、それはおそらく同姓同名の人の住所だと思われますというメッセージ。私の家、××なんですよ。え、集落からして全然違うじゃないですか。同名の方とは親戚筋ですらなくて、話したこともないという。あああ、たしかに小豆島内、同じ苗字の人が多い。いや、島にかぎらず、地方とはそんなもの。田舎あるあるだ。にしても、どなたか存じ上げませんが、自営業だからってフルネームと住所をネットにあげちゃうの、危ないからやめてください……。

銃のことで警察に変なことを言われるのは、あまりいいことではないし、私の友人どころか知り合いの知り合いですらない人の家に、突然押しかけて暴れられても困るし、と心の中で言

い訳を沢山並べながら、私はとうとう生活安全課に連絡を入れた。一番若い、先日転属してきたばかりのOさんが話を聞きますということになった。銃の所持許可の最後の書類手続きをしてくださった方だ。

案の定、取調室に入って対面したOさんの顔には、明らかに迷惑そうなというか、面倒臭そうな表情が漂っていた。まあそうだよね。私だってこんな面倒臭い話なんかしたくないですよ。しかも自分よりも二十歳以上も若い男性に。けれどもメッセージが止まんなくなっちゃったし。毎晩寝られないくらい怖いし。どんどん具合悪くなってきて、喘息《ぜんそく》の発作がでてきたし。Aが本当に島に来て、小豆署や友人宅で変なことを言って回る前に報告はしておかないと。

順を追ってOさんに説明を始めた。最初はだるそうだったOさんの表情が一変したのは、「島に来る」という一言だった。しかも私の知り合いと勘違いした同姓同名の人の家に「浮気相手と思い込んで乗り込む」と聞いた瞬間に顔色が変わった。ガタッと立ち上がり、「ちょっと失礼します」と言って取調室を出て行った。上司と相談、だな。

そうかー。実際に来るということになると、警察は動いてくださるのだなあ。どっかで読んだような気もしたけれど、本当に絵に描いたように反応するんだ。などと呑気に思っていた。多少でも本気になって心配してくださるのは、心強い。

急に取調室に人が増えて、交際相手の名前を教えてくださいと言う。フルネームを紙に書いた。住所はと聞かれ、それも書き込んだ。年齢は。えーーと、四十三か四だったかな。すぐに一人が立って外に出て行った。検索するのだろう。

すぐに戻ってきて、該当住所にその人はいないのですがと言う。え、そんなはずはありません。

内澤さんは、その家に行ったことはありますか。

はい。一度だけですが行っています。

では確認お願いしますと、ゼンリンの大判の住宅地図をドサッと開かれた。指さしてください。ええと、ええと、……ここです、ここ。はい。間違いありません。近所にある公共の建物を覚えていたので自信があったが、その家には私の知らない名前が小さく書かれていた。え？なんとも嫌な気持ちになった。

あ!! そうだ、そういえば、ここは実家で、親と一緒に住んでいるはずです。たしかご両親が離婚しているから、それでAの苗字とちがうんじゃないかしら。

また一人が外に出て行った。そのうちにだんだん外が騒がしくなってきた。廊下をはさんで向かいが刑事課と生活安全課の部屋である。だれかがバタバタと走っている音がする。号令のような、怒号のような声が飛びかう。さっきまで静かだったのに、なぜあんなに騒がしいのだろう。取調室では全員が沈黙したまま、ジワジワと時間がすぎる。

バンと勢いよくドアがあき、紺の制服を着た警察官が紙片を持って入ってきた。見たことがない顔だ。刑事課の人だろうか。無表情のままチラッと私の顔を見てから、生活安全課の刑事に紙片を渡しながら何事か囁《ささや》く。いつのまにかOさんは端っこにいて、主導権は上司T係長にバトンタッチされていた。

「内澤さん。あのですね。今からお見せしたいものがあります。内澤さんが、お付き合いされている、男性というのは、この男でしょうか」

上司T係長が言葉を切って、ゆっくりと話しながら、紙を差し出した。


生まれて初めて、人前で大きな悲鳴をあげた。


黒いパーカー姿のAの、正面と横のバストアップ写真だった。これは、刑事ものやFBIドラマでよく見る、マグショットというやつ……（欧米のマグショットは身長計の前に立たされた状態で撮影されるが、私が見た写真の背景は白だった）。まさか自分の彼氏の写真で見せられるとは。しかも冗談でもなんでもなく、正真正銘のホンモノ。警察庁か香川県警かそれとも、地検か地裁？　とにかくどこかが管理するデータに照会をかけ、小豆署のインクジェットプリンタから写真用光沢紙に吐き出されたものと推測される。さらに衝撃だったのは、どう見ても写真のAは未成年ではなく、最近。この五年以内、いや三年以内に撮ったとしか思えない。てことは、ついこないだ、何かしたってこと⁇　何したんだ、あの男。

「間違いありませんか」

は……間違いありません。Aです。

「それは偽名です」

気が遠くなってくるのを必死に堪《こら》えた。ぎ・め・い？

そ、それで、あの、本名は？

「個人情報保護法により、お教えすることはできません」
なななななななな。

2　前科

貧弱な私の脳の状況処理能力は、ピシピシとヒビ割れ、そろそろ限界を迎えようとしていた。インターネットで知り合い交際八カ月、なんかダメかもと思っていたところに、家に来たいと言われて断った途端、電話が鳴り止まなくなった。メッセンジャーでの別れ話のやりとりの途中で、懇願からいきなり逆上、怖いメッセージが止まらなくなってしまった。しまいには友人の病気を「週刊文春」に垂れ込むだの、島に来て警察やら友達知り合いの家に押しかけて嫌がらせするだのと言うから、警察に一応〝相談〟に赴いただけだ。

それなのに。私が交際していた男は、偽名を使っていて、しかも前科があるらしいことが判明⁉　なのに本名すら教えてもらえないとは、どういうこと⁇　いや、落ち着け私。たしかマグショットって逮捕された段階で撮影されるんじゃなかったっけ。ということは、Aは勾留されただけなのかもしれない。えーと、ほら確か、デモとか座り込みとかでも警察官ともみ合いになれば逮捕されたりするんじゃなかったっけ？

「それで内澤さん、銃は現在ご自宅にありますか？」

じゅう……ですか。生身の人間よりまず銃の心配か！　なんて思ったわけではない（今になって思い返すと、ちょっと思うけど）。そりゃ当然だ。もしAが私の家に来てガンロッカーを開けて……なんてことになったら、大変なことになる。これまでも、もしどこかで猟銃による凶悪犯罪が起きたら、それから一年くらいは全国で所持許可が下りなくなると聞かされてきた。集団責任なのだ。何度も何度も本当に厳重な審査を経て、やっとのことで下りた許可なのだ。

自分が撃てなくなるのももちろん嫌だが、有害鳥獣駆除のために頑張ろうとしている全国の人たちの許可にまで波紋が及んだら、申し訳なくて、殺されても成仏できない。幽霊になっても謝り続けなきゃならない。絶対に嫌。

とりあえず、私の猟銃が、中折れ式なのは幸運であった。自動式に比べて組み立て方が複雑なのだ。恥ずかしながら私自身、組み立てが、いまだおぼつかないでいる。あんなの、教わったこともない奴にできるわけがない。それにすぐ使えないように、ガンロッカーの中にはバラバラにばらした状態にして置いている。引き金にチェーンも通して固定してある。Aが最後に私の家に来たのは三カ月前だったろうか。弾薬を入れる装薬庫はおろか、ガンロッカーをどこに設置したかも知らないはずだ。

それよりなにより、実は私は東京出張から帰宅したばかり。家を空けて出張するときには、単身世帯の場合、銃を銃砲店に預けて行かねばならないと言われている。出張から帰島すると同時に小豆警察署に駆け込んだので、銃はそのまま。島外の某銃砲店に預けたままです。

「絶対に、絶対に持ち帰らないでください」

も、もちろんです！　と頷きながら、不安が真夏の積乱雲のごとくむくむくと湧き上がる。Aは、やっぱり相当な罪を犯して服役していたのではないだろうか。警察署は、Aの本名すら教えてくれないのであるから、もちろん前科前歴の有無を、教えてくださるわけがない。

「それでですね、援助申出書を提出してもらいます。一一〇番登録ができます。それから、警察署直通のキッズ携帯の貸し出しもできますが、どうしますか」

一一〇番登録、正確には一一〇番緊急通報登録システムという。ストーカー規制法に基づき、あらかじめ登録した電話番号から一一〇番通報があった場合、所轄の警察署や現場急行中の警察官に対して登録者からの相談内容等、必要な情報を円滑に指令、共有することが可能となる。

町を歩いていて尾行されていると気づいたときに、一一〇番をかけたとする。かけたことがないけれど、おそらく登録なしで一一〇番をダイヤルしたら、自分の置かれている状況を、一から説明しなければならないのだろう。ありがち。アワアワしながら説明してるうちに危険な状態になったりするかもしれず。最悪の場合には殺されるのかもしれないし。

これまで現場で起きたことを踏まえて、できた制度なのだろう。前もって番号を登録していれば、電話を受けた係官が、これまでの相談内容や、加害者情報などにすぐアクセスできる。こちらがいかにアワアワしていようが、ある程度は察してくれる。現場に来てくださる警察官にも、被害者および加害者の情報が入る。たいへんありがたく心強いシステムだ。ぜひよろしくお願いします。

ついでに被害者通報端末、キッズ携帯の貸し出しもお願いしたいです。１＋決定ボタンで、一一〇番につながるだけでなく、紐を引っ張れば防犯ブザーが鳴る。さらに通信指令室の一一

○番システム端末画面上に「被害者通報端末発報中」とポップアップ表示。通信指令室員が「解決ボタン」を押すまで、通報者の位置情報が指令室に送信され続ける。

また、「もどる」ボタンを二秒以上長押しすると、音は鳴らない、つまり接近してきた加害者に気づかれないまま通信指令室の一一〇番システム端末画面上にポップアップ表示され、「解決ボタン」を押すまで以下同、だそうだ。

ううむ。このキッズ携帯の操作、私に全部覚えられるだろうか。簡単なようだが、いざというときに直面しない限り、どのボタンも決して押せないのだ。押したらつながっちゃうんだもん。自信がないけれど、心強いことは確かなので、こちらも充電器とともにお借りする手続きをした。

さらに、相談内容を記録するということで、これまでAから私に送られてきたメッセージの内容を控えたいという。けれどもスマホの画面を印刷する方法が、誰にも分からない。スクリーンショットを警察のどなたかにメールで送れば済む話なのだが、警察署にメール送信することはできないのだった。サイバーテロなどの対策で、そうなっているとのこと。仕方ないので、鑑識課にいくつかの画面を撮影してもらった。ああ、気色悪いメッセージがどんどん他者の目に晒《さら》されていく。仕方ないとはいえ、そこまでの心の準備をしてきたわけではない。脳をおろし金で摺《す》られているような気分だ。

今後は加害者と接触はしない。SNSでの交流も、避ける。そして「今から行く」「ぶち殺す」など、身の危険を感じるメールが来たらすぐに生活安全課に電話をする。姿や車が見えたら、一一〇番。そしてもし島に来たらすぐに生活安全課に電話してくださいと言われ、放免と

なった。

手元に残る書類によれば、このほかに「ストーカー・DV等への対応について」という警察への要望書を提出したはずだ。これは警察に相談に行ったら必ず記入し署名を入れて提出するもの。要望というのは、この相談案件にたいして、刑事手続きをとるのか、行政手続き（ストーカー規制法に基づく警告書）をしてほしいのか、それとも今は決心できないのかなどが選択肢として示され、該当する項目に丸をつけるというものだ。何か質問票のようなものに丸をつけさせられたのは覚えているが、自分がどこに丸をつけたのか、さっぱり覚えていない。マグショットを突き付けられたうえに偽名を使われていたショックが大きすぎた。そもそも逮捕してもらおうと相談に来たわけではないのだ。島で変なことを触れ回って騒ぎになる前に一言報告しておこう、くらいの気持ちで、Aに注意してくだされば、ラッキーくらいに考えていたのだ。

外に出たら真っ暗闇だった。何時間、警察にいたのだろう。

えらいことになってしまった。家に帰る前に、寄らねばならないところがあった。Bさんの家である。小豆島に引っ越して以来、親戚のような付き合いをしている。彼女には、実に不思議な魅力があり、彼女自身も島に移住してきてまだ間もないのに、何人もの若者たち（主に移住者）に慕われていた。小豆島には彼女だけでなく実行力や交渉力のある三十代、四十代の移住者たちがネットワークをつくっていて、音楽祭などさまざまなイベントを起こしていた。

付き合い始めたとき、Aにはそんな話もしていたし、Bさんをはじめとする島の友人たちを

何度か紹介しようとしたのだが、Aにはそのたびに頑《かたく》なに拒否された。じゃあもういいよ、と思って誘うのをやめたのだが、今になって、Bさんの家に行くと何度も言ってきているのだ。私がいかに酷い人間かをBさんに曝露してやると。私の人間関係やキャリアを壊したいのだろう。なぜそんなに卑怯なことを考えるのだろう。

もし島に来たとして、奴の言葉を信じるならば、Aは私の家でなくBさんの家と、例の知り合いの知り合いですらない、浮気相手だと思い込んでいるどなたか知らない人の家を目指すことになる。私のところに来られるのも嫌だが、他人の家で何かしでかしたらと思うと、さらに胃が痛い。Bさんにかいつまんで事情を話した。

「うん。いいよ。A君がうちに来たら会ってみるよ。大丈夫」

いや、話をしてくださるのはありがたいけど、避難したほうが良くないですか。

「だって避難するところもないもん。全然気にしなくていいよ。A君に会ってみる。これまで、いろんな子たちの相談にのって面倒見てきた。危ないのも、精神的におかしくなっちゃってた子もいたよ」

Bさんがそういう人なのは分かっています。私だってこれまでの人生で、Bさんにはたくさん助けられたし、励ましてきてもらいました。でも今回のケースはあまりにも酷い。これまでBさんと一度も会ったことすらない男ですよ？

「まあ、とりあえず、様子を見るしかないよ。ジュンコちゃんはどっかに避難した方がいいよね」

はい。メッセージでは明日来るって書いているから、たぶん今晩やって来ることはないと思

うんです。あ、来ようにも、もう最終フェリーが出たあとか。そうそう。高速艇は夜行便がまだあるけど、車ごと上陸しないと島内移動できないからね。こういうとき島ってのはいいもんだ。私は明朝早めに避難するようにします。

家に戻ってすぐ、ヤギのカヨを預かってもらっている友人に電話をするためにスマホを開いた。出張から戻ったら迎えに行くはずだったのだが、しばらくそのまま預かってもらわねばならない。気がかりなのは、その友人によくヤギを預けていることを、Aが知っているということだ。もし私の家に来て、ヤギがいないとなったら、友人の家を探しに行くのではないだろうか。心配し始めると止まらない。

「いやー、内澤さん、惚れられちゃいましたねえ（笑）。うちは全然大丈夫ですよ。で、もしうちに来ておかしなことしようとしたら、思いっきりやっちゃっても、いいってことですよね？」

腕に自信のある友人が目を光らせているのが、声で分かる。いや、それはどうかな。私からはなんとも……。警察呼んでくださいね。ホントに申し訳ない。たぶん私を困らせたいだけだと思うので、そちらで暴れることは、ないとは思うんですけど。

だけど。実は友人には伝えなかったが、私が一番心配なのは、Aが愛ヤギのカヨに何かするのではないかということだった。カヨを見張りに友人の家に行くわけにもいかないし、かといって避難先にヤギは連れていけないし。まあカヨが今繋がれている場所に行くには、かなりの傾斜地を登攀《とうはん》しなければならない。Aは普段運動もしていないし、体力もあまりないので、歩き回って探すということができるかどうか、微妙なところだ。

カヨは、最初っからAを忌み嫌っていた。そもそも愛想のいいヤギではないのだが、はじめてAを家に連れてきて会わせたとき、頭を最大限に下げ、角先を真っすぐAに向けた。後ろ足で立ち上がって威嚇《いかく》するよりもさらに苛烈な、ヤギの戦闘態勢である。海外ではヤギに背後から襲われ、腎臓を刺し貫かれて死んだ例もあると聞いたことがある。近づいたら確実に刺すという意志表明に見えた。そんな姿勢、私だけでなく他の誰にも向けたことはない。人によってはとても従順に頭をなでさせることもあるのに。

Aをカヨに会わせたあと家の中に入ったら、庭に面した窓からバリンという大きな音がした。驚いて行くと、カヨが網戸を破ってゆらりと廊下に立っていた。当時は嫉妬してるのかなあ、もうカヨったら甘えんぼなんだから、くらいに思っていたのだが。

「その男は危険だから家に入れるな」というカヨ渾身のメッセージだったのだ。カヨ……。カヨに会いたい。今すぐ会いたい。

Aが少年時代に動物に危害を加えたというのは、本当なのだろうか。動物に危害を加えたくらいで少年院に入れられるだろうか。あ、メッセージでは少年院でなくて教護院か。教護院って、生活安全課と同じく、普段耳慣れないし実際に関わった人でないとなかなか出てこない言葉ではある。ハッタリならば、少年院か鑑別所という言葉を使う確率のほうが高そうではある。やんちゃしていたとは聞いていたけれど、その「やんちゃ加減」が、なあ。すべて私を怖がらせるためのハッタリならば、どんなにいいだろう。

Aはカヨのことをかわいくないヤギだと言って、それ以降近づこうともしなかった。当時の私の日常はカヨと過ごす時間が長かったので、カヨと仲良くしてくれないんじゃ仕方ないなとAを家に招くのを控える理由にもなっていった。

翌朝。仕事道具と着替えを持って、避難先に向かった。荷物を落ち着けてからすぐにパソコンを開き、メールを手繰った。書評依頼……これだ。過去に「週刊文春」編集部から書評の依頼を頂いたことがある。気が重いけれど、編集部に電話をかけた。Aからの垂れ込みが本当にあったかどうか。とはいえ具体的な内容を話すわけにもいかず、なんだか自分でも話がよく分からないものとなり、そういう問い合わせには答えられないんですと言われてしまった。まあそうだよね。これ以上粘ったら私が変な人と思われる。いや、もう思われたな。Aのメール攻撃で、私もメンタルがおかしくなりかけているようだ。

仕方ない。次に内田春菊さんにツイッターのダイレクトメッセージを打った。本当にごめんなさい。実はこんなことがありまして……と。闘病中の友人とは、内田春菊さんのことだった。その後二〇一八年の一月、内田さんはぶんか社から『がんまんが』を刊行し、病気との闘いを公表しているが、このときはまだ手術前後の落ち着かない時期。体力の回復はおろか、気持ちだってきっと落ち着かれていなかったはず。面倒に巻き込まれたらなんとお詫びしてよいやら。それに病気のことは自分からカムアウトするのと、誰かから一方的に暴かれたり揶揄《やゆ》されたりするのでは、天と地どころか天と海底ほどの差がある。

内田さんからのお返事の第一声は、「内澤さんの身体は無事?」だった。なんて優しい方なのだろう。涙が出そうになる。

「私ら出版の人間じゃないですか。取材もしないで書く人なんていませんよ」

でも万一春菊さんに取材が来たりしたら、ご迷惑おかけするかもしれない。闘病中の大変なときに本当にごめんなさい。Aのこと、絶対に許せないです。

「編集部からはまっとうに連絡が来るはずです。悪いことしてるんじゃないんだし。よっぽど振られたのが悔しいんだね。かわいそうな人。警察にがんばってもらいましょう」

しかしいくら警察に頑張ってもらっても、違法行為は取り締まってくださるだろうけれど、Aの私への執着と憎しみを、消すことはできない。それをなんとかしないかぎり、ずっと嫌がらせが続くのではないだろうか。憂鬱だ。警察に相談したことも、あとで分かれば逆恨みするかもしれない。しかしあの写真を見て、私に偽名を使って過去を隠していることも分かってしまった今となっては、警察の関与を断つことは、難しい。Aが何もしないという保証が、信頼が、これまでも恥ずかしながらあんまりなかったけれど、一気に失せてしまった。それでもせめて私が要望した通りに、突然友人たちのところに押しかけたりせずに、事前のアポをとって、話をしてくれたら……。

午後、Aからメッセージが入った。Aは既に島に来ていた。

〇〇（Aが私の浮気相手と思い込んだ人物。実際は同姓同名の別人）の家まできたんだけど。地図の住所が、よくわからない。どこにあるのか教えろ。

3　島に来たA

返事はしないようにと言われていたので、一瞬迷った。けれども、私なりの仁義は切ろうと思った。

なぜ前もって連絡もとらないで突然来てうろうろしてるの？　失礼じゃない。

と打ち返してから、すぐに小豆署に通報した。これまで、Aとのメッセージのやりとりでは、警察に相談すると書いて逆上されて以来、恐ろしくて警察のケの字も出せなかった。〝このメッセージのやりとりは全部記録している〟と書いただけ。いきなり警察官に取り押さえられたら、Aは私に騙されたと思ってまた逆上するかもしれない。友人たちと会うならアポを取ってほしいという私の要求を聞き容れなかった（だから通報した）と、一応明示しておきたかった。

一時間もしないうちにAを確保したという電話が小豆署から入った。はやい。あーあ。ホン

トに来ていたんだ。しかもノーアポで突撃。なんて馬鹿なことをしてくれたんだろう。

内澤さん、すぐに小豆署に来ていただけますか。今、小豆署でAから話をきいていますが、絶対に内澤さんと顔を合わせることのないように配慮します。駐車場所も、彼に分からないように奥に案内しますので、小豆署に着く前に念のためまたお電話ください。

小豆署は、小豆島の旧内海町《うちのみちょう》にある。内海は醤油の町だ。小豆署からもう少し国道を東に進むと、ぷんと醤油の香りが漂ってくる。車を走らせて小豆署のすぐそばにあるセブン-イレブンの駐車場で車を停め、電話を入れる。刑事さんが外に出てきて車を誘導してくださることになった。署はなぜか香川県産業技術センター発酵食品研究所と敷地を同じくしている。

警察も香川「県」警。そう。小豆島に来ている警察官は、県職員なのだ。

いつも署に用事があるときにはこの発酵食品研究所と小豆署のちょうどまんなかあたりに車を停めていた。銃の許可関係とはいえ、警察署に出入りすること自体、ちょっと島の人に見られたくないという気持ちがあった。私の車は目立つ色をしている。いや、目立つ色でなくても、田舎は車種の識別能力も動体視力も高い人が多い。噂も好きだ。

今回は小豆署の建物の裏手に車を停めるように誘導された。見るのも怖い。お気遣い、痛み入ります。表玄関に戻ると門の脇にはAの箱バンが停まっていた。いや待て。Aの車のナンバーを控えといたほうが良くないか？　もしかして今後、長い長い嫌がらせとの闘いが始まるのならば、高松市内を歩くときに、気を付けねばならない。Aは私が高松にヨガを習いに行っ

ているのだから、簡単に待ち伏せなどできてしまう。

今ここで刑事さんにナンバーを控えてもいいかと聞けば、おそらくいいとは言ってくださらないだろう。しかし刑事さんが横にいるのにぱちりとやる勇気もない。でも今しかないよ、今しか。

部屋に案内され、刑事さんが出て行ったので、待つ間に、小豆署の近所に住む友人にメールを打つ。

ほんと、ゴメン。一生のお願いです。じつはね、かくかくしかじかなので、小豆署門脇の××色の箱バンのナンバー写真、撮ってもらえませんかm(_ _)m

え、ええええっ。わかりましたー。内澤さんは大丈夫ですか？　ドキドキしますけど、やってみます(;ω;)

ありがどーー（._.）ー

ふう。

取調室に刑事さんが入ってきた。

「いま違う階で、Aの話を聞いてるんですけど、Aは内澤さんに会いにきたわけではない。Bさんに会いにきたのだと言って、どうしてもBさんに会うまで帰らないと言い張っています。

Bさんというのは……？」

はあ（あんのくそバカが。言うに事欠きやがって……）。東京からの古い知り合いで、島では親代わりのような人です。でもこれまで紹介しようとしてもAが会うのを何度も拒否したため、一度も会ったことのない人ですよ。どうして今になってBさんにこだわるのか、さっぱり分かりません。正直に申し上げて気味が悪いですし、ものすごく不愉快です。

「どうしてもBさんと話をしたいと言ってきかなくて、我々警察に対しても非常に反抗的な態度で困っています。どうしましょうか」

島に来て浮気相手（と勘違いし、しかもその同姓同名の別人）の家を探していたら、警察にいきなり確保され説教されて、ますます怒り狂っているということらしい。あーあ。Aにはまったく悪いことをしたという自覚がない。それで怒りだけを滾《たぎ》らせてしまっている。しかも警察に対してまで。最悪。

せめてちゃんとアポを取って会いにきたならば、警察に連絡しなかったかもしれないのに。しかしBさんならば、寄ってきた若い子を応援するのが上手な彼女の性格ならば、Aの怒りを宥められるかもしれない。北風がダメなら太陽で。Aが冷静になり、平穏に、私と無関係な関係になってくれれば、それでいいのだし。しかしBさんになにがしかの害が及ぶのは困る。どうしたものか。Bさんに電話をすると、「会う」と言ってくださった。刑事さんから連絡を入れてもらった。

「とりあえず今晩は、Aを刑事二名同行で草壁港に送り、最終の高速艇で島から出て行かせて、帰宅させます。車は小豆署の駐車場に置いたままで」

なるほど。同居している親にも連絡がいったのだろうか。高松港まで迎えにきてもらうのだろう。ともかく島から出してしまえば、なにもできないというわけだ。島ならではの発想だ。

「それで、明日Bさんにも小豆署に来ていただいて、ここで話をしてもらいます」

はい。それがいいです。Bさんの家にAを行かせるのは心配ですから。ありがとうございます。

「それと、我々の目の前でメッセンジャーを削除させました。今後一切内澤さんには送信しないということで。それでですね。内澤さん。我々もいろいろ検討したのですが、こちらのメッセンジャーでのやりとりがね、Eメールだったら、ストーカー規制法が適用できるんですが……。SNSのメッセンジャーを送信することを処罰することはできないんです」

え?? どういうことですか???

「グループチャットという機能があるんですよね? SNSは。そうすると一対一のやりとりとして認められないんです。通信法では」

いやだって、一対一でやりとりしてますけど??? 意味が分からない。これだけ酷く汚らしい言葉を大量に投げつけられているのに、ストーカー行為に該当しないんですか?? まったく同じ文言がEメールだったら、該当するのに?? 信じられない。

事件が起きたのは、二〇一六年四月のこと。ストーカー規制法はその後改正され、翌二〇一七年六月施行でSNSも「つきまとい等」に含まれるようになった。けれども法律は遡って適用されることは、ない。改正の報道を知ったときの悔しさは、今も忘れていない。

「はい。現状では法律が付いて行っていない状態です。いずれは法改正になってSNSも認め

られると思いますが。それで、脅迫罪で事件化しようと思っています」

事件化？

「警察のほうで検察に証拠を揃えて出すときにね、これは刑事事件ではないと検察にはねつけられないように、きっちり証拠を吟味して出します。警察が提出し、検察が起訴した事件の九十九パーセントは、有罪になっています。だからこそ間違いや不確かな部分があってはならないんですよ」

はあ。よく警察小説やドラマなどで有罪率九十九パーセントの壁とか使われるやつですね。冤罪の危険性が取り沙汰される昨今、"事件化"するのにより厳密な調査を重ねていると。なるほど。ええとつまり、警察はAが違法行為をしたという証拠をしっかり固めて逮捕したいということなのか。私としてははやくなんとかしてほしい気持ちはあるけれど、逮捕と有罪という着地を自分が求めているのかどうかすら、よく分からない。なのに、SNSという形式のせいで、ストーカー規制法が適用されないかもしれないと聞かされると、酷く不当な扱いを受けている気がしてくる。

「それで、このメッセンジャーのやりとりを見て、我々いろいろ検討したのですが。脅迫罪でいこうと思います。ただね。内澤さん。困ったことに内澤さんは、このやりとりを見ると、あんまり怖がってないんですよねー」

は？　相手をなんとか沈静化させようと、まともに戻ってもらおうという一念で、怖くて気持ち悪いのを必死に我慢して我慢して、相手がこれ以上の暴走を馬鹿らしいと諦めてくれそうな返事を考えて、説得しようと書き込んでいたからなんですけど？　決して怖くなかったわけ

ではないのですが。

冗談じゃない。泣いたり怖がったりしなくても、怖いものは怖いし、不愉快なものは不愉快だ。私は子どものときから泣き虫で怖がりで、ほんのちょっとでも嫌なことがあると泣いていたために、親や先生から疎《うと》まれ、叱られ続けて、泣くことや怖がることが悪いことだと思い込まされてきた。以来、嫌なことや怖いことを言われても、泣かなくなったし怖がらなくなったのだが、それは大いなる間違いだったのか。怖いことには怖いと言わねば、怖がっているという証拠にならないらしい。馬鹿らしい。我慢するだけ損、ということではないか。

閨房でのことを公にぶちまけると言いつのる行為が、「言われた本人が怖がっているように見えない」という理由で脅迫罪にならない？　かもしれない？　なんて。こんな気持ち悪いこと書かれて、平気なわけないじゃないですか。後々罪に問いたいならば、前もって大げさに怖がっといたほうがいいということ？

ついでに言えば、こんなセックスをしたことをばらしてやるなどという、下ネタ曝露のくそ気持ち悪い文言を、こうして第三者である男性警察官たちに読まれること自体が非常に不快だし、恥ずかしくて舌を嚙みたくなる。こういうの、セカンドレイプって言わないのかね。とはいえ今さら婦人警官に担当を代えろとも言えない。どうしようもないから耐え忍んで平然憮然とした顔をしているだけだ。それを怖がっていないから罪に問えないかもと言われたら、どうしたらいいってんだ。

刑事さんと目が合うたびに、あの男とあんなことをしていたのかと思われているんじゃない

かと気分が沈む。いい歳をしたババアがなにやってんだくらいのことは、皆さま内心思っていても不思議じゃない。口に出さず、なるべく顔に出さないようにしてくださっているだけ、ありがたいっちゃありがたい。もちろん刑事さんたちも好きで読んでいるわけじゃないのは分かっている。そして現行の法律に忠実に従って、なんとかAの悪質な行為を罰せられないかと一生懸命検討してくださっているのも分かる。けれども。

むっつりと黙り込んだ私の顔を見て、刑事さんは話を続ける。

「脅迫罪は、親告罪ではないのですが、被害者による被害届の提出が必要です。で、被害届を受理したら、加害者の本名をお教えすることができます」

ああ、そうなんですか……。本名だけ、ね。前科前歴の有無は、教えてくださらないってことである。自分でどこまで検索することができるだろうか。殺人などの重い罪なら新聞記事検索で出てくるだろうか。こちらとしては、Aの本名なんかよりも、Aが私に隠してきた、そして警察が秘匿しているAの前科前歴もしくは逮捕歴を知りたいのだが。

「そもそも内澤さんは、あの男とどのように知り合ったのでしょうか」

ヤフーパートナーというマッチングサイトです、と言うと、刑事さんの顔が曇った。はいはいはい。分かりますよ。言いたいことは。

一応真面目なサイトというふうに聞いて登録したんですけど。身分証明書の提示が必要って

ことになっていると聞いています。偽名でも登録できるみたいですけどね。

「それはつまり、結婚を目的としたサイトということですね」

まあそうです。と答えながら、脳内では大ブーイングが沸き起こる。

は――――。勘弁してくれよ。なぜ人々は「出会い系」つまりセックスだけが目的の交際と、結婚目的の交際との二択しかこの世にないかのように語るのだろうか。私のようなバツイチ中年女がセックス目的でもなく不倫でもなく、結婚を前提ともしない、それでも誠意ある交際相手を探しちゃいけないんだろうか。

仕事があって、ひとりでやっていけるだけの収入がともなって、家計の負担にならないくらい安くて居心地の良い住処を確保していて、出産適齢期も軽くオーバーしていて、わざわざ結婚する理由ってなんだってんだ。教えてくれよ。

苗字変更だとか、家事の押し付け合いなんて面倒なことを、今さらもう一度やりたいなんて、よほどのことがない限り、思えない。それに我々の年齢になれば親の介護問題が付帯する場合もある。淋しくなったら、話し相手が欲しくなったら、外で美味いものでも飲み食いするデートくらいが、ちょうど良い付き合いなのだ。その相手をネットで探すのは、そんなにおかしなことなのか。

「それにしても、内澤さんのような方が、Aと交際していて、おかしい、怪しいと思わなかったんですか。ちょっと話せば分かりませんか」

いやー、刑事さん、私たちの業界、フリーランスのライターとか、作家とか、ジャーナリストとか、男も女も変な人ばっかりなんですよ。金銭感覚もおかしな人が多くて。戦地の最前線を撮りたがる人とか、ミャンマー奥地の、ゴールデントライアングルで芥子《けし》の栽培を手伝って本を書いた友人もいるし……と咽《のど》まで出かかって、ぐっと飲みこんだ。いや、高野秀行さんなんて、同業友人の中でもかなりまともなほうだ。頭の中にはもっと壊れた友人たちが、「内澤、騙されちゃったの⁇　バッカだねーww」と腹を抱えて笑いころげる姿が浮かび、舌打ちしたくなった。

刑事さんの顔がさらに曇っている。

「それで、Aから暴力を振るわれたりとか、金を貸してくれと言われて、まとまったお金を渡したりとか、しませんでしたか？」

それはありません。一度高額商品を買ってくれとメッセージしてきたことはあります。そんなお金はないと返事をしたら、それ以上なにも言ってきませんでした。せいぜい食事をおごるくらいで。それも毎回ではなかったし、普通の付き合いの範疇《はんちゅう》だと思います。

何か言い出して、意見が違うと激しい言い合いになるので、だんだん話すのも嫌になって口を利かなくなっていました。ただし、弁護するわけではありませんが、Aは絶対に譲らない性

分で、異様に嫉妬深く、声を荒げたり、私を傷つける横暴な発言はたくさんあったのですが、実際に暴力を振るうことは、ありませんでした。それは間違いありません。

とはいえ。おかしいと思うことは、いくつもあった。あったのだ。まず香川県の実家に住んでいる理由。最初は親の具合が悪いから戻ったと言うのだが、親の看病や家事の手伝いをしている気配がない。

また、以前は千葉県に住んでいて、大きな事業をしていたのを畳んできたと言うのだが、それにしてはお金が潤沢にあるようには見えなかった。もしかして事業に失敗したのかなと思い、それとなく聞いてみると、仕事仲間に裏切られて戻ってきたと言う。しかしその相手に対しての恨みの感情が、まるで見えない。大きな負債を抱えているとか、自己破産しているとか、そういう事情があるのではないかと思ったのだが、それもないと言う。なにかこう、すっきりしない。

しかし人間四十数年も生きてくれば、話したくないことや失敗もあるのだろうし、私だって自分の生きてきた全てを語ろうとしたら、口がくたびれてしまう。金銭がらみで大失敗した知り合いも、原因不明の行方不明も、不倫駆け落ちだって、いる。特に珍しい話ではない。今、真面目にやっているのならば、どんな過去があったって、いいではないか。

なにを隠しているのだろうかといぶかりつつ、問い詰めることはしなかった。いずれ話してくれれば、それでいいと思っていた。もうダメだ、別れようと思ってからは余計にどうでもよくなった。なにか嘘をついていると思ってはいたけれど、それを問い詰めてまた激しい言い合

いになるのが面倒で、放置していた。

4 被害届

なにしろ小豆島に来てから出会う地方の年配男性ときたら、自慢話がデフォルトなのだ。東京ではこんな大きな組織に勤めていただとか、県職だったとか、こっちは聞いちゃいないのに、必ず東京や大阪で華々しく働いていた話を長々と披露したがる。面倒くさいことこの上ない。適当に感心して聞き流す癖がついた。

だから、Aが千葉にいたときにあれこれ派手にやっていたという話も、おおむね田舎の中高年男性特有のホラ入り自慢話なのだろうと聞き流していた。そんなことよりも、現在、少ない資金で、Aが頑張って仕事を立ち上げていることのほうが、私にとってはすごいことで、その話すらも多少は盛っていたのだろうが、出会った当初は尊敬する気持ちがあったのも事実だ。A自身の趣味が高じて転売を始めた商品についての知識や性能について楽しそうに語るのを聞くのはとても楽しかった。

それにAは頭の回転も速く、話の運び方も面白かった。また、私のことを、これまで会った女の中で一番話が面白いと評した。物書きの業であろうか。「美人」と言われても心に何一つ響いてこないのに、「面白い」と言われると、すぐに嬉しくなって警戒心も薄れてしまう。

おそらくAには、東京の出版社と仕事をしている私に対する対抗心もあったのだろう。私の貯金残高など、都内に住む同業同世代女性と比べたら、負け組どころではない零細ぶりだが、それでも本を出しているばかりに、ネットを探せば写真やインタビューが載っている。からくりを知らない人からすると、有名人という立場ばかりが強調される。

そして地元企業に勤めるパート労働の女性たちと比べてしまえば、私が「お金を稼ぐ人」であるのは事実だ。Aがそれを意識していたことは、言葉の端々で分かっていた。とはいえ丸々あてにされるほどの甲斐性はないので、付き合う当初から、金銭の貸借関係はほぼゼロを貫いていた。はっきり言わないまでも、金づるが欲しいなら他の女を探せば？　という態度で接していたつもりだ。それでもAは私に執着した。

Aは千葉だけでなく、いくつかの地方都市を転々としていたと言っていた。けれども高松に住み飲食業をやっていた時期もあると言いながら、高松の繁華街については驚くほどなにも知らず、行きつけの店の一軒もなかった。どれが真実でどれが偽りなのかを判じるのは、何も聞けなくなってしまった今となっては、非常に難しい。それでもAが私に話していた虚実の中に、前科前歴に関するヒントがないか、考えずにはいられない。

平謝りから打って変わって攻撃的になり、連ねる脅し文句や卑猥な言葉の数々。動物虐待の過去を示唆する文言。警察の関与を経て、今後彼は怒りを収める理性を持ち合わせているのか。それとも暴発して見境なく暴れまくるのか。もし過去に殺傷事件を犯していたとしたら……。

彼の前科前歴どころか本名さえ知らされないということで、不安ばかりがつのる。

元々男を見る目の無さにかけては、天下一品と友人たちから言われている。自分の判断に全く自信が持てない。たった一言、ストーカーと言われただけで、人はかくも簡単に怒りに支配され、ぐしゃぐしゃに壊れ、恐ろしい化け物に変化してしまうものなのだろうか。そんなに危うい自我の男と気づかずに、自分は一緒にいたのか。怖い。ひたすら怖い。


そういえば、一点だけ、明らかにおかしなことがあった。千葉にいたというのに、Aは東日本大震災の話を一切しなかった。

あのときどこでどうしていたのか。二〇一一年以降に出会った友人と話をしていれば、一度はその話になる。たまたま出張先の仙台で被災した。電車が停まって歩いて帰宅した。沖縄に子どもを連れて避難した等々の。千葉県下であれば、東京より震源地に近い。なにかしらの、大きな変事を体験しているはずだ。Aはそのとき千葉にいたと言いながら、「べつに、なにも」と吐き捨てるように答え、そっぽを向いた。話したくないなにかがあったとしても、凄い揺れた、くらいのことは言えるはずなのに。

しかしこんな推測ばかりしていても、どうにもならない。このまま不安をいたずらに増大させるよりは、被害届を出して、本名を開示してもらう方がいいだろう。被害届を作成することに、同意した。

刑事さんの質問に私がいくつか答えたのちにできた被害届には、交際のいきさつから、別れるためのメッセージのやりとりが白熱して、嫌がらせと脅迫に転じるまでを簡潔に記してあり、

要所に「ゾッとした」「気持ち悪い」「恐ろしくなりました」などの言葉がちりばめてあった。私の口語もとてもおしとやかな女性になっていて、読んでいてちょっと気恥ずかしくなった。

思い返せば、動物虐待に関するメッセージが入ったときの気持ちというのは、ゾッとしたなどという単純な言葉で言い表せるものではない。脳がブラックアウトしたとでも言おうか。ホラー映画を見て味わう怖さとは全く異なるものなのだ。他人事で戦慄するときというのは、どんなに恐ろしいことでも、ある種の快楽も併存する。どんなに主人公に肩入れして、感情移入したとしても、所詮他人事。一緒に見ている人に抱きつくなり、キャーと叫ぶなり、ポップコーンをほおばるなりすればいい。しかし現実のストーカー被害の恐怖に、そんな逃げ場はない。口の中に砂利を目いっぱい突っ込まれたような重みと衝撃がのしかかったまま、今に至っている。

文体なんて、どうでもいい（おもしろいけど）。事実は間違いないのだし、ニュアンスは異なるが、怖いのは間違いないのだから。思い直して住所氏名をサインしたら、その場で即Aの本名を教えられた。

古めかしいファーストネームだった。ふーん。こんな名前だったんだ。Aはなにを思ってあの偽名にしたのだろう。ともあれ。フルネームを脳に叩き込んだ。なんとかして調べなければならない。

小豆署を出て自分の車に乗り込むと、すぐに検索能力がずば抜けて高い東京の友人に電話をかけ、事情をかいつまんで話してAの過去を調べられないか相談した。警察に教えてもらった

ばかりの本名も伝えた。避難先（友人夫婦の家）でもパソコンを使えるようにはしてあったが、連日警察に出頭していて、自分でAの名前を検索エンジンに入れて細かく浚《さら》う気力は微塵《みじん》も残っていなかった。

避難先に着いた頃、スマホが鳴った。

「もしもし、ざっと過去の記事とか調べてみたら、詐欺で捕まった事件が出てきたから送っておいたよ。一応もう少し調べてみるけど」

ありがとう。ホント、ありがとう。そうなんだ、詐欺かあ。殺傷じゃなくて、とりあえず良かった……って決めつけるのはまだ早いかな。

「ともかく、落ち着かないだろうけど、気をつけて」

はい……。

避難先の部屋に入ってパソコンを開き、友人からのメールの添付ファイルを開ける。記事は、二〇一一年以前のものだった。記事によればインターネットを悪用して金銭をだまし取ったということになっている。もちろんこれが本当にAの起こした事件かどうかは分からない。記事を読む限りそんなにたいした事件ではないような気もするんだけど。新聞って、よほどの大事件でなければ、続報が出ないから、逮捕されたその後のことが分からない。Aには実刑判決が出たのかどうか。

記事でのAの所在地はかつて滞在していたと話す地方都市のひとつ。合ってる。そして、同時に逮捕された二名の職業が、奴が得意げに話していた「かつての事業で使っていた腹心の部

下二人の職業」と合致した。やっぱり当たりか。人間は嘘をつくのに、いくつかの真実を混ぜるとよく言われる。よほどの才能でもないかぎり、丸々の嘘なんて、つけない。

事業をやってすごい儲けを出していたとか、キャバクラに通い詰めたとか言っていたけれど、他人様から金をだまし取ってたんだとしたら、儲けて当たり前だわ。私の印税や原稿料を聞いては「は、たったそれだけ⁉」と叫んでいたけれど、そりゃ詐欺には敵わないよ（大ベストセラーでも出せば別だが）。情けなくて、声も出ない。バカな男。

これが初犯なのだろうか？　執行猶予は？　刑の適用基準がどんなものなのか、よく分からない。この犯罪だけなのだろうか？　つじつまが合うようで、なにかが欠けているようにも思える。Aの本名さえ分かれば不可解な点はすぐに解決すると思ったけれど、どうもそんなに簡単にはいかないようだ。疑問ばかりが膨らんでいく。

しかし不思議なほどAの氏名詐称と過去の犯歴隠匿の件に関して、怒りの感情がわかない。付き合っているうちにちゃんと言っといてくれれば、こんなに恐怖を煽《あお》られることもなかったのに、馬鹿だねえとは思うが。

私はどこかおかしいのだろうか。だまされたともっと怒っていいような気もするが、プライドの高いAの性格を思うと、言うに言えなかったんだろうなと同情してしまう。それは私が気持ちのどこかでだまされるという行為を、「金をむしり取られること」であると思っているからだと思い至った。ぶっちゃけて言えば、私は金さえとられてなきゃどうでもいいのかもしれない。「結婚」に憧れる気持ちなんて微塵もないし。貸借関係なく、自由に、そしてお互いを尊重

して恋愛できればそれで良かったのだから。そういえばAは何度も「結婚したい」という意味のことを言っていた。

むしろそれよりも嫌で、決して許せないのは、交際中、私に嫉妬しまくり、私を傷つけたり怒らせたりするNGワードや行為を繰り返したことだ。加えて別れ話にぶち切れて、今回の脅迫「事件」になりうる酷い言葉を沢山あびせたり、島に押し掛けてきたことなのだ。もう怖くて二度と会いたくないし、顔を見るのも厭わしい。

しかし。今回のことで考えをきっちり改めねばならない。金さえとられなきゃどうでもいい、では、いかんのだ。交際相手の素性はしっかり確認が必要ってことだ。

翌朝、八時半にスマホが鳴った。小豆署からだ。供述調書を作成したいからすぐ来てほしいとのこと。えっまだあるんですか。

しかし今日はAとBさんが小豆署で話をする日。またAと同じ建物内に入ることになるのか。怖い。考えただけで鳥肌が立つ。駐車してある車すら見たくない。ありえないとは思うけれど、もしAが制止を振り切ってこちらに向かってきたらと思うと、ゾッとする。

供述調書の作成は、三階の会議室のような場所で行われた。持ち込み可ということだったので、保温ポットにコーヒーを淹れ、さらにセブン-イレブンでサンドイッチやおにぎりを買いこんで持参した。Aの出入りを考えると、私は作業が終わるまで、この部屋にいて、外に出ない方が良いだろうと思ったからだ。昼前に終わって帰ることができるならば、それに越したことはないのだけれど。

担当は、回り回って最初の窓口となったＯさんだった。上司の方々は、Ａの方に立ち会うのだとか。部屋の端っこのテーブルに、ノートパソコンが置かれ、その脇には工事用の巻き取り式電気延長コードがどしっと置かれていた。コンセントの差し込み口は四つ。ノートパソコンの他に、私のスマートフォンの充電も必要だ。用意された席に座り、充電コードを差し込む。ふと見るとＯさん、微妙に落ち着かない様子。なにか気がかりでも？

「実は僕、供述調書作成するの、はじめてなんです……」

ええぇ、そうなんですか……。こりゃまた時間かかりそうだなあ。これまでの書類作りも相当時間がかかったのだが。

まずは脅迫の証拠となるメッセンジャーのやりとりを、提出しなければならないという。え、また？　昨日もおとといも撮影していたのだけれど、一部分だけだった。別れ話をする前から全部が必要とおっしゃる。

うんざりするほど膨大なんですけど。テキストに変換できれば、かなり圧縮できるはずだ。日時の記録を残したまま、メッセンジャーのやりとりを、テキストファイルに落とせないだろうか。ＰＣに詳しい友人に昨晩も聞いてみたのだけれど、結局分からずじまい。警察署でもいろいろ模索したのだが、分からなかったとのこと。仮に日時を含めたすべてのやりとりを私のＰＣに落とせたとしても、ＵＳＢを警察署のパソコンに差し込むことはご法度だし、私のＰＣから直接警察署のプリンタにアクセスして印字するのも、無理とのこと。スクリーンショットを撮っても最後には同じ関門にぶつかる。じゃあプリンタ持参で来ればよかったってことですね（苦笑）。

「というわけで、鑑識に別室でメッセンジャーの画面を撮影させるので、スマホをお預かりしたいのですが」

ううう、また別の人にあのメッセージを見られるわけですか。仕方ないですね。証拠品としてスマホを預けるための書類にサインをして、暗証番号も書かされた。途中で閉じたら開けられなくなるから。はい、仕方ないですね。鑑識の男性がやってきた。ドラマで見るのと同じ制服姿で、立派な一眼レフカメラを首から下げている。二十代だろうか。パッと目が合う。お互い努めて無表情を装う。まず、このスマートフォンが私のモノであるということを示すために指さしている写真がほしいとのことで、自分のスマートフォンを指さしている写真を撮影。カメラを向けられると習慣でニッコリ笑いそうになる。いや、違うだろう。無表情で、はいパチリ。なんとも奇怪な光景である。

そうして何度目になるのだろうか。またもやAと付き合うことになったいきさつから延々と「供述」しなければならない。

「まず、交際していたとき、Aのことをどう呼んでいましたか?」

え、なんでそんなことを聞くのだろう。思い出したくもないのに。〝〇〇君〟ですけど。それよりなにより昨日話したばかりのことを、またそこから全部話すの?? 気が遠くなってきた。そして案の定、出会いはヤフーパートナーというところでOさんがため息をついて、「やっぱりね。そういうネットでの出会いは危険なんですから」と説教口調になった。はあ、またかよ。

頭の中に「ヤフーパートナー、身分証明書を添付しなくちゃならないから、既婚者とか変な人とかぜんぜんいないらしいよ」と、私に薦めていた男の顔が浮かぶ。妻と愛人がいながら私

にちょっかいをかけてきた奴だ。寄ってくるのはこんなのばっかり。四十を超えれば不埒《ふらち》なお誘いばかりが増える。結婚したくなくたって、不倫がしたいわけじゃない。面倒な付き合いは御免なんだよ。公務員で、しかも二十代の若造には説明したって分かんないだろうよ。そんなもんかと思って手を出した私はたしかに迂闊《うかつ》であったが。

しかしヤフーパートナー、やってみたら超絶に面白かったのだ。何人かの男性とメールのやりとりをしたのだが、それぞれのバックボーンが、キャラが、その辺の小説を読むよりも、リアルで味わい深かった。

長距離トラック運転手をやって資金を稼ぎ、故郷の小さな町で居酒屋を開いている人。まるで高校生のようにUMAとガルシア＝マルケスと坂口安吾とP-MODEL（バンド名）が好きとプロフィール欄に書く解体業者。都市部から移住して地方再生ビジネスを仕掛けようとする人。妻と死別した男性も、結構多かった。

首都圏近郊で生まれ育ち、学校も仕事も首都圏で、そのまま生きてきた私にとって、田舎で生まれ育ち、生計を立てている人間の人生なんぞ、大学を出て役場か農協に入るか家業を継ぐか以外、まったく想像がつかなかったので、いちいち面白くて仕方がない。サイトや雑誌では、地方移住してカフェをやったりパンを焼いたり就農したり、廃《すた》れていた産業を再興したりと、スローライフを嗜《たしな》む若い世代のライフヒストリーなどが、やたらともてはやされている。もちろん彼らは彼らで素晴らしいのは事実だが、真の地方ってのは、こっちだよ。こういう人たちで、できているんだよ!!　地方社会の大半は。

5　供述調書

そもそも私が都会を捨てて地方移住を決めた理由のひとつは、都会の住居コスト高、大震災時に対応できなかった食料物流網から離れて、食べ物の近くで、できれば家畜とともに暮らしたいという気持ちに加えて、日本の地方を自分なりに感じ取りたいという気持ちもあったからだ。過疎や困窮など地方が抱える問題に対して「抜本的な改革なんてどうせ、できない」という空気を作り出した、目に見えないなにかを感じたい。それにはどこかの田舎に実際に住み暮らし、その「淀んだ空気」に浸かってみたい。そう思ったからだ。

移住先を探していくつかの地方を訪ねていた頃、Bさんが小豆島に移住を決めたことを知り、どんな所か見に行きたいと訪ねて行って、気が付いたら空き家バンクで空き家を探していた（移住にあたっての詳しい経緯は拙著『漂うままに島に着き』をどうぞ）。

というわけで、私なりの地方社会への取材欲と、ヤフーパートナーに連なるこの名もなき地方在住中年男性達のプロフィールと、なにがつながるのか、はっきりと分からないまま、何人かの編集者には、すっごい面白いんだよ、これが!!　と熱弁をふるっていた。

メールのやりとりだけで、やめときゃよかったのだ。実際に会うつもりが全くなかったわけではないが、やっぱり知らない人と会うのは怖い。メールをやりとりするだけの人ばかりがど

んどん増えていた、そんなときのことだった。

Aと会う気になったのは、本当にささいなやりとりが重なった結果であった。実際に会うことを心中では欲しながら、誠意を見せようとしてメールだけの付き合いを受け入れつつも、微妙にぎくしゃくしがちな男性が多い中で、Aは好みの映画などに共通するものがあるか確認したあとは、ストレートに会おうと言ってきたので、妙に新鮮に映り、他の人には働いた警戒ストッパーが、働かなかった。


供述調書には、私たちが普段書く文章とは少し違う、いくつか書かねばならないポイントがあるようだった。私の携帯のこの番号にかかってきた、だとか、Aは私の知るかぎりこの番号の携帯電話を使って私の携帯にメッセージを送ってきた、などの証拠を確定する言葉。そしてこういうメッセージがあって「恐ろしくて仕方がなかった」など、恐怖感情が盛り上がる具体的ないきさつ。できるかぎり相手を刺激しないように返事をしていたことなど。

そうそう、そこすごく大事。よく書いてくれました。だから私の返事が全然怖がってないように「見える」んですからね？　ね??

そして「Aとの関係を断ちたい」ために、別れを宣言したこと。それが受け入れられなかったため、「怖いから警察に相談する」と重ねて拒絶の意志を伝えたこと。それを受けてAが逆上。続いてAが乗っている車の車種や色の説明。住宅地図での住所の確認、そして顔写真の確認。それぞれこれで間違いありませんと「供述」するのである。生活安全課のOさんが例のマグショットをずっとこちらに向けて置いているのに耐えきれず、すみませんと断って紙を被せた。

Aの姿が目に入るだけで胸が重苦しくなり、呼吸が浅くなる。

警察から本名を教えてもらう経緯に続き、脅迫にあたるとされる八件のメッセージを一覧表にして、これらをいつどこで読んだのかをひとつずつ明示してほしいと言われた。東京出張している時期もあるから、鑑識から携帯が戻ってこないと難しいですねえ。下手したら新幹線の中もあると思います。

東京出張中は、文字通り、ひっきりなしにメッセージを知らせる振動音が鳴っていた。打ち合わせの後、旧知の友人女性編集者二人とレストランに移動し、鹿肉を食べているときも鳴り続けていた。「電話、出なくて大丈夫なの？」いや実は恥ずかしながら今こんな状態になってしまって……と彼女たちに説明している間にも、ブブッという音とともに「ツイッターで曝露日記書くかな」「ボロボロにしてやる」などというメッセージが画面に浮かぶ。ほら、と二人に携帯画面をみせる。

「やだ、怖い……。ねえ、撃つなら足にしときなさいよ。うちは傷害罪くらいじゃ仕事干したりしないからさ」

「あ、うちも大丈夫です。お仕事できますから、どうぞ安心して……」

「そして手記はうちで」と声を揃える。

冗談とはいえ、編集者もまた、書き手に負けるとも劣らない業の深い人たちである。銃はもちろん使わないとして、Aに反撃する気も全くなかったけれど、万が一なにかがあっても、社会から完全にリジェクトされるわけではない。そう思うことができて、随分気が楽になったの

は確かだった。ありがたい。この職業で良かった。所属する組織によっては、誰かに相談することすら憚《はばか》られる場合も多いのではないだろうか。

鑑識係から戻ってきたスマホを見ながら、この時間は東京のレストラン。これはたぶん岡山行きの新幹線のぞみに乗車したあとで、小田原あたりかしら。このメッセージ以降は避難先にいた時間ですと、ひとつずつ検証しては、記録した。

Oさんが唸《うな》りながらパソコンに打ち込んでゆく。プリンタは二階にあるため、プリントしたものを受け取りにいちいち二階まで降りてゆかねばならない。今頃Aは一階の部屋で私の知人であるBさんと話をしているのだろうか。本人が望んでいるとはいえ初対面の二人である。大丈夫だろうか。

「読み上げますので確認してください」

とOさん。あの、もしよかったら紙で確認させてください。職業柄、文字情報を視覚で処理していますので。読み上げていただいても頭に入らないんです。

試し刷りの供述調書を手に取る。横罫の便箋のような書式だが、最下段中央に香川県警察の五文字。左上には小さく様式第○号（刑訴第○○○条、第○○○条）と文字と数字が入っている。公文書っぽい。それなのに、調書の中の私の語りでは、Aを呼び捨てでなく、交際していたときの〝○○君〟で呼んでいる。そういう決まりなのだろう。被害をお上に供述するのに、甘ったるい呼び名で語るわけないと思うんだがなあ。

気を取り直し、赤ボールペンで、時系列の誤りや誤字などをひょいひょいと校正していく。

Oさんが少しびっくりしている。その後も各機関で調書や意見書に赤を入れるたびに軽く戸惑われた。

Oさんは私の赤字を反映させ、出来上がった調書を持ってまた二階に。今度は上司の確認をとるためだ。なにかが足りないらしくてまたうんうん唸りながら作文。そして確認と赤字。これを数回も繰り返し、あと一歩で完成する!! というところまで漕ぎ付けたときには、外は暗くなっていた。ああ……。机の上には何枚もの供述調書の下書きが散らばっている。

「これからどうなるんだろう。明日、サミット（G7香川・高松情報通信大臣会合、二〇一六年四月二十九・三十日開催）で朝から高松に行かなきゃならないんですよ……」

すっかりやつれたOさんが悲しそうな声を出す。そう、AとBさんが階下でどのようなことになっているのか、私はもちろんだが本件を担当している（?）Oさんにも全く分からないのだ。そもそもこの供述調書は本当に使われるのだろうか。しかしそれも、Oさんに聞いたところで分からないのだろう。やれやれ。

ストーカー事件の担当は生活安全課だが、脅迫罪となると刑事課の担当に移る。しかし小豆署の場合は規模が小さいためか、刑事課と生活安全課がそれぞれ独立しておらず、生活安全・刑事課という一つの課になっているのだった。ともかくひとつの課が同じ案件を扱うんだから、問題ないのでは？　むしろ小さな署だから情報共有も簡単なのでは？　とOさんに聞くと、いやいやと首を振る。どうやら内部では厳密な線引きがあるらしい。

昨日、刑事さんは事件化する方向でと言っていたけれど、その一方で、Aの要望通りにBさんと話をする場をセッティングしたりもしている。もしBさんがAを宥《なだ》めるのに成功したら

――Aの怒りが収まって、悪いことをしたと反省したら、どうするのだろう。注意して終わりということもあるのだろうか。Oさんの携帯が鳴った。なにやら指令が入ったようだ。

「Aが話を終えて、島から出たそうです。それで内澤さんに、T係長が話があるそうです」

二階に降り、取調室に案内された。

「内澤さん、Aは、Bさんと話をして随分落ち着いたんですが、どうしても内澤さんが浮気をしていると言ってきかないんですわ。我々もそれは違う、勘違いだと何度も説明したんですが、絶対に譲らない。島に来たことについても反省しませんでした」

ああ……。反省してくれなかったのか。どっと恐怖が募る。反省していないということは、私に対していまだに怒りの感情を抱いているということだ。尋常ではない。これまでも何度も周りの男友達や知り合いに嫉妬してはネチネチ嫌味を言われてきた。もっと早く奴の異常性に気がついていれば……いや、結局同じか。別れようとすれば爆発するのだ。この男は。

小豆署を出てBさんの家に行き、Aと話をした様子を聞いたけれど、やはり芳《かんば》しくない。かなり危ないと思うと言われた。

脅迫罪で「事件化」したところで、大した刑はつかないのだろう。調べてみたら二年以下の懲役。ストーカー規制法違反だったら一年以下の懲役（ただし禁止命令が出て、それに違反してストーカー行為をしたら二年以下の懲役）だから、刑期に限って比べれば、脅迫罪のほうが重いことは重いのだ。警察も考慮してくださったのかもしれない。とはいえ、逗子ストーカー事件の犯人は、脅迫罪で有罪判決を受けてからも被害者を探しまわって殺害しているのである。逮捕されたら、Aの怒りは、私への憎しみは、さらに増すのではないだろうか。そんな疑念

と不安がムクムクと頭をもたげてきた。考えだしたら止まらない。

朝まで悶々と悩んだ挙句、八時半きっかりに小豆署に電話をかけた。昨夜話をした生活安全課のT係長に、これからAを逮捕するのかどうか、そして仮に私が被害届を取り下げたらどうなるのかを聞くためだ。

「分かりました。内澤さん、今から署にいらっしゃいませんか。ちょっと話をしましょう」

係長の口調は、とても温かかった。今回の件でお世話になった署員の皆さん全員、横柄な態度の人は誰もいない。好奇の視線は感じなくもないけれど、それも神経質になっている私の被害妄想かとも思えるレベルだ。

一体何日連続で小豆署に通っているのだろう。最初に電話口に出た女性署員も「内澤と申しますが」と言った途端にああはい、という具合になっていた。そのうち顔パスになる日も近そうだ。心強いけれども、楽しくはない。

「どうしましたか」

あの……。結局Aを逮捕するんでしょうか。やっぱり不安といいますか、逮捕されることで余計に逆上して、後々復讐に来たりしたらと思うと、穏便に済ませたほうがいいのかなとも思うんです。今被害届を取り下げたら、どうなるのでしょうか。T係長を前に、電話で話したことを繰り返した。

「内澤さん、逮捕するかどうかは、お教えすることはできないんです。被害届を出したら即逮捕ということではありません。逮捕するかどうかは、警察が集めた証拠を精査して決めますから」

はあ。まあ、そうか。

では、被害届を出しても逮捕されない場合もあるということですか。

「そうです」

うーん。

「もし内澤さんが、被害届を取り下げると言うのであれば、受け付けます。ただし、そうなったら警察は今後この件から一切手を引かせていただきます」

え。息が止まった。

Aの前科前歴は完全には判明していない（なにをどこまでする人間なのか分からない）。しかも私に対して嫌がらせのメッセージを送り続けて震え上がらせたことについても、いまだに反省していない。私が浮気したから悪いのだと決めつけて、警察やBさんの説得にも耳を貸さない。たとえ私が本当に他の男性に気持ちを移したとしても、それで脅迫的なメッセージを大量に送り付けるという違法行為が許されるわけがないのに、それが理解できていないのだ。前科の件といい、法律を破ることをなんとも思っていない可能性もある。

とはいえ。Aが私に対してやったことは許されないことであり、（私もはっきりとは知らなかったが）違法な行為にあたるけれど、考えようによっては、まだ引き返すことができそうな段階なのではないか。島にはアポもとらずに突撃してきたけれど、実際にだれかに危害を加えてはいない。いや、危害を加える前に警察官に確保されただけかもしれないけれど……。

この状態で警察沙汰にすることが本当に正しいのだろうか。むしろ「警察に相談」とメッ

セージに書いて逆上したように、逮捕にまで至ったらAはますます、憎しみを増幅させ、凶悪化するのではないだろうか。

散々迷ったけれど、警察に手を引くと言われたら、どうしようもない。そこまでAを信じることは、現状ではどう考えても無理。反省すらしていないのだから。Aが島に来た日からずっと、私が住んでいた家にはパトカーが張り付いて見張ってくださっていた。Aが島に来ているあいだはBさんの家にも、それからどなたか知らない方の家にも、浮気相手と誤解された人の家までも、パトロールしてくださっていたのだ。どんなに心強かったことか。これからも警察に助けていただくしかない。

分かりました。被害届はそのまま提出します。引き続きよろしくお願いします。私は頭を下げた。顔を上げると、T係長は私の目をしっかり見つめ、

「はい。了解しましたよ。じゃあね、内澤さん、私とここで約束をしてください。もう今後〝やっぱりやめます〟は、なしですからね？」

ゆっくりと一言ずつ区切りながら、念を押された。

はい……。

そう来たか。警察としては、被害者がクルクルと態度を変えては、動きようがなくなってしまうのだから、これ以上ひっくり返すなと念押ししたくなる気持ちも分かる。妥当な対処だと思う。けれども私の気分は、複雑だ。退路を断たれた。もう引き返せないところに来てしまった。でも、それで本当に大丈夫なのか？　不安で仕方がない。

どんよりとした気分のまま、小豆署を出て、またもやBさんの家に向かった。

「そうか……。逮捕のことは私もよく分からないけど、今、警察が助けてくれなくなっちゃうのは、どう考えてもまずいね。A君と話はできたんだけど、やっぱり相当怒っていて、何をしでかすのか分からないように見えたよ。でも半分くらいは、自分が母親に酷い育てられ方をした話をしてた。淋しいんじゃないかな。警察とか裁判所とかではなくて、第三者立ち会いで双方の言い分を整理して話し合えるような場所ってないのかしら。探してみたらどう？」

そうですねぇ……。私への誤解が解けて、Aが怒りを収めてくれて、無関係の関係になってくれれば、私としてはそれでいいのだけれど。警察に相談して、Aが本当に島に来てしまった時点で、なにかが動き出してしまった。いや、それを言うならばAが私のことを「銃を持つ資格がない人間だ」と警察に言いに行くと何度もメッセージをよこしたところが起点だ。転がり始めたなにかは、私が想定していたよりもずっと大きくて重くて、すでに私の力では止めることはできそうにない。このままどこまで転がってゆくのだろう。

6　逮捕

Bさんの家を辞して避難先に戻り、原稿を書いていた。既に暗くなった頃、携帯が鳴った。Bさんだった。すぐに電話に出た。

「もしもし、あのね、今A君から電話があったの。じゅんこに本当に悪いことをしたって。あ

やまりたいって言ってきたんだけど」

「あーっ。今更言われたって、どうにもならないよ。なんで、なんでもっと早く、せめて警察の人たちの前で反省してくれなかったのか。どうしたらいいんだろう、どうしたら……。そうだ、せめて警察に、警察にAが反省していることを伝えたほうがいいんじゃないかしら。逮捕するかどうか決定するのに、謝意があったかどうかが、影響するかもしれない。反省がみられなかった、反抗的だったって小豆署のT係長が何度も言ってたから。

「分かった。被害届のことは言わないようにして、なんとかA君に、警察にも申し訳ないことをしたっていう気持ちを伝えるようにって言ってみる」

お願いします。お願いします。お願いします……。最後は泣き声になった。気配を察して避難先として部屋を提供してくれた友人が様子を見にきた。

「大丈夫？」

Aが謝ってきたんだって。Bさんのところに電話があって。悪かったたって。今更……。そのまま彼女の前で号泣した。なんの涙だったのだろう。Aが怒り狂い暴走し始めてからはじめて、本当にはじめて、正気に戻って謝ってくれたのだ。長かった。怖かった。やっぱりAの中にもまっとうな部分があったのだ。

そう安堵する一方で、Aにとってのなけなしの謝罪が、この先踏みにじられる可能性が高いことが、重くのしかかる。私は今朝T係長に「以後被害届を取り下げない」と約束してしまったのだ。せめてAの謝意が警察に伝わることで、流れが変わることを念じるしかない。

翌々日午前。小豆署刑事課のYと名乗る刑事さんから電話があり、昨日朝、Aを脅迫罪で逮捕したことを知らされた。小豆署には留置場がなく、Aの居住地から近く、留置場を有する香川県本土の某署に留置されたという。実際の逮捕には小豆署の刑事課が動いた。またもや私は小豆署に車を走らせた。取調室で、Yさんと相対する。ああ、あの最初の相談のときにAのマグショット写真を持ってきた人だ。

「現在警察が取調べをしていまして、Aが鬱病で通っていた心療内科が分かりました」

Aからのメッセージの中に、私の陰気な愚痴のせいで鬱病に罹ったから訴えてやるというものがあり、診断書の断片写真まで私のもとに送られてきていた。写真では病院の名前までは分からなかったのだが、警察が割り出したようだ。

「こちらが担当医師からの、『Aの病気では心神喪失および心神耗弱症状にはならない』という所見です」

そうか、精神病の場合、裁判で責任能力がなかったと主張されることもあるから、検察にあげる前に通っている担当医師に病気は事件に関係ないと一筆書かせてしまうのか。なるほど、手際いいなあ。ざっと調べたところ、心神喪失状態になる精神疾患として多くあげられているのは、統合失調症だった。

「逮捕から四十八時間以内に警察は取調べを終えて、Aの身柄を検察に送ります。それからは検察官の指揮の下、捜査が進みます。内澤さんの方にも、高松地方検察庁から電話がかかってくると思います」

地方検察庁!!　段ボール箱にいくつも証拠押収してスーツ姿でビルからゾロゾロ出てくる

ニュース映像しか思い浮かばないんですけど。市民にとっては警察よりもさらにご縁の無いところじゃあないですか。必死に脳内の記憶を手繰り、ドラマ「ＨＥＲＯ」で検事役の木村拓哉が、市井の小さな事件の取調べをしていたことを思い出す。取調べと言えば警察と思っていたので、新鮮だった。あれをイメージすればいいのかな。

「Ａの勾留期間は送検後、検察官が勾留請求した日から十日です。検察が延長手続きをすれば、さらに十日追加されます。たいてい延長されるようですが、確証はありません。内澤さん、現在避難先で暮らしていらっしゃるんですよね。ご自宅に戻るなら今のうちです」

自宅に戻る。戻って元のように暮らすという意味では、ない。今後の生活に必要な荷物を整理しろということだろう。それで、その先はどうしたらいいのだろう。さすがにいつまでも避難先の友人の家に居候するわけにもいかない。しかし逮捕のショックで頭がついていかない。ノーアイデアのまま、ふらふらとＢさんの家に行く。

Ｂさんは私にこう告げた。

「あなたの安全を考えたら、島を出ていくという選択肢も視野に入れないと」

小豆島を出る？　私が？　引越すってこと？

考えてもみなかった。苦労して、仕事の合間を縫って東京から小豆島に何度も通って、海の見える一軒家を見つけ、借りることができた。かわいいヤギもいる。友達もできた。狩猟も始めた。土木作業も車の運転も、覚えた。猪や鹿の食肉処理場をいっしょに作ろうという仲間もできた。それらすべてから引き剝がされることを想像したら、自分が芯の無いペラペラの、紙一枚の人形みたいに思えた。

空っぽだ。生きている価値もない。自分にとって島の暮らしが、いかに大切なのかが身に染みて、涙がジワリと出てきた。被害者になってしまったのだ、自分は。何もかも奪われてひっそりと暮らす、被害者に、気がついたらなろうとしている。

……冗談じゃない。奪われて、たまるか！

小豆島からは絶対に出ません。みんなと離れたくないから。島の中で引越し先を探します。

「分かった。じゃあそうしよう。協力するから」

小豆島の人口は、二万七千人。集落の数はいくつあるだろう。一九八〇年時点で小豆島の中には十六も小学校があった（現在は五校）。三年間住んでみた感触では、人を介した情報の流れは、近隣の集落まで。旧三町の境を越えると人の行き来も少なくなり、情報源もなくなる。Aが小豆島出身の人間だったら私が出ていくしかないけれど、Aは小豆島の中に親戚どころか友人すら持っていない。島の中で姿を消すことは、可能に思える。どこまでできるのかは分からないけれど、やってみよう。

すぐに避難先の友人夫婦が、短期を条件に貸してくださる家を探してくれた。ヤギのカヨと息子のタメを預かってもらっている友人の家からも近い。即決した。

それから車だ。私が今乗っている軽の箱バンは鮮やかな色をしていてとても目立つ。広大なスーパーの駐車場で、買い物を終えてどこに停めたのか分からなくなっても、見つけやすくて気に入っているのだが、それでは困る。島の中で一番目立たない車種がいい。木の葉を隠すな

ら森。となれば、白の軽トラックだ。鹿や猪を運ぶために、いつか手に入れたいと思いつつ、独り暮らしで車の二台持ちは贅沢なのではと迷っていた。軽トラほど島で見かける車もない。幅の細い山道や路地が多いため、軽自動車でなければ入れないところも多いのだ。そして島の軽トラの九割は白。残り一割が黒や紺、シルバー、グリーンなど。しかも軽トラックを扱うのは三メーカーしかなく（OEM供給を合わせれば八メーカーが扱っている）、軽自動車や普通自動車に比べると形が似通っているため、車種からの個人特定が困難だ。

島内の自動車屋さんに、軽トラを探しているんですけど、と電話をかけてみたところ、ちょうどかなり古いけれども白の軽トラを預かっていると言う。四輪駆動のマニュアルで二十五万円。田舎の中古車市場では軽トラは大人気のため、すぐに売れてしまう。未舗装の坂道が多いことを考えると、四輪駆動は絶対に外せない。時間とお金にゆとりがあれば、四輪駆動のAT車を探したいところだけど、AT車の軽トラは、マニュアルよりも高いうえに中古車市場に出ること自体が稀だ。出ても値段が下がらないだろう。

検索しまくって、香川か岡山のどこかにあるのを見つけたとしても、取りに行ったり手続きしたりで丸一日潰れてしまうことを考えると、島内で買ってしまう方が楽だ。車の知識が皆無なので、車を見ても、値切ることすらできない。クラッチ板がかなりすり減っているようなので、もしかしてすこし高めなんじゃないかと思うけれど、これからやることは山ほどあるのだ。決めてしまえ、と言い値即決で買った。同じ日に箱バンも別の自動車屋さんに九万円で売り払ってしまった。六十七万円もしたのに。しかしこちらはさんざん擦って車体にへこみはあるし傷だらけにして、さらにヤギをのせてヤギ臭くしてしまったので、仕方がない。さて、白の

軽トラに乗り換えたはいいけれど、運転、どうしよう。

二〇〇九年、養豚の取材のため千葉県旭市に半年間滞在する前に、ペーパードライバー教習に通ったことはあった。マニュアルの軽トラならタダで貸してくれるという人がいたからだ。それでも私はマニュアルの運転ができるようにならなかった。どう頑張っても坂道発進ができなくて、千葉ではATのバンに乗っていた。小豆島、坂道だらけなんだけど。あそこの信号も、あの信号も、上り坂で停車しなきゃならんのだ。そしてなにより、これまで住んでいた海の見える家に入る小道は、とんでもなく急な坂。軽トラだから家財をなんでも積めるのはいいけれど、マニュアル運転であの坂を登ったり下ったりできる気が全然しないんだけど。

車の引き渡しのときに、自動車会社の会長から少しだけ運転の仕方を教わった。クラッチを踏みながらギアをチェンジする。一速からはじめて二速三速と進めていく。メーターが時速四十キロになるのを目安に、五速までもっていくのだが、島の中には長い直進道路がとても少なく、すぐに信号にぶつかるため、慣れるまでは四速までで大丈夫と言われた。

何度もエンストを起こしながら、避難先までひとりで運転して戻った。島内は高齢者ドライバーが多いためか、エンストや下手くそな運転に比較的優しいので、煽られたりせずに済んだ。クタクタだったが、休んでいる場合ではない。友人たちに付き添い指導をお願いして、数回に分けて港の駐車場や近隣の坂道で特訓し、なんとか坂道発進を会得した。できるようになってみれば、あっけない。なぜペーパードライバー教習でできなかったのか、よく分からない。「サイドブレーキをかけながらアクセルを踏む」という相反する行為を、車体でなく私の脳が拒否していたとしか思えない。なによりも、私自身、本気で会得しようと思っていなかったの

かもしれない。必要に迫られると、人間の能力は飛躍的にアップするのだろうか。

車の通りが少ない坂手港からすこし山に入ったところで練習していたときに、突然インドクジャクが十メートルほど先の茂みから道路に現れ、ぶわりと青い羽を広げた。デカい。孔雀園が二〇〇八年に閉鎖されたときに放たれ、そのまま野生化した孔雀が山の中に生息していると噂には聞いていた（園の存続中に柵を越え飛んで逃げた孔雀が野生化したという説もある）が、実際に見たのははじめてだった。しかも雄とは。こんな大きくて派手な鳥が、車道を平気でウロウロしているなんて。ついでに野良鶏まで現れた。島には猫だけでなく狸やイタチも沢山いるのに、彼らは人間の庇護下から抜け出したまま、山の中で敵に捕食されることなく、目立つ身体のまま堂々と生存している。外来種問題の視点からすれば、良いこととは言えないけれど、今の私にとっては、彼らの存在は奇跡であり光明と映った。島で生き延びよう。彼らのように。ヤギたちとともに。軽トラックに乗って。

軽トラックを入手し、坂道発進は会得した。けれども夜中に運転して自宅の玄関前に車をつけることは、まだ怖くてできそうになかった。家の周りには街灯もなく、夜間は漆黒の闇なのだ。昼間ならばまだ運転できそうな気もするが、そうなると隣近所の方に「どうしたの？」と事情を聞かれるだろう。Aが島に来てから逮捕されるまでの間パトカーが家の前に停まっていたことも、きっと不審に思われているに違いない。

近隣の方に説明する勇気も元気もなかった。Aが友人のふりをしてやってきて、「内澤さんに急ぎの用事があって来たんだけど」などとウソをついて、私の居場所を聞き回ることも、ありうる。みなさん旅行者や困っている人にとても親切なので、ちょっと困ったふりをしたらす

ぐに教えてしまいそうなのだった。それと噂が広がるのも面倒だ。尾ひれがどのようについていくのか、想像もつかない。

加えて私は集落の人々全員の勤め先や親戚関係までは把握していない。島は仕事が少ないので、高松まで通勤している人もいるし、子どもや親戚が高松や香川県下に移り住んでいる場合も含めると、小豆島と県本土とは無数の糸で結ばれていると言っても過言ではない。もしうちの集落の誰かの親類と、Aの居住地とがダブっていたら？

ここはひとまず黙って消えておいた方がいいと判断した。

友人たちにお願いして一緒に夜中に家に行き、ザクザクと荷物をまとめては、新しい住居に運んだ。まるで夜逃げだ。十日近く留守にしていたため、郵便受けには郵便物が溜まっていた。

今後郵便物をどうするかも、問題だ。郵便屋さんや宅配業者さんもまた、親切および善意で人の家の引越し先という個人情報を共有拡散しがちなのだった。島民だけならまだしも、観光客にまで拡散が及ぶ可能性が高いのも同じ。タクシーに乗って、〇〇さんの家に行ってくださいと言えば、それだけでその人の家に辿り着くのだ。私の家も覚えられている可能性が高い。平時であれば、誰がどこに住んでいるかなどの情報が、顧客サービス向上につながるわけで、島民の情報を把握するのは彼らにとっては勤勉の証である。ひとたびそれを悪用しようとする人が現れれば、とんでもない危険につながる場合もあるなどということは、思いもよらないだろう。

それでは都会に引越したほうが安全かと言えば、違う。都会の警察が小豆署のようにきめこまやかに動いてくださるだろうか。考えにくい。それに県警をまたいだ移転先までこの程度の

事件の引継ぎがきちんとなされるのかも、疑わしい。島での暮らしが好きで離れたくないということを差っ引いても、島に居続けるほうが安全なはず。

宅配便の受け取りは、営業所やコンビニを利用し、それが出来ない場合はBさんの家に届けてもらうようにした。

郵便物は、私書箱か局留めにしようかと郵便局で聞いてみたのだが、不審そうな顔をされたのですぐにやめた。噂になっては困る。とりあえずは不在届を最長の三十日で出した。新しい住居に郵便局員を近づけない方法はないものか、散々調べて検討した結果、しばらくBさんの家に住民票を移すことにした。これならば税金など公的機関からの知らせもすべて新しい住居には来ないようにできる。

潜伏の手配に走り回る日々の合間に、高松地方検察庁から来てほしいという電話があった。島からフェリーで本土に渡らなければならないからか、丁寧な口調でこちらの都合のよい時間を聞いてくださった。〝何月何日何時に出頭せよ〟とか言われるのかと思った。検察、意外と市民に優しい組織なのか？

さて。検察からの呼び出しって、何を着ていけばいいのだろうか。男性ならば間違いなくスーツなのだろう。そういえば、小豆島に引越してきて以来、パンティストッキングすら穿いたことがない。唸《うな》りながら、セブン-イレブンでストッキングを買い、家から適当に持ち出してきた衣類の箱を開けて、五センチ太ヒールの黒のパンプスに白のブラウス、そして紺のタイトスカートを掘りだした。スカートは総レースで短めだったが、擦り切れたカーゴパンツやデニムよりはマシだろう。ヒールは、検察という未知の相手と互角に（？）渡り合うための武装、

いや盾のようなもの。

7　検事

高松地方検察庁は、高松法務合同庁舎の中にある。小豆島からのフェリーを降りたところから歩いて一キロ弱。高松築港からは、小豆島の各港だけでなく、岡山県宇野、直島や豊島、男木島、女木島、そしてハンセン病療養所のある大島へのフェリーも就航している。乗り場は複数に分かれ、歩いているのが嫌になるくらい、広い。

この広々としたフェリーおよび高速艇乗り場の敷地周辺に隣接するようにJR高松駅があり、高松城跡玉藻公園があり、琴平電鉄高松築港駅がある。玉藻公園から二区画南下すれば、高松法務合同庁舎だ。普段は通り過ぎるだけなので、「古めかしい大きなビル」というイメージしかない。教えられた通り、一階の受付で自分の名前と担当検事の名前を告げると、警備員が確認をとって通行証をくださった。合同庁舎の中には入国管理局もあるからか、南アジア系の家族と思しきグループが私の後から入ってきて警備員と大きな声で話をしていた。

地方検察庁のある三階に上がり、エレベーターの扉が開いたところに女性が待っていて、待合室なる場所に通された。長椅子やガラス窓やドアの形は、六〇年代かそれ以前の設《しつら》え。先客はゼロ。私だけだ。女性に、検事との面談は電話で約束した午後三時より三十分ほど遅れるけ

れども、帰りのフェリーは大丈夫ですかと心配そうに尋ねられた。どのようにも対応できるように、一番本数の多い土庄港《とのしょう》に車を停めてきたのである。夜の九時までだって大丈夫だ。スマートフォンもａｕからドコモに変えたところだったので、各種ＳＮＳの設定を入れ直して時間を潰した。

三十分以上待たされ、女性が迎えにきて、薄暗い廊下を通って検事室に通された。

「どうも、お待たせしましてすみません。検事のＨです。四月に高松に赴任したばかりでして……」

え⁇

おどろいた。

検事といえば、田中森一のような威圧的で眼光鋭い中年男性が出てくるのだろうと、覚悟していた。以前にドラマ「ＨＥＲＯ」で見た木村拓哉扮するイケメン検事なんて、ドラマの中だけのことに決まっていると思っていた。

それなのに。大机を挟んで立つＨ検事は、斎藤工と櫻井翔を足して二で割った顔立ちなのだった。服の趣味もよろしく、薄いブルーのストライプボタンダウンシャツにグレーの細いストライプが入ったスーツが小綺麗にお似合いで。そこそこゴツくて文字盤が地味な時計も嫌味なくスマート。髭剃り跡をすこし残し、ヘアスタイルも洒落ているではないか。そして横に置かれた黒いキャリーバッグの車輪には汚れひとつついていないのであった。

イマドキの検事ってのは、みんなこんなお洒落さんなのか⁇　年齢は二十代後半から三十代前半か。この古めかしく重々しいビルの内装から、浮き上がり光って見える。すげーなこりゃ。

こんなハンサムさんで、検事ってことは司法試験に受かるだけでなく、司法修習でも優秀な成績を修めたと。こんな上出来すぎる男子、どんなハイスペックお嬢様たちが取り合うんだろうか。いろいろと持てば持ったで、人生面倒臭そうだよなあ。

想定外の美男子検事の登場に、私はきっとあからさまに驚き目を剝いていたのだろう。脇の机に座ってスタンバイした女性の見透かすような視線を感じて正気に戻った。先ほど案内してくださった女性だ。検察事務官だったのか。取調べに入る前に、逮捕されたAに弁護士がついたことが知らされた。

国選弁護人ですか。

「いえ、脅迫は国選対象事件ではありません。当番弁護士を依頼したんじゃないですかね」

刑事事件の被疑者として逮捕された者は、逮捕後の捜査段階で、自己を弁護する権利を正当に行使できるよう、すぐに弁護士を立てるのだそうだ。〝刑事事件で逮捕されたら〟と検索すると、逮捕後はスピードが命です!! すぐにご相談ください! などと書かれた刑事事件に対応する法律事務所のホームページがたくさん出てくる。

当番弁護士制度は、弁護士費用を賄う財力がない被疑者も正当な権利を行使できるようにと日本弁護士連合会によって一九九二年から実施された。初回接見は無料。

「それでAの弁護士が内澤さんへの面談を希望しています。電話番号を教えてもよろしいでしょうか」

はあ、大丈夫ですけど。

「もしこのあとお時間があれば……何度も小豆島から出て来られるのも大変でしょうし。ご存

じかどうか知りませんが、弁護士事務所はここの道を渡ったところに固まってありますので、すぐ駆けつけると思います。なるべく早く会いたいと言ってますので」

はあ。

これまでの小豆警察署の刑事さんたちとのやりとりから、がらりと人が入れ替わってしまった。目の前の検事も含め、その弁護士にも、また一から説明しなければならないのだろう。事実関係だけでなく、それが自分にとっていかに不安で恐ろしいことであったのかも、懇切丁寧に説明、いや主張（?）しなければならないのだろう。疲れる。ものすごく疲れる。そして心細い。

H検事の取調べは、基本的には供述調書と似たような流れをとり、付き合っていた当初から別れ話が拗《こじ》れて暴発するまでの経緯説明となった。

「たいへんでしたね」

なにげなく、H検事が発したねぎらいの言葉に、茫然とした。今言ったそれ、その言葉、私、今まで警察で一度も言われてないかもしれない。実はこの先、自分の担当弁護士にすらも投げかけてもらえないのであるが、それはさておき、はじめて自分が被害者として扱われていると感じて、膝の力が抜けた。

「それで、Aと付き合っていたとき、暴力を振るわれたことはありますか」

それはありません。ただなにか言い出したら絶対に引かないし、言葉がキツくて、嫌な気持ちになることはしょっちゅうでした。会話をする気がなくなって黙っていることが多かったですけど、実際の暴力は、ないです。あ、それと運転中は怖かったです。

「怖かったとは？」

ものすごくイライラしてマナーの悪いドライバーを口汚く罵るので。運転自体が荒いということはありませんでした。

「なるほど。それで、内澤さんは、Aが起訴され、処罰を受けることを望みますか？　こちらとしては、まだ取調べ中ですけれど。Aの弁護士は示談を勧めてくると思われます」

うーん。よく分かりません。処罰を望んでいるかと言われますと、望んではいません。ただもう今後私に関わらないようになってくれればそれが一番いいのですけど。

「ですね。まあ、たしかに、こういうおかしな人間と関わって拗れて逆恨みされるより、ここは静かにやり過ごしてしまうほうがいいかもしれません」

そうなのだ。逆恨みされる可能性を思うと、胃が捩《ねじ》れる。しかしもう逮捕された時点で恨まれているような気もしますけれども。さらに恨みが倍加することを考えると、起訴まで要求するのはどうなのだろう。ここで示談にしたら少しは怒りを収めてくれるのだろうか。

「取調べが終わっていませんので勾留延長を請求します」

はい。よろしくおねがいします。とりあえずAの釈放が十日延びたことは、喜ぶとしよう。

検事室を出て、また待合室にもどった。弁護士の到着を待つためだ。検察庁の入った法務合同庁舎と裁判所がある通りを挟んで向かいの兵庫町から磨屋町《とぎやまち》にかけて、多くの法律事務所が並んでいる。自転車を使わずとも歩いて数分の距離に密集している。このあたりのうどん屋に入れば、かならず一人は弁護士バッジを付けた先生に鉢合わせするんじゃないかというくらい

だった。ほどなくしてAの担当弁護士が到着した。

「Mと申します」。古風なスーツであるが、生地はかなり上質。歳は若い。四十歳には達していないであろう。名刺を手渡された。個人事務所のようだった。二世か？

「今日はとりいそぎ本人からの謝罪文と、見舞金を持って来ました。それで、内澤さんもご存じと思いますが、Aには前科があります。本人に確認したところでは、前の犯罪の懲役刑から出所して五年以内ですので、今回起訴された場合、執行猶予がつきません。また累犯加重と言って刑も重くなる可能性があります」

M弁護士は、堰を切ったようにまくし立て始めた。頭がグルグルしてきた。執行猶予がつかないんですか。ていうことは……。

「起訴されれば実刑。刑務所行きなんですっ！」

ええええええ。けいむしょ！　じっけいはんけつ！　またもや心の準備ができないうちにパワーワードが降り注ぐ。これまでの人生でご縁の無い言葉ばかりだ。どうしよう、どうしよう。前科って、ペナルティが付帯してくるものなのか。知らなかった……。

……でも、でも、こんなふうに前科ツキだからって圧力かけてくるのも、なんか変じゃない？　相手の前科事情を、私が酌んでやる必要ってあるのかな⁇　私、一応被害に遭ってるんだけど？　なんだかM弁護士の話しぶりだと、まるで私のせいでAが無実の罪で不当に刑務所に行かされてしまうかのように聞こえてくるのだが。私、なにか悪いことした？　悪いことしたのは、Aなんだけど？

見舞金と謝罪文を今受け取ってしまったら、受け取ったことを盾になにもかもAとM弁護士

る。分かるけれども、これ別に冤罪じゃないし。Aが大量の脅迫メッセージを私に送ってきたことに変わりはないのだ。それなのに、なぜ弁護士が出てくるのか。

酬だろうに、なにがモチベーションなのだろう。もちろん被疑者＝Aにも人権はあるのは分か

それにしても。M弁護士の押しの強さは、なんなのだろう。当番制なのだから、最低限の報

私も弁護士を雇うしかないのだろう。

し切られてしまう気がして怖くてたまらない。それだけは避けなければならない。それには、

たく分かっていない。なにがなんだか分からないうちに丸め込まれて、うんと言えばそれで押

私では、この弁護士に太刀打ちできない。法律の知識どころか、刑事事件の流れすらもまっ

…………。今日はこれで失礼します。

「え、僕ですか？……僕は、ただのしがない当番弁護士ですけど……」

れと、参考にさせていただきたいのですが、ホームページなどは開設していらっしゃいますか？

うな分野が御専門なのでしょうか。これまでストーカー事件に関わったことがありますか。そ

礼しました。M先生、弁護士の先生方は、それぞれ専門があると聞きます。M先生は、どのよ

それで……。Mさん、いえ、弁護士の方は先生とお呼びしなければならないんですよね。失

「分かりました。無理もありませんよね。失礼しました」

ことは、すべて、止めていただきたいです。

罪文もお金も受け取れません。考える時間が欲しいです。とにかく今後Aが私に接触してくる

Aに対して、処罰を望んでいるわけではありませんが、まだ混乱してますので、今はその謝

なるのではないか。別の意味で恐ろしくなってきた。この弁護士、一体何者なんだろう。

の都合のいいように押し切られてしまうのではないか。私の受けた被害すらもなかったことに

のは、捏造でもなんでもなく、まぎれもない事実なのだ。脅迫は犯罪だから、やっちゃいけないことだから、刑法に記されているんであって、懲役刑もついている。

殺害予告を受けたわけではないし、書いてきたメッセージの脅迫具合が重いか軽いかと問われたら、軽い方かもしれない。けれど、私がものすごく怖い思いをしたのはまごうことなき事実だ。

その被害者に対していきなり謝罪文と見舞金を押し付けて、事件を最小限に済ませてしまおうという圧力は、正義なのだろうか。理性では加害者側についた弁護士はそのように動くのだということは、分かっている。最小限の常識としては知っている。被疑者の権利を取り上げろとは思わない。必要だ。

けれども、実際に被害者となってこのように迫られると、非常に怖くて、不快だ。そして被疑者は初回接見は無料で弁護士のアドバイスを受けることができるのに対して、私は、Aの逮捕と同時にいきなり刑事事件に巻き込まれ、気がついたら被害者になっていたという具合で、なにもかも後手に回った対応しかできなかった。実は香川県にも十年以上前から被害者支援センターがあり、被害者も、望めば初回無料で弁護士の相談を受けることができるのであるが、それを知って利用したのは半年後のこと。しかも「そのような団体はないのか」と自ら検索をかけてようやく探し当てることができた有り様であった。

突然相手が変貌し、被害に遭った恐怖も心身にべったり張り付いたまま、引越しや車の買い替えを進め、身を隠すことに必死の段階で、被害者支援センターの存在を推量し検索するゆとりなんかこれっぽっちもなかった。

なお現在では小豆警察署の玄関を入った入口の一番目立つ分かりやすいところに、「かがわ被害者支援センター」のパンフレットが置いてある。

もしギリギリの収入で生きているような被害者だったらどうするのだろう。このまま黙っていれば、自分が受けた恐怖すら、なにもなかったことにされそうに思えてくる中で、なんの主張もできないまま押しつぶされてしまう人も多いのではないか。

弁護士か……。現金の用意はできるったって、私とて無尽蔵の金持ちなわけではない。なんで弁護士費用を払わねばならんのか。安くはないのは分かっている。ただでさえ引越しだの車の買い替えだのと、出費を強要されているというのに。理不尽極まりない。

小豆島の新しい仮の家に戻り、作業着に着換え、県道の路肩の草刈りを始めた。新たに加わった日課である。草刈りをしてはヤギのカヨと息子のタメに食べさせる。

避難先から引越してきた当日に、荷物整理もそっちのけでカヨの好物の草を抱えて、カヨたちに会いに行った。カヨは、いつもより長く預けられていたけれど、私が迎えにくると信じていたようだった。これで家に帰れるわと言わんばかりに立ち上がり、排尿をして、身づくろいをした。大好物の草をたっぷり食べさせてから、カヨ、タメ、もうしばらくここで暮らして頂戴ね。これからは毎日来るからねと話して聞かせた。立ち上がり、歩き出した瞬間、カヨは家に連れて帰ってもらえないことを察して大声で叫び始めた。

メ、エエエエエエッ　メエエエエッ　ベエエエエエエッ

私を連れて帰ってくれないの？　横で息子のタメがオロオロしている。まだ小さいから、帰りたいという気持ちはすくないのかもしれない。ごめん、ごめんよ、カヨ。連れて帰りたくて

も、もう帰るおうちは、ないんだよ。カヨ。本当にごめん、カヨ。

カヨの怒声を浴びながら、坂道を下ってゆく。県道に辿り着いてもなおカヨの叫びが聞こえる。出張で友人の家にカヨを預けるときは、いつも喜んで箱バンに乗り込んできた。半開の窓から顔をだして、海岸線を眺めながらドライブするのがお気に入りだった。途中のコンビニで、あんまんの皮を貰って、信号で止まっているときには、私の耳たぶを齧《かじ》ってきた。出張から戻り、迎えに行くとエンジン音で分かるのか、箱バンを降りた瞬間からカヨはメエメエと鳴いて、私を呼ぶのが定番だった。今やもうその箱バンもない。仮の家の賃借期間は三カ月。そのあいだにカヨたちと暮らせる家を探さねばならない。無事に家が見つかったら、軽トラに乗って転居していただくしかない。荷台はがら空きなので、幌《ほろ》を手に入れたいところだが、中古でも十数万円するという話だった。ああ、無尽蔵に出費がかさみ、やらねばならないことが出てくる。

「とにかく、あなたの言い分をちゃんと聞いてくれる弁護士さんがいいよ」

Bさんの家に行って、弁護士を立てて示談にする流れになりそうなんだけど、と報告すると、そのように言われた。

私の言い分。もう擦り切れてヘロヘロですよ。Aとのメッセージのやりとりですでにクタクタで、それから警察で何度も同じことを説明して、さらに検察でもまた同じ説明して。そのたびに珍奇な目で見られて。またそれの繰り返し？　またあの屈辱的なメールを人に見せるの？

はあ。

「こういう場合って誰かのコネを辿って、弁護士さんを紹介してもらった方が、ちゃんと働い

てくれるんじゃないですかね？」

と、カヨを預かっていただいている友人は言う。そうだよねえ。コネがあったほうが、親身になってくれそう。だれか知ってる弁護士さん、いる？　そもそも小豆島に弁護士っているのかなあ。

「さあ……。自分の知り合いにはいませんし。島にはいないんじゃないかなあ。聞いたことない」

〝小豆島　弁護士〟で検索をかけてみたところ、ゼロ件だった。

8　示談

「弁護士、××さんだったら知ってそうだから、聞いてみたらどうすかね？」

預けられっぱなしが気に喰わないのか、角を振りかざすカヨを上手に制止しながら友人が続ける。

ああ、××さんか……。

そもそも私の島の知り合いのほとんどが、移住者。しかもＩターンがほとんど。どうしても移住者同士での交流が多くなる。そして我々移住者仲間ときたら、島内の有力者にはまだなにかしらの縁があっても、高松のいわゆる名士的なツテとなると、無縁な人がほとんどなのだ。

ただしUターンもしくは孫・親戚ターン組の知り合いとなると、さすがにそれなりの地縁を持っている。××さんは私が知る数少ない親戚ターン組。

彼なら弁護士のツテもありそうだし、島の中で噂を立てたりするタイプでもない。東京の知り合いにまで広げれば、腕の立つ弁護士さんを知る友人知人の心当たりもあるけれど、都内に事務所を持つ弁護士を高松まで呼ぶとなると、移動と宿泊だけで大変な金額になってしまう。それに拘束時間を考えたら、引き受けてくださる方はきっといないだろう。

これ以上誰かに話したい内容ではないものの、話をしないと相談もできないし。散々迷った挙句に××さんに相談し、高松の弁護士事務所を紹介してもらった。何人も弁護士を雇っている大きな事務所だった。

面談の約束を取り付けてから、事件にいたるまでの簡単な時系列と、自分が示談で要求したいことを、書き出してみた。長々と口で説明するのが嫌だったからだ。どう考えても私は説明が上手なタイプとは言えない。さらに決して楽しくもない、忌まわしい体験を何度も何度も初対面の人に話すことに、疲れ切ってもいた。

Aに要求したいことは、今後私に近づかないこと。嫌がらせをしないこと。直接的な接近だけでなく、インターネット上での接触も禁止。とにかくこれに尽きる。それから、Aの正確な前科前歴を知りたい。示談で決めたことをきちんと守ってもらうために、保証人には、肉親とそれ以外の誰かもうひとりを立ててほしい。

さらにもう一点。示談にこんなことを盛り込めるのかどうか知らないけれど、この事件について、私がエッセイやノンフィクションを書くときに、妨害しないこと。Aの住所や氏名など

身元が分かるような書きかたは、もちろんしない。Aの暮らしを妨害したいわけではないのだ。それは大前提として。

私は新聞や雑誌にノンフィクションやエッセイを書いて生計を立てている。どちらも取材をし、実体験に基づいて書くようにしている。現に東京での生活を畳み、小豆島に移住するまでのいきさつを連載している真っ最中だ。連載はもうすぐ終わる。すぐに一冊の書籍にまとめなければならない。

探し回ってやっと見つけた海の見える広い家での暮らしがさあ、ねえ、ぶっ壊されたんだけど？　せっかく見つけた家から夜逃げしたんだけど⁇　大好きなヤギとも離れ離れになって小豆島の片隅で隠遁《いんとん》してるんだけど⁇　どのツラさげて楽しい移住ライフのエッセイを出すってんだYO！　ああ、怒りを抑えきれずに文章がおかしくなってきた。

幸か不幸か私は素敵なライフスタイルを提唱するタイプのエッセイストではない。むしろそんなものはドブに捨てちまえと、自分勝手に暴走するままを綴っているのである。ということは、このような目に遭ったことを隠し通して「幸せな移住生活」を装うことのほうが、書き手として大きな損失となる。

たとえ事件のことを中心に書かないことにしても、移住のことにせよ、ヤギや狩猟のことにせよ、島内でのこの不自然な転居は、事件に全く触れずに説明できない。その度に、嫌がらせを受けるのではと気にしていたら、なにも書けなくなってしまう。

しかし私の本を読んだこともない地方の弁護士に、この懸念が上手く伝わるだろうか。移住のエッセイを書いていると説明したら、素敵なナチュラルライフを提唱するタイプのエッセイ

ストだと勘違いされてしまうのではないか。

某弁護士事務所もまた、Aの担当のM弁護士の個人事務所と同様、磨屋町にあった。というか住所を見るとほとんど道を挟んでお向かいさんなのである。昼飯でも夜の飲み屋でもしょっちゅう遭遇しているんじゃなかろうか。今回の示談みたいなしょぼい事件はまだいいとして、殺人級の大きな刑事民事の裁判でも、道挟んだご近所さんが、加害者側と被害者側に分かれて闘うのだろうか。私がもし家族を殺された遺族だったとしたら、複雑だなあ。とはいえ、香川県はとても小さいので、弁護士会に登録している弁護士の数も、東京のように多くはない。オフィスがご近所でなくたって、全員が顔見知りの可能性だってあるのだ。それが地方、ということだ。

I弁護士は、被疑者Aについた弁護士と同じ年頃だろうか。濃紺の細身の吊るしのスーツを着ていた。刑事事件を専門にしているという。私が差し出した、これまでの経緯と要望を簡潔に書いた書類に目を通しながら、話し始めた。

「まず前科の件なんですけれど。担当検事に聞けば、教えてくれると思います。たまに教えてくれない検事さんもいますけど。前科関係でどんな判決を受けているのかというのも、分かると思います。検事さんによっては私から聞いても教えてくれます。今回の担当は何という方ですか」

Hさんです。

「その方は存じ上げません」

赴任してきたばかりみたいです。若い方でした。

「判決内容によっては、今回の件で刑務所に入る可能性もあるんですよ。たとえば、かつてAが懲役二年執行猶予四年という判決を受けていたとします。この執行猶予判決が確定してから四年、満了していない段階で新たな犯行ということになったら、猶予されていた懲役二年の刑も降りかかってくるんです。それプラス今回の犯罪が懲役一年だとしたら、併せて三年の実刑となります。

一方、もし執行猶予期間が終わったあとの犯行であれば、実刑になるかどうかは微妙になります。有罪になったことがあるので立場的には不利なんですけど。

もし前にも同じ人に対してストーカーをしたとか、あるいはほかの人であっても同種事犯がある場合は、執行猶予期間が満了していても、実刑になる可能性が高いです。裁判官はかなり厳しい態度で臨みます。

今回がストーカーで、前科が違う犯罪、たとえば窃盗だと仮定すると、法を再び犯したということで、これまで法を犯していない人よりは厳しくはなりますが、同種事犯よりは軽くなります。今回の被疑者の前科はインターネットによる詐欺でしたっけ？　詐欺罪は結構重いんです。マックス懲役十年ですから」

起訴を望まない方向でいくつもりなんだから、どれであろうと大して関係ないのに、弁護士という職業柄なのか、延々と前科内容によって実刑がどうつくかの説明をしてくださる。

本名を検索して出てきたのがそういう事件だったというだけで、それが真実かも分かりませ

んし、真実だとしても、それが全てなのかどうかも分かりません。ただ、交際時に聞いていた人間関係と共犯者に符合する点はいくつかありましたが。

執行猶予がつかないという話は、M先生から伺いました。起訴されると困ると本人が言っていると。それと先ほどM先生から電話がかかってきて、本人から覚えている限り前科に関して申告したいと言っているそうです。さらに私が経済的にも被害を蒙《こうむ》っているということであれば、見舞金も母親に借りるなりしてもっと用意することも考えているそうです。

「金銭的被害はなにか蒙ったのですか」

引越しして、車と携帯を替えました。

「それはどういうことですか」

は？　もしAが島に来て、私の車が停めてあったらすぐに分かるじゃないですか？　島の中で私が行きそうなところも限られています。そしてAはそれも知っています。とにかく見つからないようにしなければ、安心して生活できません。

「車の買い替えはいくらかかったんですか」

軽トラは二十五万。

「引越し費用は？」

まだ分かりません。仮住まいと今まで住んでいた家の家賃と両方払っていて、七万円。これから新しい家を探しますから。

「携帯も替えたんですか？」

警察の方から交際期間中にケルベロス（スマホ監視アプリ）などを入れられている可能性もあ

ると言われたので、新しく買いました。

「領収書はありますか」

携帯使用料金の引き落としと一緒ですから……印字してもらえるとは思いますけど。

「ケルベロスを入れられたかどうかって、分からないんですか」

まず私にその手の知識がないですし、警察の方にもそこまでは分からないと言われました。万が一Aに協力者がいたら、本人が勾留中でも私の携帯を操作されるのかもしれないし。ならば、分かる人を探し出してチェックしてもらうよりは、さっさと買い替えたほうが早いじゃないですか。それでスマホを買い替えて、データを引継ぎしないで、一つずつアプリを入れ直して使っています。

「あーなるほど」

それと、損失と言えば私は文筆業をやっています。移住のエッセイを書いています。住んでいた敷地内に小さな獣肉の処理加工施設を作ろうとしていた矢先にこういう事が起きて、パトカーも来てしまったんですけど……。

「法的に請求できるのは、すでに起こってしまった不利益だけです。今後起こるであろう不利益は、法の手続きの中で請求することは難しいですね。示談金をこれくらいにしたいという材料にはなりますけど」

と、にべもなく言う。ストーカー事件の場合、相手が改心する保証はないし、仮に改心したとして、それが被害者側に知らされるわけでも、ない。DV事件もそうだろう。今後半永久的に身の周りを警戒し、家の場所がばれないように、気を配って生きていかねばならないのだ。

万が一再びストーキングされたときに、以前と同じ家にいたら、警戒していなかった被害者に落ち度があるかのように非難されるのだろうから。

現にその後、私は短期契約の貸家から本格的な転居をしたのであるが、警察を含めた何人もの関係者に「それなら安心」という顔をされた。いわば引越しはストーカー被害に遭った場合、当然のように被害者に求められる行動なのである。それなのに、今回の私のように、示談の段階では仮住まいでその後正式に転居することが確実であっても、それを加害者に請求することはできない。理屈は分かるのだが、被害者としては、納得がいかない。

正直に言って、訴える気もないし、起訴してほしいとも思わないんです。ただ、私がどれほどの被害を蒙ったのかということは、向こうに知ってもらいたいんですよ。

「向こうとは、裁判官ですか。加害者ですか」

うーん。どっちでしょう。加害者、でしょうか。加害者には確実に知ってほしいですね。第三者には……分かりません。

とにかく、今後一切接触を持ちたくないので、近づかないという保証が欲しいんです。

「接触を持たないようにするという保証は、言うほど簡単なことではないんです。彼が自由の身になれば、物理的には接触が可能なんですよ。だから誓約書を書かせるとかいろいろあるんですけど、脅かすわけではありませんが、来る人は来ます」

だから転居するんです。それに自営の文筆業ですから仕事の宣伝ツールとしてSNSを使っています。それをやめるわけにもいきません。またヤギを飼っていますので、ヤギのいる家と

いうことで、家もすぐに割れる可能性が高いです。島の人は観光客に親切な人も多くて「こういう人がいる」とか知らない人にも話をする可能性も高いです。ですからなるべく集落から離れている家を探そうとしています。そんなわけで人間関係も、今までのようにはいかないんです。はっきり申し上げて、今実際に払った金額だけが損害ではないんです。

「そうですね」

それから現在書いている移住体験のエッセイで、この件に関して触れないわけにはいかないんです。どう書くかはまだ決めていませんが、苦労してやっと見つけた家を引越さねばならないのですから、ある程度は起きたことを書かないと、辻褄が合わなくなります。もちろんAの本名や居住地などを書くつもりはありません。本人を特定できないように配慮はします。それでも書いたことに対して「俺のことを書いたな」などと反応されるのは、非常に困るんです。二度と接近しないでほしいという以外では、これが一番の要望です。目の前のI弁護士が、なにか言いたそうにしているのをさえぎって続けた。

これはあくまでも私の要望です。法的に、示談としてどこまで交渉できるのか、主張できるのかは私には分かりかねます。法律のことはよく知りませんから。先生の方で検討して教えてくだされればと思います。それから今回のご相談も含めて料金を教えていただきたいです。

「……まだ前科関係など確認できないこともあることを踏まえてお話しします。接触に関しては、刑務所に入らないとなった場合には、接触禁止条項を入れた示談を立てる。その場合には範囲を決めないと意味がありません。彼はどこに住んでいるんですか」

香川県下です。島ではありません。

「では小豆島町に立ち入らないとか」

小豆郡に広げるのは可能でしょうか。私が土庄町に引越す可能性もありますので。

「可能ですが、それが現実的かどうか考えなくてはなりません。まずAが小豆島に入る必要がある立場にいるのかどうかですね。仕事の関係とかで」

ないです。高校生のときに遊びにきて、それから私と交際するまで小豆島に来たことがないと言っていましたから。

「それならば小豆郡に立ち入らないという条項でいけると思います。これを破った場合には違約金を払うという条項を入れることになります」

それって有効期限とかあるんですか？

「決めればあります。決めなければ、永遠に有効。もしどうしても必要な事情があって小豆島に立ち入らざるを得ない場合には弁護人に接触して交渉し、双方の合意を得れば条項を変えることはできます。けど、今まで聞いたことないですね。だいたいそれっきりだと思っていただければと思います。

違約金については、保証人をつけるのは可能です。資力のある保証人を立てられるのであれば、肉親以外でも可能です。保証人をつけることを条件に示談するといえば、誰か探してくるんじゃないですかね。勾留中でAがそこまで動けるかどうか、分かりませんが」

Aの人間関係には、気になる点がいくつもあった。もし検索で見つかった記事がAの犯行だ

と仮定したら、共犯者がいる。これまでのメッセンジャーの内容から、A以外の誰かの存在が見え隠れすることがあった。それが単なる威嚇ならいいが、その人物がかつての共犯者だった場合、犯罪内容からしてインターネットやコンピュータに詳しい人物である可能性が高い。今も連絡を取り合って私になにか仕掛けてくるのではないかと、不安でたまらなくなる。

それで、示談をして収まる場合というのは、あるんでしょうか。

「よくありますよ。検察官が示談次第で処分をきめますので。今回はこれでも時間があるほうです」

いや、その収まるではなくて、示談をすることで、加害者のストーキングは、怒りや恨みの感情は、本当に収束するものなのでしょうか。

9　I弁護士

逮捕されたということを、改めてAの立場に立って考えてみる。

まず、別れ話に納得がいかずに、私にメッセージを大量に送り付けていた時期。Aは私にストーカー呼ばわりされ、怒りが膨らみ収まりきらず、その腹いせに、私の人間関係を破壊しようと、警察に行くだの、週刊誌に垂れ込みをするだのと脅してきた。この時点でAは自分がこ

の出来事のイニシアチブを取っていると思い込んでいた。私がメッセージの内容を恐れて警察に行くとは考えもしなかっただろうし、私自身を付け回したり家に押しかける行為だけがストーキングなのだと信じ込んでいたようだったから、メッセージを大量に送り付けることが犯罪だという認識は、なかったはずだ。この時点のAの怒りを10ポイントとしよう。

そして私が浮気していると思い込み、浮気相手と認定した知人の家を探したあげくに、知人と同姓同名のまったく別の人の家にいきなり押しかけようとしたところで、警察に確保された。警察でどのような説得を受けたのかは分からないけれど、私への怒りは収まるどころか、私が警察に相談していたことを知ってさらに増幅（実際の接触はないので聞いた範囲での推測だが）。15ポイントくらいになったとしよう。翌日、Aの希望通りに私の友人Bさんとも面談して、少し和らいだとしても、怒りのすべては収まらず。それでも10ポイントに戻ったかもしれない。

翌日になってだんだんと反省してきて、Bさんに電話して、悪いことをした、私に謝罪したいと言ってくる。この時点では3とか2ポイントに収まっていたのかもしれない。けれどもそのときにはもう、私は被害届を取り下げないと警察と約束してしまったあとだった。反省の意があることを警察に伝えたほうがいいと思ってBさんにそのように言づけてもらったけれど、結局その後すぐに逮捕されることになる。現時点でのAの怒りやいかに。倍増しているのか、それとも……。

Aは警察に謝罪の意を表明すればそれでこの件は終わり、と思っていたかもしれず、その後にまさか逮捕されることになろうとは、思いもしなかったのかもしれない。

私と警察のやりとりをAは知る由もない。マグショットで前科があるかもしれないことを示唆され、偽名であることを知らされ、被害届提出を条件に、ようやく本名を知りえた。本名を検索にかけてもらい、Aが起こしたかもしれない事件を見つけた。

その後復讐を恐れて被害届を取り下げようかと迷ったものの、警察からは取り下げるならば事件からは手を引くと言われた。仕方なく、というわけではないし、最終的には私の自由意志ではある。行き違いというほどではないけれど、ほんの半日タイミングがずれていたら、私は被害届を取り下げたかもしれない。

そもそもAが私に対して本名を使い、過去に逮捕歴もなかったら、被害届を出しただろうか。前科との兼ね合いで、起訴されたら執行猶予が付かずに実刑になる可能性があることも、当時の私は知る由もなかった。とんでもない事実を立て続けに突き付けられ、恐怖と驚愕と不安で、冷静な判断も状況分析も、普段の半分もできない。難しい法律の条文もなかなか頭に入ってこない。こんな状態で警察から手を引かれて、ひとりで怒り狂うAの対応をしろと言われても、無理だ。

そういう私の事情を、Aは分かっているのだろうか。言い訳したいわけではないけれど、私が直面している状況を、だれかAにきちんと伝えてほしいのだが。

今のAは、実刑がつくかもしれないとパニックになると同時に、俺を陥れるために被害届を出しやがったなと考えて、私への怒りポイントは20くらいに増幅されているのではないだろうか。それが不安でたまらない。被害届を出していても、取り下げても、どちらにせよ、不安は

減るどころか、増してゆくばかり。なぜこんな出口の見えないことになってしまったんだろう。

Aの代理人であるM弁護士の話からは、このまま起訴されたら刑務所に行かねばならないことを何とかして阻止したいという気持ちばかりが伝わってきた。刑務所に行きたくない一心で、反省しているふりをしている可能性もあるだろう。結局勾留されているAに誰が何を聞いたところで、本音が出るとは思えない。

Aは予想外にひどい仕打ち（自業自得ではあるのだが）を受けたと、ストーカー行為をしていた時期より怒りを増幅させている可能性が高い。そう思ってI弁護士には逮捕までのいきさつを時系列に沿って細かく書いたものを渡したのだけど、目の前のI弁護士は、前科があるとしたら、起訴されたときにそれがどう影響するのかばかりに気を取られている。弁護士として気になるのはそこ……なんだろうか。現在Aがどれくらい怒っているのか、怒っているとしたら私のどの行為、対処に怒りを滾《たぎ》らせているのか、それを知らねば、示談交渉もできないのではないかと思うのだが。

こういう状況で（無理やり）示談に応じ、不起訴になったとして、Aが滾らせる私への怒りや憎しみは、本当に本当に収まってくれるものなのだろうか。私が知りたいのは、むしろこっちなのだ。

「そこまでは分かりません。すくなくともこれまでに示談の後でまたやったという話は聞こえてこないですけど……。ストーカー事案で自分が被害者側についたのはこれまでで一件だけです。起訴は決まっていましたが、執行猶予がつく事案でしたので、その後の被害者への対応が

しっかり守られるかという点が重要でした。加害者には一応配偶者もいて、いわゆる違約金保証人的立場になってもらって示談をしました。今のところまたやったという話はきいていないです。この加害者のほうが盗撮などはるかに悪質なことをやってます」

あのー。私がもうすこし顔が出ない職業だったら、Aも私のことを忘れやすいと思うんです。それほど有名なわけでもないんですけど、本を出版するときには、ラジオに出たりとか、宣伝を兼ねてどうしてもそういう活動をしなければならないんです。Aが忘れようとしてもまた私のことを思い出して、いちゃもんをつけてくるんじゃないかと、物凄く心配なんです。

I弁護士は私の心配には直接答えずに続けた。

「それから今回の件を書く場合に関してということですけど。何を書いても決して訴えないと相手に約束させることはできません。内澤さんの執筆活動が名誉毀損罪にあたる可能性があります。違法行為をあらかじめ認めさせる契約は、契約自体が無効とされる可能性が十分にあります」

ここでまた名誉毀損罪についての説明が延々と続くのだが割愛する。たしかに名誉毀損罪の詳細までは分かっていなかったけれど、名誉毀損に当たらないように書かなきゃいけないことくらいは、知っている。

お渡しした書類の文章の続きに明記してありますように、本人が特定できることを書くつもりはまったくありません。私が書く作品の性質上引越しの経緯などで事件に触れざるを得ない

ので、そこで騒がれたくないということです。

「本人特定ができないのであれば名誉毀損に当たることはありません。本人が特定されないということを前提にして、事件のことを書いたとしても本人からは何の文句も言わないという形の示談だったら作ることはできます」

ではそうしてください。

「ところで今まで申し上げたのは、示談に向けての動き方です。私、最初にいくつか目指す方向があると言ったと思いますが、もうひとつは、徹底的にAの罪を重くするために内澤さんが動くというやり方もあります。今回の事件は脅迫罪だけなんですか。ストーカー規制法違反には当たらないのでしょうか」

無表情なI弁護士の顔が僅かに輝き、冷静な口調が熱を孕《はら》んだ。彼は起訴されることを望んでいる。ふとそう思えた。どういうことなんだろう。刑事事件を専門とするからなのだろうか？　裁判になったら報酬が増すから？　それとも単に刑務所に入れさえすれば私に害が及ばなくなると思っているから？　よく分からない。そもそもAを刑務所に入れさえすれば、出所したあとは二度と私に執着せず、嫌がらせもしないと思っているのだろうか。

今回の事件ではSNSのメッセージ機能でやりとりしていますので、ストーカー規制法の対象外となってるんです。やっていることはメールと全く同じなのに、形式が違うだけで適用できないなんて、本当に納得できないし、酷いと思いますけど。

それから、先生は被害届や調書を閲覧することはできるんでしょうか。そちらにAが私に寄

越したメッセージの全文が写真画像となって添付されています。検事さんがめくっていたファイルから見えたので。

「見ることはできません。被害届というのは、法律上規定された書類ではないんです……」

と、ここから被害届とはどういう文書なのかとか、現時点では弁護士は閲覧することができない旨の説明とかがひととおり続く。弁護士の先生というのはみんなこういう話し方をするのだろうか。私は単にAが私に送ってきたメッセージを見てほしいと思ったから聞いただけなのだが、話がなかなか進まない。それではメールでお送りしましょうかと言うと、そこは簡潔に断られた。どんな被害にあったのか、知らなくていいのだろうか。もちろんこちらも他人に率先して見せたいわけではないのだが、事情を少しでも知ってほしいと思ったから提案したのだが。

脅迫にあたるメッセージは、その膨大なメッセージの中の八通です。

「八通特定されたということですか」

そうです。確実に脅迫に当たるものを八通、警察が特定していました。

「その八通だけをこちらに送っていただけますか」

了解しました。脅迫罪の詳細は知りませんが、脅迫にあたると認められた八通の中には殺害予告みたいなものもありませんし、たいした刑がつかないんじゃないかと思うんですけど。どうなんでしょう。

「脅迫は、最大で二年ですから、懲役刑ではそれほど重くない罪です」

二年以下だったら本当にあっという間に出てくるって感じですよね。こちらとしては、私が徹底的に罪を重くすることを願って動いていることが相手に伝わって、それでまた逆恨みされて、出所したら仕返ししようと思われることのほうが、はるかに怖いんです。そうならないためのなにか対策があれば別ですけど。

「うーん。……再発を防止するということをまず第一にして、それから被害回復のほうに力点を置きたいと。そういうことですね」

はい。そうなりますね。

納得はいかない。いかないけれども、H検事が言っていた通り、相手は普通ではない。これまでの怒り方にしても、過去を隠していることについても、常識がまともに通じない相手にこれ以上関わって、付け回されるよりは、適当なところでやり過ごした方が得策なのだと信じたい。

一分ほど沈黙してパソコンに向かっていたI弁護士が、顔を上げた。

「今、法廷で被害者が意見陳述をする手続きができないかを調べていたんですけど、脅迫罪は対象外でした。したくてもできない。だからまあ、今後の方に焦点を当てた方が生産的だと思います」

だーかーらー。法廷で意見を述べるには、起訴してもらわなきゃならないんだが。I弁護士がまだ起訴してもらう方向でいたことに、ちょっと驚く。この人は私が抱える不安や恐怖を理

解しているのだろうか。あなたの抱える悩みやトラブルに対処しますと、よく法律事務所の広告には書いてあるんだけれど……。トラブルを解決するのに法律という細々したルールを熟知していることは、大切なことだ。

だからといって、トラブルの内容をろくに聞かずに前科如何で実刑になるかならないかだとか、名誉毀損についてだとか、延々と法律の詳細を提示するだけで、私のトラブルを解決できると思っているのだろうか。加害者がどういう人間なのか、どんな脅迫的なやりとりがあったのか、どんな加害行為があったのかも、ロクに聞かないのだから、私が今どういう不安を抱えているのかも、本当に分かっているのかどうか。

そんなに起訴に持ち込みたいのなら、私の恐怖や不安に対応できるかたちでの「起訴」を提案してくれればよかったのにと、今冷静になってみて思う。起訴された方が、相手がちゃんと反省するという確証なり、不起訴になっても結局つきまとわれる確率は変わらないかもしれないことを冷静に示唆してくれれば、私だってもっと前向きに検討できたはずだ。

また、これは後から知って愕然とするのだが、示談をして不起訴になれば、被害届を取り下げるのと同様に、警察の機嫌を損ねる可能性もあるのだ。今後もしAが島に来るようなことがあったら、警察に助けていただくしかないのに。刑事事件を扱っていて、I弁護士はそれを知らなかったのだろうか。なにか一言でも私の恐怖を考えたうえでの助言があれば、起訴を望んだかもしれないのに。というか、今になってみれば、恐怖や不安に負けずに起訴してもらう方向で動くべきだったと、思っている。でも当時はそうは思い切ることは、できなかった。私はとにかく復讐されるのではないかという恐怖におびえていて、なぜI弁護士がやんわりと起訴

を勧め続けるのか、全然意味が分からず困惑するだけだった。

裁判官に訴えたい気持ちもないわけではない。けれども、あくまでも推測だが、意見陳述の場では、Aからの仕打ちで私がどれだけ恐ろしい思いをして、引越しをしなければならなくなったかなど、目に見える被害の話だけに限られるのではないだろうか。被害の実態は、それだけとは言えない。もっともっと広範だ。とてもひとくちでは語れない。

警察署や検察庁、弁護士事務所も含めて、ストーカー被害に遭って通報した後に、どんな手続きと面談が待っているのか。どれだけ恥を晒して神経をすり減らし、自分が被害者であることを説明・証明し続けなければならないか。長時間拘束されて、仕事も思うようにできない。それらのすべてが事件を境に突然降りかかってくるのだ。

もちろん法廷で限られた人に向けて被害を訴えることもとても大事なことだし、きっと公的な記録として地方検察庁に残るのだろう。けれど、それを閲覧できる人は、一体どれだけいるのだろう。報道関係者か司法関係者だけなのではないだろうか。職業上、書籍を上梓したときの伝播力を知っているだけに、この意見陳述にそこまでの魅力を感じるかといえば、難しい。もちろんできるならしたい。けれども意見陳述できる（脅迫の場合はないから仮定の話だが）というだけで、起訴を望むかと言えば、それは、絶対、ありえない。

一応、交際中も暴力行為があったわけではありません。何度も警察や検察でも聞かれましたけど、暴力行為、および暴力を示唆するような行為も、うちのヤギに反抗されると殴り殺しそうになるから、ヤギには近づかないという言葉以外は、一切ありませんでした。ただ、言い合

いになると異様に過熱する。確かに私も引かない性格ではあります。しかしAはどんなにくだらないことでも自分がとにかく優位に立っていないと気が済まない、そのこだわりの異常性といいますか。とにかく怒り出すと絶対に引かないんです。人と会話をしていてあそこまで嫌な気持ちになったのははじめてなんじゃないかというくらい、酷いものでした。それで交際もやめようと思ったのです。今もAが抑えられないほどの怒りを抱えている様子が、私には想像できてしまうのです。起訴にまで至るとさらに事態が悪化するように思えて……やっぱり怖いんです。

「分かりました。そしたらですね。あの、もし私が代理人につくとしたら、示談条項を、内澤さんとも話し合いをして、向こうの弁護士とも話し合いをして、双方の同意を得て作り上げていくという作業になります。それが私の役割となります。どうします？　契約されますか」

はあ。それではお願いします。

どうせ被害者である私の気持ちを詳細に分かってくれる人など、分かろうとしてくれる人など、いないのだ。日にちも少ない中で、何度も事件の説明をするのも、疲れ果てた。一応私の要望に沿って動こうとしてくださっているわけであるから、もうそれでいい。私は自分に言い聞かせた。早くこの災厄と面倒から逃れたい。代理人を立てて、自分はひたすら布団にくるまって何も考えずに寝たい。そんな気持ちになっていた。

10　示談交渉

「分かりました。示談条項作成と交渉の場合、最低着手金が十万円です。けれども、条項に通常よりも付け加えることがあるので、着手金十五万円とお考え下さい。それに出張などの可能性を考えて一万円をお預かりしています」

なるほど。この示談のハイライトは『私が今回の事件について書くことについて、個人特定できないように書くから文句をつけてくるな』ということを、いったいどのような条文にするのかってことだ。私には見当すらつかない。そんなことが示談に盛り込めるのかどうかも分からないまま、一番の希望を提示してみたのだ。

この希望が通るなら五万円の上乗せは、まあ妥当だろう。たかだか百文字以下の文言を作成するのに五万円とは安くはないけれど、私にはのどから手が出るほど欲しいものだ。今の私が持っている法律知識では、どう足掻《あが》いたって書けない。書いたとしても相手方が納得するものにはならない可能性も高い。契約として有効なものが欲しい。

「で、首尾よく希望通りの示談を成立させることができたら、報酬をいただきます。今回はそ

んなに長い時間をかけてやるわけではないし、希望通りの示談が成立したときには着手金と同じ程度、そして保証人が二人は欲しかったのが一人になったり、希望金額に届かないなど、当初の希望通りにならなかった部分があれば、十万程度とか、そのくらいとお考え下さい」

今日のご相談料金は。

「ご依頼されるようでしたらいただきません」

了解しました。それでもし示談の約束を破ったときに、違約金を払う義務があるのに支払わない場合はどうなるんでしょうか。

「普通の契約書式で作った場合には、それを証拠として裁判で訴えることが可能になります。もし公正証書の形で残していたら、裁判を経なくてもすぐに差し押さえができます。相手の銀行口座を特定するのが面倒ですけど」

それくらいした方がいいでしょうかねえ……。

「しかし公正証書を作るとなると、向こうの実印が必要になってくるので、相手が勾留されている状態では難しいですね」

そうなんですか。

「それで示談金については総額はいくらくらいをご希望されているのでしょうか」

はあ。……どうなんでしょう。この先のことではなくて、今までの損害でってことですよね。お金のことは、どうでもいいというわけではないけれど、どうしてもこれでという気持ちも、特になかった。そもそも私は自分の価値を高く評価するのが極端に苦手だ。

「引越しに車買い替えに携帯買い替え、となると、だいたい見積もって百万くらいにはなるん

じゃないかと思うんですけど……」

引越しは友人たちに手伝ってもらって少しずつ荷物を動かしている。なるべく噂になりたくない。下手に業者を入れれば田舎の場合は情報が漏えいする。それが怖かった。結局、業者には頼んでいないので、支払いは発生していない。ただしその分私の労働時間が膨大に削られているんだが。金額的には携帯と車の代金を合わせても百万の出費にまではなっていない。

それに、三カ月後の本格的な引越し先も島内でと考えているが、もし引越してからもAが嫌がらせをしてきた場合、いよいよ島の外に出なければならないかもしれない。二頭のヤギを連れて。最悪の場合はヤギを置いて海外……？　瞑目。それって生きてる意味あるのかな。海外まで行くかどうかは置いといて、場所探しも含め、業者を頼む大掛かりな引越しのことも考えて資金はプールしておかねばならない。

なによりも、この引越しだの面談だのに膨大な時間を食われていること自体が、ものすごい損失だ。精神状態が安定せず、原稿を書くはずが締め切りに間に合わず、すでに某誌の原稿を落としている。

単行本の校正も全然集中できなくて進んでいない。恐怖と不安と自己嫌悪で自分の書いた原稿が読めないのだ。そうだよ、仕事時間を膨大に食われていることは出費ではないけれど、収入は減っているのだから、これも立派な損失ではないか。いいやもう百万で。どうせ交渉して値切られるんだろうし。民事裁判でも慰謝料の類はたいてい請求額の半分以下の結果がでる。裁判のニュースで慰謝料金額の請求と判決を見るたびに、モロッコやトルコの絨毯屋との交渉

みたいなものなのだなと思っていた。被害金額はできる限り多めに提示したほうがいいのだろう。

仮に要求通りに百万円を貰ったところで、私が受けたダメージが減るわけでもないんだし。

最終的に弁護士費用の着手金その他を含め、慰謝料百二十万円に、約束を破った場合に示談違約金三百万円支払うということで、示談のひな形を作ってもらうことにした。Aの代理人のM弁護士やH検事とは明日にでも連絡を取り、示談の方向性を伝え、検事に執行猶予がつくのかどうかの確認をとってから、どこまで強く出ることができるかを考えるということだった。

I弁護士との面談から四日経過した。ずっとまだかまだかと連絡を待っていたのだが、一向にメールは来ない。なにか分かったらすぐにメールを入れると言っていたのに。

その日は高松地方検察庁から再度呼び出しがかかっていた。H検事に、前科のことを聞くしかあるまい。

「Aが書いた手紙、ご覧になりましたか。あれに書いてあることでだいたい合ってます」

いや、まだ受け取ってないんですけど。M弁護士に会った時に受け取っていれば良かったのか？　H検事はあくまでも、自分の口からは前科内容をいう気がないらしい。駆け引きは苦手なのだが、ここは敢えて話を進めるしかない。警察から知りえた本名を検索してでてきた事件の内容を話し、逮捕年月日と罪名から推察すると、なんだか刑期が長いような気がして、他にもなにか前科があるのではないかと納得できず、不安で仕方がないのです、と食い下がると、

「組織犯罪だと刑が重くなるんですよ」と言う。

あの、それって……一瞬躊躇《ちゅうちょ》したが、今聞かなくてはと思い、思い切って聞いた。暴力団関係者ということなのでしょうか。

「いや、それはありませんね」

ちょっとホッとした。と同時にこの会話の流れで、私がAの本名から検索して出てきたインターネットに関する詐欺事件の犯人が、やはりA本人であることと、執行猶予ではなく実刑を受けていたことを、H検事は暗に認めたことに気づいた。これ以上彼ははっきりと言うつもりはないのだろう。それならば、調べた事件でAが実刑を受けたことを前提に話を進めてしまうしかない。

Aと交際していたときの感触では、彼自身が持っているパソコンやインターネットの知識は一般的なものに過ぎず、プログラミングやハッキング、ウィルスメールを作ってばらまくなどの高度な知識を必要とする違法行為ができるとは思えませんでした。けれども、例の事件のときの「インターネットに詳しい共犯者」と今もつながっているとしたら、私にネットを介した復讐をしてくるのではないかと不安になって、パソコンを開くのすらも怖くて仕方がないんです。

「いや、そんなことありえないですよ。第一協力したところでなんの利益があるんですか」

H検事は鼻白んだように答えた。

憎しみか利益がなければ、人は罪を犯さないってことか。友情とか興味本位とか、そんな心

情では、犯罪に加担しないのだろうか。インターネット上の嫌がらせなんて犯罪の意識も少なく興味本位の憂さ晴らし程度で始めているように思うのだが。ターゲットになる方はたまったものではないのだけれど。

「ほかに気になる点がなければ、調書を作成しますので間違っている部分など指摘してください」

そう言ってH検事は立ちあがり、片手を机に置き、薄く目を閉じて顔を中空に向けた。な？ なに？ と慄《おのの》く間もなく、眉を少しだけ顰《しか》めて「ワタクシウチザワジュンコハ……」と、調書を口述し始めたのである。その姿はまるで空也上人像。事務官がパタパタパタとキーボードを打つ。えーっ。これ全文通しでやるの⁇ 知らなかった。検事ってホントに頭いいんだ……。小豆警察署生活安全課のOさんに見せてあげたい。しかもH検事は途中で「あ、そしてそのとき……の前に、今から言う文章入れてください」と、脳内で元に戻ったり文章を挿入したり削除したりするのだ。

すっげえええええ。どんな脳味噌してるんだろう。コツや訓練方法があるなら教わりたいくらいだ。

三十分もかからずに調書は完成していた。はっやい。エリートは脳味噌の出来が違うってこういうことなのね。ひととおりでき上がった調書には、私が訂正をお願いするところはほとんどなく、速やかに署名捺印をした。

「示談がうまくまとまるといいですね。起訴をすると、裁判が終わった後、事件の記録が閲覧される可能性もあります。内澤さんが今後生活されるうえで、本を書くお仕事への影響も考え

るとどうなんでしょう……。ま、なにかあったらいつでも起訴できるようにしておきますからね」

H検事は爽やかに微笑んだ。

帰宅してからI弁護士にメールを打った。着手金の送金手続きは済ませていること、地方検察庁で調書を作成したこと。そしてその後の進捗状況がどうなっているのかを尋ねた。

すぐにI弁護士からメールの返事が来た。こちらが出した示談案に対して、M弁護士からの主張は、慰謝料の減額だった。引越し費用を含むとあるが、Aが小豆島に立ち入らない旨の条項を締結すればなくなるはずだとのこと。精神的損害に対しては三十万円は用意できる。小豆島に立ち入らないなど接触しない旨の誓約書はすでに本人が書いたものがある。

さらに接近禁止条項に違約金条項をつけるのは異議なく、実母からの保証も可能と思われるが、逮捕歴を第三者に明らかにすることになるので、もう一人保証人をつけることは難しい。本件について(内澤が)書くことについては異議あり。お互い口外しないという内容での条項なら締結する、とのこと。

的確に攻められた、という印象だ。けれども、しつこいようだが、これだけの被害に遭って引越ししないではいられないんだが。私だけでなく、友達も警察もみんな納得しちゃくれないんだけど。夜一人で前と同じ家にいるのかと思うと心配で仕方がないから、絶対引越してねと言われている。ストーカー被害ってそういうものなんだけど。そして逮捕歴を第三者に晒さないこと。理解はできるけれども、感情としては、愉快ではない。私を守るための条件がどんど

ん削られていくのだから。はいはい、人権ね、人権。とつぶやいて、我ながら驚く。これでも一応人権はあらゆる人に保障されるべきものと思っているつもりなのだが。

I弁護士からの次手の案は、五十万円に減額。裁判所の傾向からこのくらいの額で落とし込むのが妥当。保証人は第三者を減らして母親のみに、そして書くことについては、当人と分からないように書くのであれば、違法ではないのであえて文句を言わないなどの条項をつけるまでもない。むしろAがブログやSNSを見ない、コメントを書き込まないという条項を作ればいいのでは、というものだった。

条項を入れないならば、条項を入れることを条件に上乗せした五万円はなんだったのだろう。馬鹿馬鹿しい。それにずいぶん押し込まれたものだ。しかしまあこれくらいで収まるならいいかとも思う。慰謝料なんて本当に絨毯屋の交渉と同じで落としどころを探るというわけか。ただし、お互いに口外しないという条項だけはいただけない。

I弁護士に長い長いメールを書いた。引越しの件にしろ、書くことの件にしろ、私が直面した恐怖がいかなるものだったのか、今後の生活にどれだけ不安を抱えているのか、分かったうえで交渉に臨んでもらいたい。特に事件を書くことについての条項は、そのために五万円上乗せしたのだから絶対盛り込んでほしい。

しかしI弁護士からの返事は、私の期待に応えるものではなかった。個人には表現の自由があり、他者の利益を不当に侵害しない限り、書くことは制限されないのですという返事。ブログやSNSを見ないという条項とて、本来は設けるまでもないけれど、書き込みや炎上の可能性を減らすために提案しているとのことだった。

表現の自由なんて、誰だって知ってるよ!! だったらなぜ最初の面談で、私が望む条項を作ることは意味がないし、できないと言えなかったのだろう。できないということを調べるためだけに、五万円？ I弁護士の所属する法律事務所の規約では、着手金の返金はできないと明記されている。沸々と不満は湧くが、延長された勾留期間終了まで一週間を切っているのであるから、任せるしかない。

翌日、練り直した示談案がI弁護士から送られてきた。とともに、A自身が前科のことを書いた手紙について、現在書面はAの弁護人であるM弁護士が預かっており、被疑者の高度のプライバシー情報を含むため、示談が成立したらそのあとで私にお渡ししたいと言っているとのこと。また、三十万円の要求を呑むならば、示談は即決できると思われるので、書面もすぐに見ることができるだろうとも。

理性では理解する。けれども、Aの人権やプライバシーが警察で、検察で、そして弁護人から、しっかりと守られる度に、私の恐怖と不安が増していくのはどうしたらいいのだろうか。私を散々汚らしい言葉で罵り、めちゃくちゃにしてやると脅迫しておきながら、A本人が隠している過去は、きっちりと守られている。この状況は、想像以上に辛い。

しかもそれを伝達するI弁護士からは、こちらも別になんの期待もしていないけれど、「ご不安でしょうが」などねぎらう言葉のひとつもないばかりか、当初は五十万円と言っていたはずがいつのまにか相手が主張する三十万円に賛同している。

かなり有利な立場で始まったはずの交渉なのに、不安で不安で仕方がない。なんだか嫌な予

感がする。とりあえず、私が今後表現活動（ＳＮＳを含む）をするために、Ｉ弁護士が作った条項で問題ないのか、三カ月後に刊行が決まった単行本の出版社に相談してみたところ、法務部に問い合わせてくださり「今回の件について相手のプライバシーを配慮した形で書く可能性がある。その内容に関して反論したい場合は、公の手段を用いずに代理人を通して連絡すること」を提案してはどうかと言われた。おおお、さすが出版社。この手の問題に慣れている。この文面の条項にしてほしいことと、金額は四十万円までの減額ならばと返事をした。

小豆警察署から久しぶりに着信があった。生活安全課のＴ係長だった。Ａを逮捕したとき、Ａから私の家に置いてある私物を返してほしいと言付かったとのこと。勾留が終わる前に取りに行った方がいいかと思いまして。……はあ。

「それでその……」と、Ｔさんが口ごもる。

「ギターのアンプと、メトロノームと、それからあの……バイブレーターがあるって言うんだけど……Ａの私物には間違いないですかね？」

はあ⁇　たしかにＡが持ち込んだものですけど。嫌です。気持ち悪い。それって私に対する嫌がらせじゃないんですか⁇

「そう言われてみると……。しかしＡの私物ということになると、返さないといけない決まりなんですわ。あと衣服はそちらで処分してほしいそうです」

それじゃあ、やっぱり嫌がらせじゃないですか‼　なんでそんなもの返さなきゃならないんですか？　返してもらって他の誰かに使いまわすもんじゃないでしょう。気持ち悪い。酷すぎ

る。弁護士の先生に相談します！

「あ、それがいいですね。じゃ、こちらは伝えましたので……」

あわててI弁護士に電話をして、息せききって事情を話すと、

「なにやってるんですか!! とにかく、相手の私物は送り返してください。勝手に壊したり捨てたりしたら、トラブルになるんですよ！」

と、凄い剣幕で怒鳴られた。しばらく言葉も出なかった。涙すら出なかった。なんだこれ。どういうこと？ 今思い出して、なんとか当時の心境を書きたいのだが、脈拍が上がって息が詰まり、いまだにうまく書くことができない。なぜ私が、守ってもらえる人たちからも、何重にも傷つけられねばならなかったのだろう。

11 釈放

Aは強烈な悪意をもってこの伝言を警察に残したのだ。私に恥をかかせるために。最低だ。それなのにそのことに、誰一人として気づいてくれない。Aのどす黒い怒りは、私が想像するよりもはるかに大きい。当初の二倍、三倍なんてものではない。その倍。いやもっと……。今後、私は本当に安心して暮らしていけるのだろうか。どっと不安が押し寄せてくる。

警察からAの伝言を聞いた日の夕刻、I弁護士からのメールが届いた。M弁護士経由で来たAの示談案への回答は、「小豆島に立ち入らない」というのが気に入らない、「被害者に接触する目的で」を入れろということだった。また、書くことに関してのI弁護士の案は、結局どう配慮したとしても、第三者がAのことを特定しうる可能性がある。ここは私の要求はあえてひっこめて、相手方に対してだけ「本件に関し、手段の如何を問わず漏えいしない」という条件を押し付けるのがいいのではないかというものだった。

自分が私を脅迫して、週刊誌に曝露したとまで言っておいて、私にこの件のことを書かれるのが嫌だと、Aは言い張っているのだそうだ。あえてここでこじらせるよりは、私が事件のことを書くときにはAだと推知されないように事実を変えて書けばいいのだと。小豆島に立ち入らない条項については、やむを得ない理由で立ち入る場合には一週間前までに代理人に連絡を取るという形に再提案する——というのがI弁護士の提案だった。

まあ、言いたいことは分かる。分かるけど。もう疲れた。本当に疲れた。勾留満期まであと三日しかない。とにかく島に来ないという確約が欲しい。納得しないまま渋々了解した。

ところが。それから待てど暮らせど連絡が来ない。どうしたんだろう。I弁護士に電話を掛けると、ピリピリした声で、「用件はメールにしてください!!」と言われた。

延長された追加勾留が切れる日。十八時をまわって、I弁護士から処分保留で釈放になったという連絡が届いた。しかも本人が示談の締結を渋り始めたという。目の前が真っ暗になった。どういうこと? Aの処分はまだ決まっていないし、検事は示談に至るかどうかを重く見てい

たはずだし、Aにも示談を成立させるように促しているんじゃなかったの……？

　メールによると、翌週月曜日にI弁護士の事務所にM弁護士がAを連れてきて、二人がかりで説得するという。てことは、シャバに出てから三日半、野放し……。処分保留の時点で島に来れば、「刑務所が一気に近づくので大丈夫だと思いますが」って？　すさまじい他人事具合だな。家に戻ってしまえば、示談なんかどうでもいいってゴネ始めるんじゃないの⁇

　とはいえ、今私が潜伏している場所を知っているのは、ごく限られた友人だけ。これまで住んでいた集落の人にも普段仲良くしている島の友人たちにも、今どこにいるのかは全く話していない。情報がない状態で小豆島に来たところで、どう考えても私を見つけることはできないだろう。それは恐怖で頭がおかしくなりかけている自分でも分かってはいる。

　Aが釈放される前の晩に、友人についてきてもらって自宅に行って最後の荷物を運び出した。「最後の」とは言ってもそれは当座暮らしていくのに必要な品という意味である。ほとんどの荷物は残したままだ。特に本は多すぎて運び出すことはできない。東京で半分以下に減らしたはずなのに、書評の仕事をした関係で不気味に増殖していた。またこれらを動かさねばならないのかと思うと、心底憂鬱になる。せっかく海の見える広い家に引越して本の置き場を気にしない暮らしを手に入れたのに。

　潜伏先には新しく買ったものもあったし、冷蔵庫など、友人から借りたものもある。これが後ほどどれだけの混乱を生むか、当時は考えるゆとりもなかった。現在住んでいる家の台所には冷蔵庫二つを筆頭に、整理しきれない荷物が多々ある。それもこれも三カ月間の避難生活を送った後で、新しい住居に、元の自宅と避難先それぞれの荷物を運び入れ、重複物が膨れ上

がったためだ。整理整頓が大の苦手な私には苦行の連続であり、それがいまだに終わることなく続いている。おそらく終わらないまま別の家に引越すだろう。

ついでに、小豆警察署生活安全課から伝言されたAの荷物も引き上げ、段ボール箱に詰め込んだ。手紙の類はなにも入れずに封をした。翌日、宅配便の営業所に持ち込み、伝票を書いていてペンが止まった。差出人氏名と住所を書かねばならない。どうしたらいいのだろう。だれもなにも言ってくれなかった。今考えれば示談代理人なのだから、I弁護士が所属する事務所の名前と住所を無断拝借したって全然構わなかったんじゃないかと思うが、先日I弁護士に怒鳴られて以来、相談することすらも厭わしかった。Aの住所氏名で発送すれば済む話だったのに、それすらも頭が回らず、自分の元の家の住所と携帯の電話番号を書いてしまった。携帯電話は着信拒否をしてあるから大丈夫だと思っていた。

翌朝ヤギたちの世話から帰ってきて駐車場に軽トラを入れたとき、着信音が鳴り響いた。画面を見て総毛立った。Aだった。そうか、携帯を新しくしたときに設定の引継ぎをしたわけではないのだから、着信拒否もやり直さねばならなかったのだ。

あー、バカバカ!! なんで気がつかなかったんだろう。着信音は全く鳴りやまない。延々と鳴り続けている。音を聞いているだけで胃が縮みあがり、息が詰まった。軽トラの中に携帯電話を置いたまま、鍵をかけて避難先の部屋に戻った。部屋に戻ってしばらく座り込んでいたが、耳に着信音が残り、部屋の中で音が鳴っているように思え、テレビをつけた。一時間ほどしてからおっかなびっくり車に戻るとさすがに着信は切れていた。速攻で着信拒否設定をした。

両弁護士とAの三者での交渉の経過メールが届いた。とうとう示談金額は二十万円にまで落

ちた。それ以上は出せないと喚《わめ》いているらしい。AはM弁護士付き添いで生活保護の申請に行くそうで、申請が通ればまた金額が変わる可能性もあるとのこと。小豆島に立ち入らないという接触禁止条項については、小豆島に行くつもりはないのに、三百万円も違約金を課せられるのはおかしいとゴネたが、両弁護士で違反するつもりがないなら心配する必要もないだろうと説得し、これは一応納得、了承。SNSを介した接触禁止にも、Aは間違ってアクセスすることもあると難色を示した。さらに連帯保証人については父親に断られ、母親からも良い返事をもらえないでいる。どうやら三百万円を払わねばならないと思い込んでいるとのこと。

そしてなぜかとりあえずお詫びという形で二十万円を振り込みしてもらうことになったという。破談になれば返還するらしい。

……。このメールで確信した。Aは、私に対して行った脅迫行為を、まったく、これっぽっちも、反省していない。謝罪の気持ちもない。ゲンナリする。もしかしてAは法的な手続きを理解する能力が低いのだろうか。たしかに法律を正確に理解することは難しい。私とて知らないことも沢山ある。けれどもなぜこのような手続きや細かな法律が存在するのかは、理解している。トラブルを公平に解消するために、煮詰めていけばこうするしかない（正確にはないってこともないだろうけど）からだ。しかし民法刑法がなぜ存在するかをまっとうに理解していたら、そもそも罪を犯さないよな。

罪を犯したことへの自覚も後悔も感じられない。加害者どころかむしろ被害者くらいの気持ちでいる。示談の条項についても私からの嫌がらせくらいに思っているんじゃないだろうか。

この怒りの原点は、おそらくBさんに私への謝罪の電話をかけて、さらに警察にまで謝罪の

意志を表明したのに、逮捕された、というところにあるのではないか。

Aを確保して話を聞いたとき、反省の意志が全くなかったと何度も生活安全課から聞いていたので、反省したと警察に伝えたほうがいいとBさんを通じてアドバイスしたけれど。それが皮肉にもAの怒りを滾《たぎ》らせることになったのかもしれない。やはりその過程は説明したほうがいいのではないか。それに被害届を書かねばAの本名すら教えてもらえず、偽名を使っているという事実と、犯罪に関わったのかもしれないという疑惑で寸止め状態にされ、私の恐怖が倍増どころか無限大になっていたことも、Aは分かっていない。

しかしAの両親は息子のことを一体どう考えているのだろうか。私としては、保証人に歯止めになってほしいと思っていたのだが。父親には断られ、母親は拒否したわけではないが、逃げ腰。これまでどういう関係だったのかもよく知らないけれど、親から保証人を断られるというのは、見捨てられたも同然。Aが気の毒な気もしてくる。けれど、未成年ではないから両親にも責任があると断じることもできない。そしてAの機嫌はさらに悪くなり、自暴自棄になっていく。負のループだ。私が自分の身を守るための保障を得ようとすればするほど、Aの怒りが、私への憎悪が、倍増する。頭が煮えてどうにかなりそうだ。

Aが釈放になって一週間経ってもI弁護士から連絡は来なかった。さすがに心配になったのか、H検事から示談はどうなっているのかという電話があった。経緯をお伝えすると、「ではお金を受け取ったんですね？」と言われた。いや、まとまらなければ返還するものらしいですけど……。そういえば、これって一体なんの意味があるんだろう。なんで先にお金を受け取らねばならなかったのか、意味が分からない。もしかして、今考えると「やっぱり起訴をお願い

します」と言えない状況にされたのだろうか。しかし当時は検事さんに聞かれてもそんなことすら思い浮かばなかった。とにかく、いい加減話をまとめてほしい。ただそれだけだった。

こうなったら怖くて怖くて仕方がないけれど、第三者立ち会いのもとで、一度Aと直接話をしたほうがいいのではないか。怒りの元となる誤解を解かないうちは、Aはぐだぐだと文句をつけて、示談に応じないだろう。そう思ってI弁護士に、四者で会って話し合いできないでしょうかと提案したのだが、Aが興奮して手が付けられなくなると困るからと却下された。保証人の件は、不本意であるが母親が拒否した場合、他に代わる抑止力となる条件を提示できればそれでもかまわないが、代わりとなる条件はあるのだろうか、と問いかけたところ、最初は考えてみます、とのことだったが、Aは違約金の三百万円にかなりの圧力を感じているようなので、それだけで十分抑止力になるのではないか、と言ってきた。さらに接触禁止条項は、五年以内など期限を区切るならば了承してもいいと言っているらしい。Aは言い分をコロコロ変えて、M弁護士も手を焼いているとのこと。「刑務所に行っても構わない」が、口癖になっているらしい。一応違約金を了承している今のうちに示談をまとめてはどうかと提案してきた。

やりとりのメールを冷静に読み返すと、両弁護士ともAと話をするのがほとほと嫌になってきているのが分かる。直接会って話をするのを却下された時点で、私自身が冷静であったら、逮捕までの経緯を手紙を書いて伝えればよかったのかもしれない。伝言などという不確かなやり方ではなく丁寧な手紙をAに渡してもらったらどうなっただろう。

両弁護士と私の三人の中では、私だけが、Aの怒りの原因を（おそらく）理解している。もちろんそれでAが冷静になり、理性を取り戻したかどうかは分からない。それに私の中では、

警察で言われたのか、ネットで読んだのか、「ストーカー被害者が加害者に直接連絡を入れたり会ったりするのはご法度」という掟が重くのしかかっていた。手紙を書くということは、直接ではないものの、Aに語りかける行為になる。よく分からないけど、ご法度と言われるだけの理由があるのだろう。

手段を考慮する必要はあっただろうが、示談交渉を有意義に進めるために、Aの病質的とも言える怒りを解く努力は、やはり必要だったのではないだろうか。両弁護士がそれをしようとしていたとは思えない。もっともストーカー加害者の怒りに向き合うのは弁護士の仕事ではない、と言われればそれまでなのだが。

実際の私はパニックに陥った。示談金を百二十万円から二十万円にまで落としておいて、小豆島立ち入り禁止も五年だけ?? 信じられない。ありえない。被害者は私だってことを、関係者全員が忘れているとしか思えない。五年なんてあっという間だ。最低でも十年は絶対に譲れない。だいたい二十年以上島には来たことがないって言っていたのに、なぜ五年にこだわるのだろう。高松に住んでいて小豆島に一度も来たことがない人なんて沢山いる。香川本土の人間にとっては所詮は行かなくてもいい、辺境の島なのだから、一生来ないでほしい。怖い、怖い、怖い。弁護士が二人も間に立ちながら、まるで今も脅迫され続けているみたいではないか。

I弁護士からメールが来た。M弁護士とすり合わせを行って示談書案ができたという。立ち入り禁止条項は十年で、例外規定はなしとなっておりますと書いてあり、添付ファイルがつい

ていた。これまでにもI弁護士は条件を譲歩するたびに変更内容をメール本文に明記したうえで、改稿した示談書案を添付ファイルで送ってきていた。毎回目を通していた。が、それもどんどん辛くなり、事件のことを思い起こさせる文書を読むのが精神的に限界に来ていた。もし誰か一緒に住んでいる人がいれば、代わりにチェックしてもらえただろうか。メール本文にあるとおり、示談書の内容も変更しただけなのだろうと思い、ファイルを開けて全文確認しないまま、了承のメールを出してしまった。

とにかく一刻も早く接触を禁じてもらわないと、身が持たない。すでに処分保留で釈放されてから一カ月が経っていた。潜伏先の契約期限もあと一カ月に迫っていた。これから住む家も見つかっていない。もう早く終わりにしたい。

示談の手続き日程を擦り合わせ、I弁護士が所属する事務所に行った。署名捺印のため示談書に目を通して愕然とした。いつのまにか、Aも私も本件について口外しないという条項がついている。最後の最後にM弁護士にねじ込まれたのだ。ありえない……。私が受け付けないと最初の頃に言ってから、まったく交渉に上らなかった条項案だ。顔から血の気が引くのが自分でも分かる。手が震えてきた。確認せずに了承メールを出した私の、痛恨のミスだ。けれども、I弁護士はこの変更点をわざとメール本文に書かなかったのだ。早く成立させるために。

どうしよう。どうしたらいいのだろう。ここでもう一度、ありえない!! やっぱり止めます!! と、ちゃぶ台をひっくり返す? もしそうなったら示談はもう成立しなくなるかもしれない。

前科があって執行猶予がつかないって話はいったいどこにいったのだろう。あれだけ優位に進められるように見えた交渉が、ここまで無残なことになって、しかも目の前のI弁護士は笑

顔で、ご期待に添えず申し訳ないの一言もない。弁護士たるもの謝ったりしてはいけないのかもしれない。私が不満に思っていることすらどうも気が付いていないようだ。呆れて呆れて呆れすぎてフリーズしているのが分からないのだろうか。

事件のことを書けないなんてありえない。それでもやっぱり島に来られたりSNSを荒らされるのは、怖い。しかたなく、不本意ながらも、私は示談書にサインをした。敗北だ。

「それでは示談が成立しましたので、M弁護士からお預かりしているAが書いた文書をお渡しします」

I弁護士は、宛名にM弁護士と書かれた茶封筒を私の前に置いた。私はノロノロと封筒を手に取り、そのままファイルケースに突っ込んだ。

「中、読まないんですか?」

I弁護士がニヤニヤ笑いながら言った。怒りのあまり蒼白だった顔面からさらにわずかに残った血の気まで引いて、私は真っ白な能面のような顔になっていたと思う。私の表情に気づいたのかようやくI弁護士の顔が引き締まった。

こんなもの今更読んで何になるのだろう。もう、なにもかもがバカらしい。むちゃくちゃに引き千切って部屋中にまき散らしたくなるのをグッと堪えて、事務所を後にした。関係者全員、二度と顔も見たくなかった。

II部

12　コンタクト

私の口の中に突然目いっぱい突っ込まれた土砂は、示談を経て嵩《かさ》を増し鉛と化した。しかたがない。それでも忘れるしかない。理不尽な思いではちきれそうだけれども、そこを考えても、もう何も進まないのだから、忘れるしかない。忘れる。忘れる。はい、忘れた。脳のなかでAと事件に対する鬱屈を箱詰めしては手で持ち上げて物置に突っ込むイメージトレーニングを繰り返した。

どんなに辛いときも、高松のヨガスタジオに行くことは、欠かさなかった。スタジオでヨガの呼吸に集中しているときだけは、確実にAのことを忘れていられたからだ。ヨガをしていて良かったと心から思う。島に帰れば、カヨ（ヤギ）たちの世話があり、仕事（締め切り）がありがたいことにあり、そして新居も探さなければならないのだ。腐っている場合ではない。先に進まねば。カヨたちだって友人のご厚意に甘えて預けっぱなしにしている。カヨはそれが気に喰わないらしく、毎日二回も草を刈って持っていくのに、不機嫌そうな鳴き声で迎える。

小豆島の二町のうち小豆島町だけで、現在空き家は千軒を超すという。土庄町《とのしょう》を併せたらきっと二千軒はあるのではないだろうか。これらの中から、住む家を探そうとしていた。島内の住居は大きく分けて二つ。別荘物件か、集落の中の古民家。集合住宅も少ないながらあるけ

れど、もともと住む気がないのでカウントしない。

　二町とも空き家バンク制度を導入していて、自治体のホームページから賃貸、売買の空き家を探すことができる。私が住んでいた家も、この制度を利用して見つけて、移住に踏み切った。ん、待てよ。ということは、二度目はないってことか？　移住促進事業なんだろうから。私がもう一軒空き家バンクで家を探したとしても、すでに借りている家との兼ね合いをどう説明すればいいのか。

　それに細かな住所までは分からないけれど、誰でもアクセスできるホームページで家の外観写真が出ているのも引っかかる。なるべくならば誰にも知られたくない。

　潜伏先の近所には、ちょっと素敵な別荘村があった。別荘村は島のあちこちにある。山や畑を造成して道を作り、何軒かまとめて分譲地として売るからだ。電気を引き上下水道を作る関係上、そのほうが安くあがるのだろう。大抵美しい海が良く見えるところか山の上の眺望最高の立地にある。管理会社が破綻しているところもあるので、要注意なのだが。

　別荘地帯の物件は、空き家バンクにも登録されているが、ごく一部だけだ。大部分はなぜか大阪など島外の不動産会社が管理していて、売地、売り物件などと看板が現地に立てられている。買い手を都市生活者に想定しているのだろう。近所の別荘村も、売り物件の看板の連絡先を見ると、島外だった。空き地を含めておよそ百軒分の敷地にポツポツと家が建ち、その半分くらいが売りにでている空き家だった。

　問題は、別荘地帯全体が大きな袋小路になっていることだった。先に抜ける道がない。昔ながらの集落ならば、幹線道路につながる道が、一本ということは、ほぼありえない。巧まずし

てゲーテッドシティ化しているともいえるが、そのゲートのセキュリティは、ほとんどないに等しい。一応管理人の家がゲートの脇にあるのだが、何度訪ねても留守。門も開けっ放しだし。ううーむ。閑散とした別荘村の中を追われて逃げ惑う自分を想像する。ホラー映画みたいだ。

出入口がひとつだと、そこを押さえられたらもうどうにもならん。漁船でも持って海に逃げるしかない。しかも夜はほとんど明かりもないし。常に人の気配がある家は、二軒か三軒くらい。逃げ込む場所もない。なんて素敵なゴーストタウンなのだろう。うーん。これまでの自分ならば、これもまた面白いじゃないかと思えるが、ストーカー案件を抱えて住む家ではない。事情を知る友人に相談すると、危ないからやめた方がいいと言われた。

じゃあどうやって探せばいいんだよう!!　島の友人ネットワークを使って口コミで探そうにも、事情を口外できないのだ。こんなバカな話があるか!!　クソ野郎が。潜伏先は三カ月だけの約束なので、引越し期限まで一カ月を切っている。このままだと友人の家の納屋にカヨと一緒に居候??　それともアパートを契約する??

「アトリエを探してるってことで心当たりを聞いてもらったら、ひとつあるっていうんだけど」

じりじりしていたところに、友人から連絡が入り、家を見に行った。文字通り、ボロボロの空き家だった。古民家のような素敵な古さでもない。しかも大きさは以前の家の半分ほどしかなかった。ひとりで暮らすなら、なんとかなる広さだけれど、私は広々とした家に住みたくて島に来たのだ。はっきり言って狭い。散らかし放題でもうんざりしない広さが欲しいのだが。海も見えない。さらに長年空き家だったため、蔦《つた》と植栽が伸び放題。全然住みたいと思える家

ではなかった。

けれども、公道から絶対見えない立地にあった。以前住んでいた家はグーグルマップのストリートビューで閲覧可能で、それだけでも嫌だったのだが、幹線道路沿いにあったため、さまざまなひとが通りがかりにわざわざ車を停めて話しかけてきた。ヤギが人目を引くから仕方がないし、大部分が他愛ない好意的な世間話の範囲だったのだが、好意の度が過ぎてしつこく煩《わずら》わしい男性もいた。

私はまったくかわいげのない人間なのだが、どういうわけかたまにしつこく無神経に言い寄ってくる男性につかまる。以前に住んでいたマンションの管理人には、公共料金などの郵便物をチェックされたりと、かなり際どいことをされた。今はそういう男性に果敢に対応する心のゆとりはない。いや、以前の五倍増しで怖くて不快だ。それどころか単なる好意であっても、女性であっても、知り合いでも、できるかぎり誰からも話しかけられたくない。口もききたくない。どうせ事件のことも口外できないのだから。

この家ならば、グーグルマップに写真が載る日はまず来ないし、通りがかりにだれかが車を停めて様子を眺めるということもありえない。ぼろすぎて外から見てもそもそも人が住んでいる家に見えないだろうし。

それなのに中を案内して貰ったら、案外しっかりしていて雨漏りがない。畳も腐っていない。床が部分的にフカフカしている家も珍しくないのに。そして部屋が狭いのに、なぜか屋根つきの物干し場は広くて四畳半くらいはある。ここにカヨたちを連れてきて住まわせることは、ぎりぎり可能かも。以前にカヨが寝ていた軒下よりも、広いくらいだ。

価格は、固定資産税の評価額でと言われた。その代わり家の中や物置に置いてある一切合切は、そのままで。持ち主の方は使えるモノや家具も沢山あるしという。来たよ。空き家につきものの、他人の住んだ痕跡一切合切。裸一貫ならともかく、人間はたいてい荷物とともに生きている。たった三カ月潜伏先に住んだだけで荷物が増えたんだから。使えてもいらないモノが確実にダブる。モノによっては三重になる。もったいないからと捨てないでいると、住める空間が本当に無くなってしまう。

残されている荷物は捨てるしかないだろう。空き家の持ち主は長らく関西に住んでいて、今はもう小豆島の中にほとんど知り合いもいないようだった。東京から移住してきたモノカキさんに実家を売ったと吹聴して回り、何故海辺の某集落から引越したのか?? などと噂になることも、ないだろう。これも非常にありがたかった。

他にめぼしい物件が出てこなかったこともあり、さっさと購入した。ここにずっと住むとは限らない。けれど、買ってしまえば、置いたものを動かす必要はなくなる。本棚を設置して二度と動かさないで済むようにしたい。この先何があるか分からないけれど、本棚九本と一緒に移動するのはもう、無理だ。以前と比べたら半分以下になっているけど、それでも移動はしんどい。ここに本棚を移動しておけば、家賃を心配せずに、本を置いて逃げればいい。その一心で購入した。

やることは山ほどあった。四畳半二間をぶち抜く工事、粗大ごみの始末、庭木伐採。古い冷房撤去と新しい冷房の取り付け、風呂と洗面所工事。前の家からの荷物運び入れ。業者に頼み、友人に頼み、自分でも必死に動いた。お金をかけるのも嫌だが、家に他人が出入りするのも最

低限に抑えたかったので、フローリング、壁塗り、タイル張りなどの内装は、得意な友人たちから教えてもらい、ＤＩＹサイトや動画を見ながら自分でやることにした。

同時進行で移住についてのエッセイも刊行しなければならなかった。地方移住を思い立ち、小豆島の海の見える家に住むまでの話だ。今はもう住んでないけどな。散々考えた末に、あとがきで、島の中で引越ししなければならなくなったことを簡潔に報告した。島を出て別の場所に引越すことを一瞬だけ検討したときに、自分がいかにこの島での暮らしを気に入っているかを実感したことも書いた。出版社の法務部からも、この程度ならば口外したことにはならないだろうと言われた。編集者も安心して喜んでいた。

本を出版したら必ずいくつかのイベントを行うのだが、今回の事件のいきさつをよく知るＢさんとも相談して、島内はもちろん香川近隣でのイベントはしないことにした。トークイベントは東京と福岡で開催することにした。

それでも怖かったし、人前で話す気分ではまったくなかったが、仕事の一環なので粛々と行わせていただいた。被害に遭ったことで、何もかもを自粛するのも腹立たしかったし、被害に遭ったことを説明できないのであるから、仕事を休めば私が怠けていると非難される。なにもかもが腹立たしい。けれどもグッと堪えて生きるしかない。

福岡でのトークには、日当を払い男友達に付いてきてもらった。地方での講演やトークでは終わった後で読者の方々からサインを求められたり、立ち話をしなければならない。帰りはひとりで駅まで歩くことも多い。東京ならば友人も沢山いるし土地勘もあるので問題ないが、地方はどうにも自信がない。怖い。Ａが来ることはまずないだろうと思いつつも、怖いという気

持ちはどうにもならなかった。すべては杞憂に終わり、イベントは問題なく終了。

本の売れ行きもまずまずだった。一部の書評では、あとがきのことに触れ、もう島にいないかのように書かれた。煮え切らない書き方をしたのは私自身なのだから、そのように書かれても誤読とも断じがたい。とりあえず、本の刊行の初動一カ月では、何事もなかった。雑誌のインタビューなども受けたけれども、それでAが何か言ってくることは、なかった。良かった。

実のところ、新聞や雑誌メディアで受けるインタビュー記事を、どれくらいの人が見ているのか、まったく見当がつかない。東京にいると、周囲の友人は出版関係者でなくても本が好きな人ばかり。SNSも本が好きな方たちがフォローしてくださっている。だから記事がでるとたいてい反応がある。けれども一歩外にでれば、世間の大多数は新聞書籍雑誌を買わず読まず、それどころかテレビすら持たない見ない人まで増えている。

Aはまさに後者に属する人間。書籍は読むが趣味のものだけ。積極的に私の名前を入れて検索しなければ、そう簡単に情報が入ってくるわけではない。つまり、ということは、現在のAが私の名前を検索している可能性は、低いかもしれないってことではないか。

これで少しずつ、前を向いて、新しい家での暮らしを立て直すように頑張っていれば、忘れていけるだろうか。Aも自分の生活に目を向けているのだろう。警戒は続けていたし、誰とも話をしたくない気持ちは相変わらず続いていたが、それでもぴんぴんに張り詰め続けていた恐怖心は、わずかずつであるが柔らぎつつあった。

そんなある日、I弁護士からメールが届いた。

Aから連絡がありました。内澤さんと連絡を取りたい旨を伝えてほしい、直接連絡を取ることは原則として禁止ということになっているので、私からまず打診してほしいということのようです。連絡をすることの諾否につきましては、私までお知らせください。

は？　意味が分からず何度も文面を見直した。「原則として禁止」⁇「ということになっている」？？？「打診してほしい」？？？？　疑問符が無限大に頭の中で増殖する。なんだこの他人事感満載のメールは。

何故こんなに易々と、接触を禁ずるための示談をまとめた弁護士本人が、接触を仲介するような連絡をしてくるのだろうか。仕事は示談を締結するまで、ということなのか？「原則」以外だったら連絡しても良いなどという条項はなかったはずだし、そんな例外があることなんか聞いていない。原則もクソもあるわけないだろう。二度と絶対に会いたくないから、怖いから、示談をしたのに。

必死の思いで建てたダムに、施工業者自らに穴をあけられたような気分だ。しかもI弁護士は、相手方の弁護士でもない。自分の安全を確保するために、私自身が雇った弁護士のはずなのだが。穿《うが》たれた穴から噴き出す水が、ダムの壁に亀裂を走らせる。

なぜI弁護士はAから連絡を受けたその場ではねつけてくれないのだろうか。私が被害者だということを、なぜ分かってくれないのだろう。ただの痴話喧嘩に毛が生えたようなものと思っているんじゃないだろうか。刑事さんたちや検事さんだって、I弁護士よりはきっちり被

害者として扱ってくださったんだけど。

しかしなによりそんなことより。訳が分からないのは、元凶のAだ。不起訴処分からたった四カ月半で連絡を取りたいと堂々と言ってくる。どういう精神構造なのだろうか。示談の意味が分かっているのだろうか。

Aは自分がしでかしたことを全く反省していないのではないかと思ってはいたけれど、どうやら本当にまるっきり反省していないということらしい。しぶしぶ示談に応じただけだったということなのだろうか。

I弁護士は、Aになんと言ったのだろう。メールの文面から察するに、少なくとも止めろとか、示談違反にあたること、違反行為には違約金が発生することを言ってくれたようには思えない。ならばAは、差し迫った用件であれば、連絡を取ることは可能なのだと思ったのではないか。禁断の一歩を踏み出すことを、助けたのではないか。また小豆島に来ることも、想定したほうがいいのだろうか。不安がムクムクと湧き上がる。

ようやく平静を取り戻しかけていたのに。I弁護士の無神経な対応への怒りと、そして示談をものともせずに平然と私と連絡を取ろうとするAへの恐怖とが、同時に湧き上がってきた。叫び出したくなるのを堪え、徹底的に拒絶する旨の返信を絞り出すように書き、送信した。もしそれでも用件があるのであれば、弁護士を通して、しかも書面のみで対応するとは付け加えた。I弁護士からの返信はなかった。

十日ほどは何事もなかった。が、とうとうAからLINEにメッセージが入った。普段LI

ＮＥをほとんど使っていない私は、一瞬なにが来たのかよく分からなかった。ＡとＬＩＮＥアカウントを交換したことも、Ａのアカウント名すらもすっかり忘れていた。

嫌がらせを受けたのは、フェイスブックのメッセンジャーだ。こちらはブロックしていたし、Ａも警察で削除したと聞いている。電話番号は、着信拒否にしていた。なのにＬＩＮＥアカウントが残っていたなんて！！　ああ、やっちまった。大失態である。

ＬＩＮＥでのメッセージは以下のようなものだった。

前の日に謝罪の電話させて、次の日に逮捕？　おかしいやろ。俺は生活保護だから裁判してみたら？　2ちゃんねるとか、妹にお願いする。引っ越しの費用や車の買い替え、携帯の買い替え、最後になって弁護士を入れて気持ち良くないわ。雑誌にも妹と（原文ママ）に連絡してもらう。けちな人だわ。

13　ＬＩＮＥメッセージ

返事を待っていたのだろうか。十四分後にまた入った。

ヤフーパートナー頑張ってねー

さらに十五分後。

（笑）（笑）（笑）

そして七分後。

さっそく連絡した（笑）

ここでその日の連絡は終わった。

返事をするつもりは全くなかった。返事をしたらまた延々と続く不愉快なメッセージ攻撃が始まるのは分かりきっているからだ。絶対に挑発に乗ってはいけない。深呼吸を繰り返した。

やっぱりAはいまだに怒っている。自分がやったことをまるごと棚に上げて。深々と絶望しながらも、一方でなるほどと納得する気持ちもあった。謝罪してからの逮捕が気に喰わないのだ。だから示談のときに、逮捕に至ったいきさつを双方の弁護士を交えて、Aに説明したほうがいいのではと私は提案したのに。Aが謝罪の意を表したのは事実だ。そしてその後に逮捕されている。ただしこれにはそうせざるを得なかった事情があるってのに。

私が直接会えばAは激高、混乱するからと、話し合いの場は作ってもらえなかった。今、思い返してみれば、私自身がいきさつを話したところで、きっと納得しなかっただろう。仮にその場で奇跡的に納得したとしても、結局は後からなんらかの言いがかりをつけてつきまとってきたと思う。Aはそういう人間である。まともな話し合いが通じる相手ではない。しかし当時としては、とにかく相手の怒りの感情を増幅させずに、ちゃんと話せば納得してもらえたはず、と思い込んでいた。

ただし、示談違反をしていることは、一応は理解しているようだ。そのうえで、生活保護を受けているから、裁判を起こしても無駄だという。はあ？

調べてみると、生活保護受給者は、裁判で勝っても財産がなく差し押さえが困難であるとのこと。つまり不払いを訴訟にしても強制的に財産を徴収することは難しい。そういえばそんなことを読んだことがあるような気もする。今更だが。知ったときにはただのマメ知識程度の他人事。まさか自分が当事者になるとはまったく思っていなかった。

それならば、示談をしたときAは釈放後で印鑑証明も取れたのだから、公正証書にすることを提案すれば良かったのだ。裁判をしなくて差し押さえだけでもできるようにしておけば、生活保護に対して実行するのは難しいとしても少しは違ったかもしれない。なにもかも、詰めが甘かった、自分。

ところで私はAが生活保護を申請している件を前から聞いていた気がするのだが、どこで聞いたのだろう。思い出せない。もしI弁護士だったら違約金の条項が空文になる可能性がある

のを知っていたということになる。それなら公正証書にする提案を再度（面談初日に一度説明されている）してくださるのが筋ってもんだろうとも思うけれど、彼はとにかく早く示談を成立させてこの案件から手を引きたかったのであるから、余計なことは蒸し返さないでおこうくらいの気持ちだったのだろうか。いや、さすがにそれはないだろう。H検事から聞いたのかもしれない。

しかし冷静になって考えれば、ああすればよかった、こう手を打てば良かったと、様々思いつくというのに、恐怖というものは、ここまで脳機能を低下させるのかと、しみじみ思う。恐怖に追い詰められていると、正常な思考と判断はできなくなる。当時の私はパニックこそは起こさずに、仕事もしていたし、日常生活も送り、引越しもこなしていたけれど、判断能力は普段の半分以下だったということだ。示談の方法などを自分で調べる気力もなかった。I弁護士のことを信用できないと思いながら、彼に任せっきりで、なるべく事件のことを考えたくなかった。愚かであったこと、この上ない。

ところで、この「生活保護だから裁判してみたら？」という文言が、その後も続く膨大な私への侮辱や下劣極まりない罵詈雑言のどれよりも、私を激しく怒らせたと言っても過言ではない。執着を拗《こじ》らせて、私のことをぐだぐだ書き散らされるのも迷惑千万、業務妨害、名誉毀損も甚だしいが、別れ話の拗れなのだ。時間をかけて納得させる手間を省いた自分にも反省すべき点はあるという気持ちがどこかにあった。

だからこそ、起訴を望まず、示談に応じた。だからと言って、当たり前のことだが、一応

断っておくが、被害者である私に責任、および非があるとはこれっぽっちも思っていない。加害者は、Aなのだ。脅迫文言を含む下劣なメッセージを大量送信してきたストーカー行為の責任のすべては、Aにある。その上での話だ。

これまで私は、ロクな男と付き合ってこなかったかもしれない。が、少なくとも、誰かを貶《おとし》める言葉を意識的に吐く人間とだけは、付き合ったことはない。無意識に人を傷つけてしまうときというのは、誰にでもあるだろう。限りなくグレーゾーンに近い場合も、ある。けれども、意識的に弱者に対して侮蔑的な言葉を口にする人間は、ダメだ。どうあっても許せない。親友だろうが身内だろうが、付き合いを強制終了したこともある。このような発言をする人間は、根底に自身へのコンプレックスを抱えていることが多いことも、知っている。Aも自分の境遇を恥じ、コンプレックスに思っていたのかもしれない。けれど、だから他者を軽々しく蔑《さげす》んでいいと思っているのであれば、やはり人間として腐っているとしか言いようがない。

生活保護受給を理由に開き直るなど、なおさらダメだ。生活保護受給者全体に偏見が及ぶ言葉を当事者だからといって言って許されるわけがない。最低のクズだ。こういう人間がいるから生活保護受給者に対する偏見が消えないんだよ!!

逮捕のいきさつがどうしても納得いかないならば、その旨を書面で弁護士に伝えればいいのだ。いくらでも真っ当な方法があるはずだ。それなのにこんな卑怯な真似をして、最低最悪のクズな言葉を吐くとは。Aと関わったこと自体が、一生の不覚としかいいようがない。

むしゃくしゃしてきたので、山へ草刈りに出かけた。草刈り鎌で芒《すすき》や葛や笹をザックザックと刈り取りながら、だんだんと、Aへの恐怖よりも怒り、侮蔑、憎しみが勝ってきて、本稿に

書けない罵声を雑草に向けて叫び続けた。生活保護だろうがなんだろうが、構わん。温情をかける余地は皆無。徹底抗戦してやる。

それにしても。怒りに燃える一方で、当事者の私ですらAが書いて寄越したLINEの意味が明瞭でないことに気づく。ふと冷静にAの精神状態は大丈夫なのかと思ってみたりもする。ショートメッセージであっても、会っていない期間が数カ月あることを踏まえたら、このような文言では相手に理解されないと考えるのが常識なのではないか。それとも文筆を仕事にしている私が作文に厳しすぎるのだろうか。分からない。

Aの頭の中では逮捕され示談交渉していたときから時間が止まってしまったのだろうか。今、彼は正常な判断ができる精神状態にあるのだろうか。本当に鬱病で、それで生活保護申請が通ったのだとして、鬱病で正確な判断ができなくなるものなのだろうか。専門的な知識は持たないが、報道番組を見たり一般書を読んだり、配偶者が鬱病になった友人の話を聞いた感触では、鬱病とは、何も活動ができなくなる病気のはず。ずっと気になっていたのだけれど、脅迫したり書き込みするには、ある程度の気力が必要だと思う。ホントに鬱病なんだろうか？　むしろ交際期間中の様子を思い返すと、急に連絡をよこさなくなって一カ月以上放置の末に、いきなり音楽祭をプロデュースしたいと夢のようなことを語り出すのは、双極性障害の症状に近いと思えるのだが。どうもしっくりこない。

しかたなく、ファイルケースを漁って封書を取り出した。茶封筒の宛名は、Aを担当したM

弁護士。Aが勾留中に書いたものだ。不本意な示談の後、なにもかもを可及的速やかに忘れたくて、I弁護士から手渡されたこの私宛でない封書を、自宅に持ち帰っても、開かなかった。示談を守って私との連絡を絶つのであれば、Aの前科がなんであろうが、もう関係ない。どうでもいいことだったから、見たいとも思わなかった。

文書はボールペンの手書きでいきなり「私の前科について話します」から始まり、前歴について、百三十字程度で書かれていた。想像していたよりずっと長く世間と隔絶されていた。多額の罰金を支払う資力がなく、労役場留置が一日某円計算で加算されていたこともあるようだ。

一行空けて、「次に名前ですが」と続く。これは新聞報道がなされたため、名前が検索サイトに引っかかるようになったことで家族に迷惑がかかることを考え、家庭裁判所に相談したところ、公的書類以外では自作の通名を名乗っていれば、数年後には認められる可能性が高いと言われたという。今後彼女ができた場合のことなども相談したところ、これも通名を使用することを勧められたと。

そして一行空いて、「本当に申し訳ございませんでした」と。

これはつまり、私に名前を偽っていてすみません、ということなのだろう。私は文章を書くのが本業だから、どうしても厳しく読んでしまう。これは彼なりに頑張って書いたのかもしれない。けれど、何に対して申し訳なかったのか、はっきりつなげて書いていないのは、ひっかかる。理由だけ先に書いて、申し訳ありませんでした、と、書かれても。

まあ、いいや。次の頁を出した。

「病院について」であった。通院している病院名が書いてあった。逮捕前に大量の嫌がらせメッセージを送りつけてきたときに、私が何度か病院名や処方された薬を教えろと返事したからだろう。薬と医師名は不明とのこと。震えが止まらなくなるだの、薬代が高額だし仕事もできないだの、好きな楽器に触ることも嫌になっただの。生活保護に頼りますともあった。

脳に作用する薬を検索もせずに飲んでいて、しかも勾留中には服用していないということだ。それでいいわけ？　弁護士に頼んで勾留中でも服用するべきだろうに。ま、関係ないけど。

で、さあ。仕事もできない、趣味の楽器すらも触れなくて、寝てばっかりで、な・ん・で・嫌がらせメッセージを大量に送ってきたりできるんだ⁉　それくらいなら、どっかの政党に雇われてネトウヨ発言でもネチネチツイートして、小銭を稼ぎやがれ！

さらに次の頁は「最後になりますが、こんな俺を好きになってくれて本当にありがとう」からはじまる愛と別れの文言であった。「本当大好きでした。お体を大切にしてください。さようなら　A」

……？？？？？？　なに言ってんだこいつ。あれだけ恐ろしいことや下劣なことを書き散らしておいて。理解不能。なぜここだけ心を込めた文章になっているのか。

そして最後の頁には「私、A（本名）は内澤××（私の本名）さんと縁を切ること、二度と近づかないことをお約束致します。平成28年某月某日　A」

……これで？　終わり？？？　え⁇　マジ？？？？？？？

脳がフリーズしそうになった。脅迫メッセージを送り付けたことに対する謝罪はないわけ⁇　それは一度電話で間接的に謝ったからもう終わりだと思ってるのかな⁇　本人に直接届くと分かっている手紙で、これからその脅迫行為に対する示談をするっていうのに、謝罪なし。心のこもった愛の別れの言葉はあっても、心のこもった謝罪文、なし。しかも私の名前での宛名書きが、最後までない。手紙として崩壊してる。うすら寒くなってきた。

衝撃だった。これを示談前に読んでいたら、示談はしなかっただろう。速やかに起訴してくださいと、検事さんにお願いしていただろう。前歴にこだわりすぎていたのが失敗だった。前歴など、個人情報に関するところは黒塗りにしてでも、今回犯した罪への謝意の有無を知りたいから読みたいと、食い下がれば良かったのだ。あー本当にバカだ。悔しい。

二日後、ＬＩＮＥにまたメッセージが入った。

2ちゃんねるに出てるよ。事件のことも書いて貰う。

すぐにインターネット事情に詳しく、これまでのことも包み隠さず話していた数少ない東京の友人Ｒに電話をして、２ちゃんねる（当時の名称）を見てもらった。この巨大掲示板サイトを、自分だけしかいない部屋で検索して、感情を抑える自信が全くなかった。そもそも私は自分の

名を検索するエゴサーチもしない。悪口を書かれていたら気にしてしまい、人と会うのが嫌になり、布団の中に籠りたくなり、仕事ができなくなるからだ。

「言われた通り、内澤旬子の名前で2ちゃんねる.netにスレッドが立ってるね」

はー。で……なんて書いてある？　悪いけど、読み上げてくれる？

「えーと……〝内澤旬子さんについて思うこと。自分が物凄く綺麗だと思ってる……どう高く見積もっても〈並〉……勘違いしてる〟……最初の書き込みが午前三時くらいで、次が十時間くらい空いてるね。例のA氏が書いてるのかなあ。反応はひとりだけ。〝そんな馬鹿な〟」

それは……また随分どうでもいいことを書き出しに選んだなクソ野郎。脱力した。一応だれかに書いてもらってるわけね。妹に書き込んでもらうとかLINEで言ってたけど、妹なんかいないはずなんだけど。で、それだけ？

「いや、最初の書き込みから十一時間後に、続きが。〝知人が内澤さんに脅迫罪で被害届を出され逮捕された。逮捕前日の夜、本人と警察に謝罪すれば許すということで謝罪したが、翌日逮捕されたそうです。本人はだまされて怒り心頭のようでした〟……全部読むの？」

ごめん、示談に関するところだけでも、お願い。自分ひとりで見たら、舌嚙みそうで。

「じゃあ、読むね。……〝和解金として120万円請求されたそうですが、その内容が、島から引っ越す気もないのに、島を出るからと嘘をつき、車の買い替えの費用と、携帯の買い替えの費用だったようです。酷いですよね。ほんとケチだとおもいます。引っ越し費用も請求されたようです。ヤ〇ーパートナー〟……ヤフーのフのところわざわざ〇にして書き込んでるね……〝という所で知り合い、付き合ってたそうです。今もやってるんですかね〟今のところこ

こまで」

島から出るなんて私は一言も弁護士に言ってないのに。示談金だって支払い能力がないからと、二十万円になったのに。自分にとって都合の悪いことは全部伏せて書くこの卑怯さと来たら……。

まあいいや、とにかく分かった。新刊あとがきでも読んで、まだ島にいることが分かって、気に喰わないぞといちゃもんをつけたくなったということだ。馬鹿馬鹿しい。Aが犯した罪で、こっちがどれくらい怖い思いしたか。そういう想像力が、空恐ろしくなるほど欠落している。だからあれだけの脅迫文を書くんだろうけど。

にしても、だれに書かせてるんだろう。新しくできた彼女だとしたら、その女も随分腐ってるし、おかしいって思わないのかね。

「いや、これ、よく分からないけど、書き込みの時間や投稿数からしても、本人が書いてるんじゃないかなあ。自分は内澤さんから事情を全部聞いてたからなんとなく分かるけど、知らない人が読んでも、何が書いてあるか全く分かんないと思うよ。その証拠に、他の誰かからの喰いつきも少ないし」とRは言う。

そういうものなの？　私、2ちゃんねるを普段見ないから、そういう作法とかよく分かんないんだよ。閲覧者数が分かる仕組みとかは、ないんだよね、たしか。しかし、でも、やっぱりムカツク。どうにかできないのかなあ。

「削除依頼かなあ、ひとつ〝重要削除〟っていう項目もあるけど……。自分も詳しくないから、この手の巨大掲示板に詳しい知り合いに、さりげなく当たってみるから、少し時間もらえる？」

ありがとう。お願いします。ホントに変なこと頼んで、ごめん。

「いや、それよりも身辺に気を付けて。引越し先の安全を、ちゃんと確保してね」

14　示談違反

電話を切った途端、猛然と怒りが湧いてきて、居ても立ってもいられなくなってきた。ダメだ。どーしても、我慢できない。AにＬＩＮＥでメッセージを送りつけた。

Aさん、あなた自身が書き込んでいるようですね。

警察から聞かされた本名で、本人に呼びかけるのは、はじめてのことだ。もちろん嫌味を込めたつもりだ。

四分後に返信が来た。

だったら何か？

返信はしなかった。A自身が2ちゃんねるに書き込んでいると認める文言がもうちょっと欲

しい。なにか、口をすべらせろと念じつつ、待つ。

八分後。

中途半端な連絡はしないでくださいね

七分後。

何のようですか

そして四十分後、AはLINE通信で着信を入れてきた。もちろん応答はしない。しばらくして切れた。

もう連絡しないでくれ　鬱が悪化する

はあ?????　どの口が言うのか、それを。貴様が示談を破ってまでグダグダ蒸し返しているんだろうが。またもや理性がぶち切れて、メッセージを送った。

ぜったいに、許せません。

すぐに返信が来た。

自分も謝罪して逮捕された
自分も許せませんよ

これ以上やりとりをしていても仕方がない。Rに添付ファイルで2ちゃんねるのAが書き込んだとおぼしき部分を送ってほしい旨のメールを出して、さらにI弁護士へのメールを書く。示談を無視してＬＩＮＥで連絡が始まりましたけど？　2ちゃんねるに書き込んだとのことですけど？　というご報告を書きあげ、ＬＩＮＥのスクリーンショット付きで送信した。その後、I弁護士からは特に連絡はなかった。

翌朝すぐに書き込みのプリントアウトと携帯電話を携え、小豆署の生活安全課に出頭した。面談してくださったGさんは、猟銃の所持許可でも何度かお世話になった方だった。真剣に話を聞いてくださり、ＬＩＮＥのメッセージと、2ちゃんねるの書き込みにも丁寧に目を通してくださった。

「うーん。この書き込みだけではすぐにこちらが動けるかどうか……。しかし口頭注意ができないか、ちょっと検討したいので。一応示談書も見せていただけますか」

書類を持って取調室を出ていき、上司と相談したのだろう。数分後戻ってきたGさんの表情は一変して固くなっていた。

「こちらの件ですが、『民事不介入』ということで、今のところは、当方でできることはありません」

あっ……そう、ですか……。

言われてみれば、脅迫的な文言があるわけでもなく、示談で口外しないと定めているはずの、脅迫事件についてAの見解を書いているだけだ。違法行為というわけでもない。名誉毀損にすらならん。警察の領分ではないですね。はい、失礼しましたっと。

分かりました。それでは、このLINEですけど、私も消去するのを忘れて開けてしまったのは本当に不本意なミスでしたので、アカウントごと消そうと思いますがどうでしょう。別に他の友人たちと切れたところで、LINE以外の連絡先を知っている人ばかりだし、どうということはありません。もう相手からのメッセージなど受けたくもありませんし。警察が何もしてくださらないのであれば、今はAの好きなようにさせるしかないのでしょうし。自分は一切見たくないし、今後関わりたくもないので。

「いや、それは……。待ってください。もしかしたらエスカレートして『島に来る』とかいうメッセージが入るかもしれないので、相手の動向が分かるよう、アカウントは生かしてブロックしないでおいてもらえますか」

はあ？　はあ？？？？

はああああ？？？？？

このまま不快な思いをし続けろと⁇　違法行為ではないかもしれないけれども、不愉快この上ないメッセージなのだが。しかもこれがEメールだったら、ストーカー規制法の適用ライン

上に上がるかもしれないものですよね⁉　ＳＮＳだから、大量に来たところで逮捕すらできないってだけで（当時。現在は法改正あり、適用可能）。それを、私が日常で、拒否せずに延々と受けとっていろというわけですか。

もちろん警察の言い分は、理解はできる。法的にグレーゾーンな行為では手出しできない。明らかな法令違反、もしくは違法行為に至るまでそちらで監督よろしくと。いや、分かるんです。分かるんですけど、加害者は私がアカウントを断ち切らないことについて、どう思うのだろう。不愉快極まりないんだが。そしてその間に受ける私の心の傷は、どうしたらいいんですかね。それは被害と言わないのでしょうかね。

私だってそんなに強い人間ではない。絶対に返事をしないのがストーカー対応の原則らしいのに、もうムカついてＬＩＮＥの挑発的なメッセージに返事をしてしまっている。Ａが好き放題嫌がらせを仕掛けてくるのを、指を咥《くわ》えて見ていられるかと言われたら、そりゃあもちろんとるべき手段は徹底的にとるけれど、もしそれでも止まらないとなったら、どうしたらいいのだろう。自分の理性をどこまで保っていられるだろうか。

いや、今はそんなことを考えている場合ではない。Ａの行為を止めてくれる人を、せめて注意をしてくれる人を、探さなければならない。

Ｉ弁護士からメールが入った。携帯からだった。出張していてメールを開くのが遅くなったとのこと。

〝先週頂戴しておりましたメールの件ですが、示談後にこれが届いたということであれば、高

松地検のH検事に連絡して「再起」を求めることが考えられます。

「再起」とは、起訴猶予にした事件を再度事件として取り上げて起訴することです。

極めて例外的な措置ではありますが、時効にかかっていない限り、検事が相当と判断すれば、一度起訴猶予にした事件を起訴することができます。

申請すればやってもらえるというものではないので、起訴の保証はいたしかねますが、ご参考までにお知らせします〟

示談違反の件で違約金を請求するかどうかの検討も示唆も助言も、一切なし。で、これだけ。「生活保護」という言葉は、なにもかもを黙らせる魔法のパワーワードなのだろうか。そもそもAが本当に生活保護を受けているのかどうかすら分からないのに。

いやせめて、Aに私と連絡を取るのは示談違反であることを、示唆したのかだけでも教えてほしい。Aに一体何を言ったのか、何を伝言したのか、できるだけ詳しく教えていただけませんかと返事を打った。パソコンを閉じると同時に携帯がブルッと鳴いた。

また書き込みしてるけど、どうする？　とRからメッセージが入ったので電話を掛けて、読み上げてもらった。

「〝今日、彼女の新刊のあとがき（立ち読み）を読ませてもらいました。そこで、知人に聞いたところ、疑問点がいくつかあるとのことでした。和解の条件として島に五年間来ないでほしいとの条件があり、島から出ないのに、島から出る引越し費用を請求してきたので、弁護士がそ

れはおかしな話と言ったそうです。元々島から出るつもりはなかったようです。セキュリティーの関係で、引越しとか書いていましたが、以前からやりたいことがあり、島内での引越しを考えていたようです〟一気に書き込んでる。追随の書き込み、今日もないよ」

うーむ。島から引越していないというのが、引っかかっているようだ。そもそも島から出ないで引越し先を探すから、島に立ち入りしないでくれという条項を付けたのだが、その意味が分かってなかったということか。弁護士両人がどういう説得をしたのか、きちんと説得したとしても、理解能力がなかった、もしくは、そのときは理解しながらも島にまだいる、幸せそうにしている私の様子を読んで（不幸そうに書いたら事件の存在をほのめかすことになると思って配慮したのに）、自分の都合の良いように記憶を捻じ曲げているのか。立ち会っていないからまるで分からない。どちらもありそうで、怖い。

LINEに来たメッセージと、2ちゃんねるの書き込みから類推するに、Aは示談違反をすることに、確信的とはいえ、最初はおっかなびっくりでもあったと思う。もしI弁護士の対応がもう少し真摯《しんし》であったらまた違ったのではないか。Aの言い分を聞くか、示談違反であることを確認するなり、どうしても聞きたいことがあるのならば書面にしてはどうかなどの助言をするなどしてくれれば、Aは卑劣な行為に踏み出さなかったのではないか。

しかしそれが弁護士の役目なのか、契約内容に入っているのかと言われると、何とも言えない。それに普通に社会性のある人間ならば、そう簡単には違反と名の付く領域には踏み込まな

い。本能的に物事が拗《こじ》れることが分かるからだ。しかしAにはそのような根本的な何かが、欠けている。怒りを抑えきれずに、軽々とボーダーを超える。弁護士という職業は、こういう遵法意識が低い人間とのやりとりが、普通の人間よりはあるはずであり、そのあたりのコミュニケーションのノウハウというか、コツを身に付けているんじゃないかと思ったのだが。

I弁護士からの返答は、実に煮え切らないものであった。

〝(内澤から)メールを頂いた翌日の土曜日か週明けかはっきり覚えていませんが、当事務所の電話からAの番号に一回折り返しました。

しかし、つながらず、その後向こうからの折り返しもないので、私から直接返答を伝えてはいません。

そもそもAからは、連絡をとりたい旨伝えてほしいと言われ、私から「伝言するくらいならかまわないが、応じないと思う。もし応じるようなら方法について連絡する」と告げたのみですので、応じない場合にその旨をAに連絡することまで当初から想定していたわけではありません〟

はあ。なぜ示談違反である旨をせめて宣告してくれないのかなあ。言ったらバチでも当たるのか。代理人なんだから、それくらい言ってくれてもいいようにも思うのだが。しかしもう、無理。I弁護士の言っていることが、私には理解できない。これ以上この人を私の代理人にしておくのは確実に無理だ。文句は山ほどあるけれど、それすら通じない相手であろう。もう消

耗したくない。Aへの対応を優先しなければならないのだから、I弁護士に連絡するのはもうやめよう。そもそも契約は示談締結までなのだし。どっと疲れたまま、パソコンを閉じた。

とりあえず、I弁護士に教えていただいたことが可能なのかどうか、高松地方検察庁に電話を掛けてみることにした。H検事を、と代表電話に出た人に伝えると、ちゃんとご本人がでてきた。示談締結以降の経緯を説明すると、同情的な声をあげたものの、「再起」というものができると聞いたんですけどと言った途端、

「いや、それはほぼ無理です。こちらはこちらで取調べの末に不起訴と決定したことを、そう簡単に翻《ひるがえ》すわけにはいきません」

と、きっぱり言われた。ほらね。ほーらね。ほーらーねー。あーあああー。

じゃあ、私はどうしたらいいんでしょうか。

「なにかまた違法行為をして起訴するとなれば、今回の事件を併せて再起訴することは可能です」

そのときには、H検事のところに連絡すればいいんですか。

「いや、なにか異変があったらまず警察に行ってください」

了解しました。

なるほどね。何かあったらいつでもと、ささやいて（正確には〝言って〟だけど）くれたのに、あなた、あなたも私を見捨てるのですかあああーんっとこぶしをきかせて歌ったって仕方がないや。あれは、処分決定前のこと。処分が決まれば、他人事。はい。さっくりとフォルダごと地下の倉庫にでも放り込まれてんでしょうよ、今頃。

結局は、警察なのだ。警察だけが、フロント（前線）に立ってくださる。加害者に対峙してくださる。でもそれは、違法行為まで踏み込んできたとき。今回のように、一度逮捕していただいても、不起訴になった場合は、また一からやり直しってことですわ。知らなかったよ。本当に。自分が一時だけ握ったアドバンテージ（とはいえ起訴を決定するのは、被害者の意向ではなく、検察なのだが）が、どれだけ有効なものであったのか。誰か私をタイムマシンに乗せて半年前の自分のところまで連れて行ってほしい。全部説明するから。

すべての扉が閉ざされ、私は新たな火種と共に、ぽつりと取り残されている。

犯罪事件で、被害者の要請もあって不起訴になる事件が数多く報道される。復讐を恐れてというのが、一番の理由だろう。それから、大事《おおごと》にしたくないというのもあるだろう。怖くて警察に駆け込んでおいてそれかよ、と言われればそれまでなのだが、駆け込むときには何にも考えていないのだ、被害者は。とにかく怖くて怖くて、何とかしてもらおうとして、相談に行く。けれどもいざ加害者が呼び出されるなり逮捕されるなりして少し安心してみると、今度は加害者による復讐が、猛烈に怖くなる。そして世間体も。被害者自身も警察に何度も足を運ばねばならないし、検察の取調べにも応じなければならない。そしてその先には、刑事裁判。いや、すべてのケースが公判に至るわけではないだろうけれど。仕事を休むのも難しくなってくるし、はやく日常を取り戻したくなる。そして、それだけ周りを騒がせるほどの大事なのかという世間からの謎の圧力を、感じてしまう。

私はあんまり世間の圧力を感じる暇もなかったのだが、それでもゼロであったかと言えば、

そうではない。世間では、軽微な事件で警察の手を煩わせれば、税金の無駄遣いとも言われかねないし、なぜか被害者すらも非難される。そう、被害者というレッテルを背負いたくない一心で、被害届を取り下げたり、不起訴をお願いしたりする人も多いだろう。

すべての犯罪被害者に、逮捕してもらったのなら起訴をお願いするべきだと言うつもりはないけれど、ストーカー事件に関しては、個別の事情によるとはいえ、大筋では私は起訴に向けて行動・発言することを薦めたい。逮捕の時点で、すでに加害者は怒っているので、それを恐れて被害届を取り下げたところで、怒りが静まるわけではない。相手が平謝りしていればまた違うのかもしれないが。ともあれ、せめて冷静に先のことをじっくり考えてから決めるべきなのだ。公的機関がいつまでも自分を守ってくださるわけではない。残された火種は小さいけれど、しっかりとした熱量で、丸腰となった私を脅かす。

15 M弁護士

私の場合は、相手に謝意があるかどうかをもうすこししつこく確認しておくべきであった。それとAについたM弁護士に押されて慌ててしまったが、前科との関係で脅迫罪で服役することになったとしても、それは私の責任なのだろうか。なぜ私がそんな事情を酌んでやらねばならなかったのだろう。今冷静に考えれば、責任も必要もまっっったく、ない。人が良すぎた。

しかも執行猶予がつかないかもしれないと言われて、それなら示談をしますと言って、不起訴となったら示談に違反してまで嫌がらせをしてきたのだ。恩知らずもいいところだ。せめて示談でごねているときに考え直し、起訴をしてもらえるようお願いしてみれば良かった。

いや、そもそも親告罪というわけでもないのに、被害者の意志が処分決定に反映されるってどうなのだろうか。被害者の意向を加害者が知ることになれば、被害者への復讐心を自動的に醸成してしまうではないか。

I弁護士を挟んで今後の交渉をするつもりはもうない。それならば、直接会って話を聞かねばならない人がもう一人。M弁護士だ。Aの生活保護申請に付き添ったとしたら、違約金の支払いにおいて、裁判による差し押さえ執行が効かないことを入れ知恵したということはないのだろうか。

「これは……。誰でもすぐに見ることができるものなんでしょうか」

巨大掲示板サイト2ちゃんねるの書き込みのプリントアウトを読みながら、M弁護士はつぶやく。どう考えても私より一回りは年下であろうM弁護士は、2ちゃんねるを見に行ったことすらないようだ。

私の名前に一文字あけて2ちゃんねると入れて検索キーを押せばすぐに出てきます。だれか有名人や気になる人のよからぬ噂を知りたければ、だれでも気軽に検索するものなんじゃないですか。そして書き込む人は匿名です。まあ、Aしか知りえないことが書かれていますから、Aかその知り合いが書き込んだと思われますけど。

私についての書き込みがあったのは二〇一六年一一月のことだ。移り変わりの激しいインターネットの世界で、ツールはどんどん変わっていく。そもそも2ちゃんねるは二〇一四年まで一つであったのが、二〇一六年には.netと.scに分かれていたことも、私自身被害に遭うまで知らなかった。私とて2ちゃんねるを開けるのは年に一度くらいのもの。同業種の誰かのスキャンダルを小耳にはさんだときに、一応確認するために開く。今は廃刊してしまった月刊誌『噂の眞相』を読むような感覚だ。掲示板に何かを書き込んだことはない。大抵の場合、読み進めていくうちに名もなき投稿者の歪んだ悪意に辟易してそっと閉じることとなる。それでも見ることを完全にやめることは、ない。人の不幸は蜜の味とはよく言ったものだ。しかし自分が書かれる身となってみれば、不快極まりないので、一切見なくなった。

巨大掲示板は、以前ほど注目を浴びなくなっている。ツイッターが荒れるようになったからだ。〝ツイッターが2ちゃんねる化している〟という言葉を何人から聞いただろう。ツイッターならば本人のアカウントにリプライを送り付けることができる。わざわざ見に行かなければ悪口の存在も分からない掲示板に比べ、ツイッターは攻撃したい人に確実に届けることもできる。どんなに腐ったいちゃもんでも、本人に届いてしまう（届かないように書くこともできる）。しかも投稿主は匿名や鍵アカといって、身元だけでなく普段どんな意見を表明しているのかすら分からなくすることもできる。リツイートやいいねの数で同意者もすぐに分かるし、拡散もあっという間だ（言うまでもないが、爆破や殺害予告など違法なことを書き込めば、発信者の

身元はすぐに警察に割り出される)。

二〇一六年当時でもすでにツイッターは荒れたり炎上することもあり、巨大掲示板サイトも、最盛期ほど耳目を集めなくなりつつはあった。とはいえ、誰でも検索すればすぐに読めることに変わりはない。

「示談を締結してから半年も経とうというのに、まさかぶり返すとは思ってもみませんでした」

M弁護士が口を開く。

示談では、私に直接連絡しないということ、それから本件に関して口外しないという取り決めでした。この2ちゃんねると、LINEに書かれたこと、両方とも示談に違反していることになりますね。

「そうですね。違反はあるでしょうね」

それで、LINEではどうせ生活保護を受けているから、違約金を払う必要がない、と言っていますけど。これに関してどう思いますか。

「違約金を払う必要がないということはないでしょうね。一般的な法律論としてですよ。私は現在Aとは切れていて、当然連絡も取ってないというのはご承知だと思うんですけど、で、僕は代わりに謝る立場でもないですから、一般論としてしか言えないですけど」

もちろんそんなことを望んで来たわけではないのです。Aの生活保護受給手続きを勧めたのは、M先生ですか?

「それは違います!! それは録音テープの前で断言できますけど、僕ではないです」

付き添って行くって聞いたような記憶があるんですけど。

「それは絶対にないです。内澤さんと僕が直接お話しした当時、Aは身柄をとられてましたから」

Aが生活保護を受給するという話はM弁護士に直接聞いたわけではない。それなら私はだれに聞いたのだろうか。やっぱりH検事だろうか……。当時の私は怒りと恐怖と焦燥に追い込まれ、自分ではマトモなつもりであってもかなりおかしくなっていたし、ツメも甘かった。I弁護士からのメールを全部読み返すことも、具合が悪くなるのでできなかった。原稿を書くにあたってI弁護士とのメールのやりとりを全て読み返してみて、ようやくI弁護士のメールが情報元であることが判明した。あのときちゃんと確認してからM弁護士と面談していれば、どうなったのだろう。

I弁護士がメールに書いたからといって、M弁護士が生活保護申請に付き添ったことが事実になるわけでもないし、そもそも申請に付き添うことが違法かと言われれば、そんなことはないだろう。しかし示談条項に違反したとして、生活保護受給者ということで、違約金の取り立てを強制執行できないのであれば、結局なんの罰則もないも同然ではないか。やっとの思いで、譲歩して譲歩して、苦い気持ちを呑んで、締結した示談なのだ。不愉快極まりない。

いや。ひょっとして。I弁護士は、Aは生活保護を申請していることを親切で教えてくれたということなのだろうか。しかしそれならば、生活保護を受給することになったら民事裁判をしても強制執行ができないので違約金取り立てが非常に難しいどころか、事実上不可能になる

ということを同時に教えてくれてもいいような気もするのだが。それは調べなかった私の落ち度ということなんだろうか。だったらいっそのこと生活保護のことなど言わなきゃいいのに。どうにもすっきりしない。

「本当に真面目にお伝えしておきますけど、あの示談を最初から破ってもいいということは、言ったことはありません。絶対にありえません。香川県下のどの生活保護受給申請窓口に行っても、僕が付き添った記録は出てこないと断言できます」

本当ですね。

「それはそうです。生活保護受給者なら示談違約金を払わずに済むなどとも言っておりません」

そこを確認しておきたかったんです。私としましては。

M弁護士の言葉に嘘はないと私は信じている。こうして義務もないのに面談を快諾し、相対して目を見て聞いたからということもあるが、正直に言えば最初に会ったときからI弁護士よりもずっと誠実で信頼できる弁護士だと思っていた。他者の気持ちに共感する能力も高い。有能だと思った。Aはくじ運が良い。

私は対応を間違えたのだ。疲弊していて、復讐が怖くて、何かおかしいと思いながら、I弁護士に任せっきりにしてしまっていた。もっとはっきりと不満を言えばよかった。悔やんでも悔やみきれない。

分かりました。信じます。あともう一つ、確認したいことがあります。私は引越しをするとは言いましたが、島を出るなどとはひとことも言っていません。Ａのメッセージや書き込みから類推すると、私が新刊のあとがきで島を出ないで生きていくことを選択したという文章を読んで、腹を立てたようです。あ、こちらが新刊です。あとがきだけ目を通していただけますか。

「あ、はい。……読みました。なるほどね。それで島から引越す気もないのにって書いたのか……」

私が島から引越すとは先生がＡに話したんでしょうか。示談を取りまとめるときに誰が何を言ったのか、覚えていらっしゃいますか。

「島から引越すかどうかまで、聞いたかどうか記憶にないです。僕の認識違いでそういう会話の流れになった可能性は否定できないので僕にも落ち度はあったと思います。一般的にですよ。ストーカーの被害に遭ったらその場所に留まること自体が危険かと思われるので、島から出るんじゃないかなと。ただＡに説明する段階で、同じ島内での引越しよりも島の外に出る方が費用もかかるじゃないですか。そういう意味ではそれ相応の引越し費用を出さねばいけないんじゃないのかという話はしたかもしれません」

百二十万請求したところで、交渉の結果、支払われたのは二十万なんだが。そこをＡは忘れているのだろうか。百二十万請求されたということだけが、不快で頭に残っている。それと、ストーカー被害者はこれまでの住居から遠く離れたところに引越すのが一般的と言われても。都会ではあてはまるだろうけれど。

あれだけきっちりすばやく対応してくださった小豆警察署の管轄外に出る方が、私にはよっぽど怖かったのだが。警察署の連携ミスで再度襲われた人がいると読んだこともあるし。いざというときに助けてくれた友人たちがいるのも、島の中だ。東京にも友人は沢山いるけれども、自宅を行き来する仲ではないし、場所もそれぞれ遠く離れて住んでいては、助け合うことも難しい。

そもそもなぜ被害者が、加害者の顔色を窺《うかが》って隠れるように引越さねばならないのか。とにかく怖いので逃げたいという気持ちと、暮らしのすべてが壊れればいいという加害者の不遜な願いを叶えるかのように動かねばならないことへの怒りの気持ちとが、相克する。そのどちらも、周りの人にはどうにも理解してもらえないことが、本当にもどかしい。

そしてもしAが、私が島内に留まることを知っていたら、拙著のあとがきを読んで、掲示板書き込みにまで至る怒りを再燃させただろうかとグルグルと考えてしまう。逮捕を根に持っていたのだから、なにがしかの嫌がらせをしてきたのではないかとも思うけれど、それでも加害者の背を押すきっかけがなかったら？　と思わずにはいられない。

被害者としては、二度と同じ目に遭いたくないので、加害者をとにかく怒らせたくない。刺激したくないのだ。だからこそ、Aを説得するためとはいえ、島外に引越すなどと私が言ってもいないことを誰にも言ってほしくなかった。多少の誇張や可能性として話すことでも、あとで違う情報が流れてくればあいつは嘘をついた卑怯な奴、とAは過剰に反応して、自分の「正義感」を鼓舞して、「懲らしめてやる」となる。

恨みの感情が病的に過敏になっているからだ。普通ならばムッとしたところで一週間後には

忘れる程度の発言でも、ストーカー相手には要注意なのだ。これまで沢山の地雷発言をAに送信して、彼を怒らせたことで、私はそういったストーカー相手の対応をある程度は体得してきたとも言える。

だからこそ、ストーカーと直接相対する人には、特に被害者の代理として相対する人には、細心の注意が必要なのだと言いたい。そしてそこまでデリケートな対応を弁護士に要求するのは業務の範疇を超えるというならば、ストーカー対応を熟知するカウンセラーを同席させるしかないのだと、改めて思う。

M弁護士はこれからも当番が回ってきたら真摯に被疑者の弁護をするのだろうし、示談をするにも加害者側に付いた場合は加害者の人権を守るために全力で加害者のために対応するのだろう。それを批判する気は毛頭ない。けれど、それならば、だからこそ、被害者側の気持ちもしっかり知っておくべきだろう。


本件について、口外しないという条件を盛り込んだのは、どうしてなんですか。

「いやだって、こういうことで、Aが精神的に……」

私も口外しないことになってますよね。それは何故なんですか。どちら側が盛り込んだんですか。

「僕がつけたと思います」

私はストーカーに遭っていることすらも口外できなくて、非常に生活に不自由を感じています。さまざまな人との信頼関係にも影響をきたしています。

「お互いに口外しないという条件をつけたのは、すくなくともその、過去の前科前歴。Aの前科前歴が流布されるのは……」

それ、本件と関係あるんですか。

「ストーカーとか、脅迫で逮捕されたことも、前歴になっているじゃないですか。過去の犯罪歴をペラペラしゃべってしまうということ自体は、名誉毀損の対象になりうる行為ですから、Aに犯歴があるということは、言わないでくださいという旨を、こちらとしては入れたかったということですね」

日常生活において、たとえば事前に場所が公表される講演などの依頼があっても、行けません。恐怖で。怖くて。ストーカーに遭っているから怖くて行けないという理由すらも言えません。この示談のために。それはどう思われますか。

「私からはなんとも言えません」

ストーカーに遭っているということも、「本件」に含まれるんですか。

「まあ名前をどれだけ特定して言うかっていう、表現の方法によるんじゃないですかね」

ストーカーに遭っていることを口外してもいいんですか。

「遭う恐れがあるからとお伝えすること自体は大丈夫かと」

恐れではなくて実際に遭っているわけですけど。先生ならどう言うんですか。

「恐れがあると」

恐れだけで講演を断ったり、引越したりするわけですね。

「それで信頼関係が壊れるというのがよく分からないんですけど。なぜなんですか」

今どこに住んでいるのかも誰にも言えませんし、怖くて。

「もし、反対に、口外できるとして、ストーカーの被害に遭っているということを公にできたら、それって改善できるんですか」

少なくとも島の中では確実に改善できますし、仕事でも不義理をしなければならない理由として納得はしていただけると思います。

「ストーカーの被害に遭っていることを告知できれば、住所を言うことができるんですか」

住所は教えられませんけど、今何故隠れているのか、どこに住んでいるのかを言えないということを、説明できますから、周囲の方々に納得はしてもらえます。

「はあ。たとえば諸事情でという話ではダメなんですか」

諸事情で一体だれが納得するんですか⁇　納得するわけないでしょう。

16　孤独な闘い

M弁護士が、近所づきあいというものをなにひとつ理解できていなかったことに、驚いた。私がこれだけ近所づきあいを気にするのは、東京から限界集落に近い過疎地に移住してきて、間もない時期であったことも、大きく作用している。集落内の住民の方々は、何世代も続く気心の知れた、個人情報筒抜け（しかしそれも私が予想するだけで、どこまでお互いに把握して

いるのかも、正確には分からない）の間柄の中に、移住者がひとり紛れ込んでいるのだ。親切にしていただきつつも、常に遠慮していたし、何かあったら手のひら返しでつまはじきにされるのではという重圧も抱えていた。

島内で引越しすれば、あの集落で揉め事を起こした、やっていけなかったのだという噂が流れるとも聞いていた。もちろんストーカーに遭っていると言えたとしても、相手はどこの誰だ、島の者かと聞かれるのは分かっているので、どこまで言うかの兼ね合いは非常に難しかっただろう。

ともあれ。約束は約束だ。私は示談締結前にかくまってもらったり、ヤギを預けたり、相談に乗ってもらった友人たち以外には、島内はもとより仕事相手にも誰にも、ストーカーに遭っていることを一切口外しなかったのだ。相当苦しかった。本当のところは言ってしまいたかった。特に近所の方々には。不義理になってしまい、申し訳ないが、それも控えた。どこからAのところまで伝わるかが分からないからだ。示談違反だとか言ってまた嫌がらせを始められるのが、とにかく恐ろしかったからだ。

Aが示談を破って2ちゃんねるに書き込みを始めてから、新居に隣接する家にだけ事情をお話しした。まず聞かれたのが「（ストーカーは）島のひと？」であった。そこがとにかく気になるのが、小豆島の方々の心情、のようだった。

ずっと後になって〝ストーカーに遭ったら〟というパンフレットなどに、「近所のひとに事情を話して味方になってもらいましょう」と書いてあるのを見つけたときには、苦笑した。示談をする際には「互いに口外しない」などと取り交わさないように気をつけましょうとか入れる

べきだなと思ったくらいだ。

M弁護士にはもう一点、お願いしたいことがあった。Aに、示談に違反していることを、注意訓戒していただけないものか。I弁護士はAへの対応もろくにせずに、検察に再起をお願いすることを勧めてきたし、検察には相手が法を犯してから警察に行くようにと言われ、警察からは民事不介入なのでと断られた。事情を知りAと向き合った人はM弁護士しか残っていないのだ。

「それはできません。今からは、何も言えません。私がAに電話して、やりとりをしなければならなくなったら、費用負担なしで彼を庇《かば》わなければならなくなるわけですから」

はー。なんなんだろう、これ。こんなに易々と示談を破って、誰からも注意すらされずに済んでしまうとは。たった一言でもいい。Aをたしなめることのできる人は、誰もいないのか。

このまま放っておいたら、示談を破って何をしてもいいんだと思って、2ちゃんねるの書き込みだけでなく、島に乗り込んでくることだって、ありうる。そう考え始めると恐ろしくていてもたってもいられなくなる。示談なんて結局何の意味もないじゃないですか、と吐き捨てるようにつぶやくと、

「僕は相手方につきましたけど、弁護士として、お気持ちは分かります。結局被害者ばかりが痛い目に遭う。加害者はこうして示談も平気で破ってくる。それは、内澤さんに限らずままあることです。それをどうフォローできるのかというのは、それこそ、すぐに解決できない問題です。被害者救済っていうのは、本当に何十年も言われ続けて、全然整備されていないと思います」

で、つまりは、私はひとりきりでAと闘わねばならない、ということだ。

書き込みは、毎日二つか三つずつ、増え続けていった。〝脅迫といっても痴話喧嘩で〟、〝最初から不起訴の予定〟……Aの都合のいいように捻じ曲げた言い分だけが、世の中に流布されていく。許せない。怒りで目が眩《くら》む。反論を書き込みたい。私が蒙った被害がどれほど酷かったのか、送りつけられた膨大なメッセージがいかに下世話で気持ち悪く、恐ろしかったか。携帯に残ってるメッセージをコピーして貼り付けてやろうか。

「いや、それは絶対にやっちゃダメ!!」

インターネットに詳しい友人Rが、強い口調で言う。

「2ちゃんねるに詳しい人に聞いてみたんだけど、まずこのスレッド、前にも話したかもしれないけど、今のところそんなに盛り上がってないでしょ。他の人の書き込みもあるにはあるけど、それほど伸びてない。このAが書いてることが、ほかの人からするとよく分からないから、絡み辛いんだと思う。

で、伸びていないってことは、注目もされてない状態なんですよ。もしこれで内澤さんが誰かのふりをして書くとしても、関係者しか知りえないことを書き込んだとしたら、『あれ？これってホントのことなんだ？』って、書かれていることに信憑性が出てしまうんだって。そうなると、見にくる人も増えていくし、野次馬みたいな書き込みが増えてスレッドがどんどん伸びていく。そして注目のスレッドとして、どんどん上にあがってきてしまう」

上って？

「スレッドの目次みたいなもんですよ。今はジャンル別のところに出ているくらいだけど、書き込みが増えれば、総合みたいなところに載り、まとめサイトができて、ネットニュースで取り上げられたりすると、もう止まらなくなってしまう。放っておけば、たいして注目を浴びないまま新たに立てられるスレッドに埋もれていく可能性が高い。でも毎日二つか三つでも書き込みをしているからな……」

更新されていれば、埋もれにくいってことか。目次みたいなところに載らなければ、私の名前を入れて検索して探しに行く人だけが辿り着くスレッドとなるわけだ。

「とにかく、盛り上げてしまうことは、やめた方がいい。本当のプロ（?）の手にかかったら、一人で五役くらいやって、わざと怒っている風を装ったり他の書き込みをしている人間を怒らせたりしながらスレッドを伸ばして閲覧者や参戦者を増やしていくんだから。このスレッドを見る限り、Aは全然書き込み慣れしていない。放っておくのが一番だって」

え、ひとりで五役⁇ 喧嘩腰で絡んでいる荒《すさ》んだやりとりとか、盛り上げるためにヤラセでやってるものもあるってこと⁇ えええ⁇ 知らなかった。なんじゃそら。そんなことして楽しいわけ？

「そういう世界なんですってば。ネットニュースに取り上げられて、まとめサイトができることに生きがいを見出す人たちがいるんですよ」

わけ分からん。そんな輩《やから》にかかったら、ボヤで済む話もあっという間に山火事になるということか。恐ろしいなあ。

それでも勝ち誇ったように書き込みを続けるAに、何か反撃できないか。他の野次馬を巻き込まない、何かを書き込みたい。実はメッセージ貼り付けだけではなく、Aが嫌がりそうなことを山ほど考えていた。たとえば本名だけを唐突にぽちっと貼るとか。以前に起こしたと思われる事件の新聞記事URLでもいい。私との関連性を一切書かなければ、他の人には何がなんだか分からないけれども、Aだけにダメージを与えることができるだろう。などなど。考え始めたらいくらでも思いついてしまう。

しかし道義的に見て、どうか。いくら誰も助けてくれないからといって、嫌がらせの報復合戦をしていいのか。良くない。私は何も悪いことはしていないのだから。Aと同じレベルに堕ちるのは最後の最後まで合法的に、正当なやり方で闘って闘って、闘った末のことだ。

それにもしAの痛点を書き込んだとき、激怒したAがどう出るのかが、分からないのも怖い。ともあれ、Rの話を聞く前に勇んで書き込まないで良かった。悪意の野次馬を呼び込んでしまうと、制御不能となり、それこそしなくてもいい嫌な思いまで背負わねばならなくなる。書き込みは、やめよう。

だけど、このままダラダラと書き込みが続くのを眺めているのは、本当に耐えがたい。頭が煮えておかしくなりそうだ。書き込みをやめないのならば、やめてくれという意見を表明したい。どうしたらいいのだろう。だれも守ってくれない状態で、どう闘うべきか。

ムカムカしながらインターネットを検索していたら、ストーカーは、ストーキングされることを非常に嫌うという文言があった。ためしにストーカーをストーキングしたら撃退できたと

いう体験談も書いてあった。本当かどうかは微妙なところだが、なんだか妙に説得力があった。Aと交際していた当時、Aがストーカーみたいになる女は苦手だなんだと言っていたっけ。以前に別れ話が拗《こじ》れて家まで来た女がいたとかなんとか。

Aの家に行けるものなら、行って家族に嫌がらせ行為を止めてほしいと訴えたいけれど、どう考えても無理だ。Aが住む地域に行くことを想像するだけで怖くて足がすくむ。顔を突き合わせる可能性があるところに行くなんて、無理無理。ＬＩＮＥでのやりとりですら吐きそうだし。スマホやＳＮＳのメッセージ機能は、すぐに返事ができるために、どうしても無駄に白熱しやすい。売り言葉に買い言葉が重なり、まともなやりとりができない。

ならばハガキはどうだろう。Aが今現在も私が知る住所に居住しているか、確証はないけれど、郵便ならば移転していても転送手続きをとる可能性が高い。Aの元に届く確率は高いだろう。もし今も家族と同居しているとしたら、ハガキなら家族が内容を読む可能性も高い。示談の連帯保証人にはなってくれなかったけれど、また再犯につながる行為をしているとなれば、やめなさいくらいは言ってくれるかもしれない。

移転して別の住所に住んでいたとしても、郵便配達人はハガキを見るだろう。宛名に通名と本名を併記してはどうか。本文も、大きな筆文字にして読みやすくしたらいい。ほんのささやかな嫌がらせだ。表面的には書き込みをやめてくれという意思表示をしただけなので、嫌がらせには認定されないはず。私が書かれていることに比べたら、微々たるものだ。それでも……想像するだけで胸がすくわ。

よーし、そうと決まったら早速ハガキを買ってこよう。書き込みの分だけ送り続けてやる。

郵便局に行って、インクジェット対応ハガキを百枚買い込み、パソコンで住所と名前を割り付けした。本名の横に（　）で通名として私に名乗っていた名前をつけた。偽名と書いてやろうかと思ったけれど、やめた。

本文は筆ペンで手書きした。不穏な感じをどう出したらいいかと逡巡《しゅんじゅん》したが、そもそも悪筆なので、普通に書くだけで充分不穏になった。内容は以下。

「A〇〇〇（〇〇）様

2ちゃんねるに私のスレッドを立て、中傷侮辱する書き込みを続けているのをただちにやめてください。大変迷惑ですし、恐ろしく気持ち悪いです。やめてください。内澤旬子」

名前のところは赤鉛筆で囲った。これをスキャンして、次のハガキから使いまわしてもいいし、文言は変えてもいいか。小豆島の郵便ポストに入れるのは憚《はばか》られたので、高松に出かける用事のついでにフェリー乗り場の前にあるポストに一枚投函した。これが着いたことを受けての書き込みがなにかあったらまた送ってやる。

少しだけ気分が軽くなって、用事をすませてドトールコーヒーに入ろうとしたときに、電話が鳴った。ヨリタさんだ。

「久しぶりー。今バンコクから成田空港に着いたところで、メール見たんだけど。遅くなってごめん。相談事って何？　まだ間に合うの？」

M弁護士との面談の後、これからどう闘うべきなのか、相談に乗ってくれる人を探していた

のだ。住所録を捲《めく》り、私の知り合いの中でこの手のトラブルを聞いても驚きも怖がりもせず、さらに社会的弱者（犯罪者含む）事情に詳しい人の意見が聞きたかった。ピックアップしたのは二人。ヨリタさんとフクザワさんだった。

ああー。良かった、繋がって。えーと今時間は大丈夫かな。かいつまんで話すと……と、これまでの事情を説明し始めた。案の定ヨリタさんはまったく動じることなく、「あーらら。ほんっと、アナタ男見る目ないよねー」とへらへら笑っている。

それでさ、今こんなハガキ出してやったんだけど、一通

「え、何やってるの!!　ダメだよダメ!!　一通だけならいいけど……。だけならいいけど、それ以上は嫌がらせ行為になるよ!!」

ええっ。こっちは書き込みされてるのに？

「何通も送ったらダメ!!　まったくもー。なにやってるんだよ。あとで裁判になったときに不利になるよ！　絶対それ以上送っちゃダメだから」

……分かった。今日ヨリタさんと電話できてよかったわ。明日も送るところだった。それでね、ヨリタさんに聞きたいのはさ、こういう場合に、相手に手紙を書くのはどうなのかってことなんだ。Aは警察に謝罪の電話を入れさせられたのに逮捕されたということを、ずっと恨みに思ってるんだよね。運も悪かったし、私もそんなおせっかいを言わなければ良かったんだけど、もう被害届は取り下げないと約束したあとだし、せめて警察にAが反省していることが伝われればと思ってしまった。そういう事情が全然Aに伝わっていない状態のまま、逮捕されて示談して不起訴になったんだけど、また書き込みとか嫌がらせをしてきたからさ、やっぱりちゃ

んと説明しておきたいと思ったんだけど。無駄かなあ。

「いや、それは書くべきですよ。喧嘩をするなら仁義を切ってからにしろって僕は必ず相談受けた人に言うの。でないとこれから先もずっとそのことを根に持たれるよ。手紙を書いて仁義を切ったら、あとは徹底的に闘えばいいよ」

そうか……ありがとう。

実はもうひとりの相談相手であるフクザワさんには「頭おかしくなっているやつに、何書いても無駄」とバッサリ言われていた。ヨリタさんは社会的弱者に寄り添い共に生きる場所を作っていく活動をしている人で、フクザワさんは社会的弱者のなかでも主に反社会的勢力に関して詳しい同業者。どちらも私の知り合いの中ではピカイチのアウトローである。その二人の意見が真っ二つに割れた。

ヨリタさんに言われてはじめて気がついた。私は誰かに言ってほしかっただけなのだ。Aに手紙を書きなさいと。たとえ相手がストーカー加害者で、警察や、ネット上に散らばるストーカー対策が教える通り、被害者からのアプローチがご法度であったとしても、今この状態でAを放置したままでは、書き込みが止まるとは全く思えないのだ。むしろ放置していては凶悪化するのではないか。なにより現状ではだーあれも助けてくれないんだし、どこに助けを求めたらいいのかも分からないんだから、思った通りに手を打ったっていいんじゃないのか。

フクザワさんからは、とにかく味方になってくれる弁護士を探すべきだと言われていた。超正統な闘い方だ。相手が生活保護受給者でも月に一万円でも示談違約金を払わせるよう動いてくださる弁護士もいるらしい。そんな弁護士、本当にいるんだろうか。全く自信がないけれど、

探さねばならないのだろう。東京なら見つかるかもしれないけれど、ここは香川。「地方」に住むことの心細さと不便さをはじめて実感した。きわめて憂鬱だ。

Aへの手紙を書くのには時間がかかる。逮捕のいきさつについては細かく時系列を列挙して、嘘や矛盾のないように細心の注意を払って伝えなければ、信じてくれないかもしれないし、無駄な言葉で怒らせたくもない。それにこの際メッセンジャーでは全く伝えられなかった、別れたくなった理由など、Aの怒りの発端となったことのすべてを説明しておきたい。私がいかに恐ろしい思いをし、不愉快かつ理不尽な目に晒されたのかも、全部訴えたい。そうなのだ、AとのやりとりがメッセンジャーとLINEで、反射的な答えしか書けないために、私はAに言いたいことが溜まりに溜まりまくっていた。

17　2ちゃんねる

Aに手紙を書く。交際を終わらせようと思うに至った理由、逮捕までのいきさつなど、Aに説明したいことは、どう見積もっても原稿用紙二十枚では収まらないだろう。仕事の合間に書くとして、かなりの日数を要する。その間にAが書き込みだけでは飽き足らず、勢いあまって島にやってきたら、どうしよう。

私が住む家は、探偵を雇ったところですぐには見つからないと思うが（当時私はそう思い込

んでいたが、実際には探偵は簡単に引越し先を調べることができるという。たとえば電力会社に内通者がいて、次の契約先の住所が漏れてしまうようなことがあるそうだ。ストーカーに情報を提供する探偵には、厳罰を下してほしいと切に願う）、ヤギたちを飼っている場所は、比較的分かりやすいところにある。島に来てヤギがいるところはどこでしょうかと、観光客のふりをして島の人に聞けば、わりと簡単にたどりつけてしまうのではないか。住んでいる家から離れたところにヤギ舎を借りたので、常にヤギ舎の様子が分かるわけではない。カヨとタメになにかされたらと、不安で仕方がない。

しかも大きなヤギ舎を借りたこともあり、病に倒れた島内の知り合いが飼えなくなった去勢済と玉付きの雄ヤギ二頭（まさおと茶太郎）も情にほだされ引き受けてしまい、ヤギは四頭に増えていた。もし、島に行くと予告されても、さっと連れて逃げられるという頭数でもない。……まあ、加害側にしてみれば気軽に殺傷できる頭数でなくなったとも言えるけど。四頭のうち三頭に、その気になれば殺傷能力もある立派な角があり、しかも広大なヤギ舎の中を繋がれることなく自由に走り回っているのだから。

ヤギ舎に来て、ヤギたちを傷つけられたからといって、私がAを攻撃したら、傷害罪で逮捕されてしまうのは分かっている。正当防衛というのは、なかなか認められないと聞く。しかしヤギたちに何かされてそのままAを野放しにするという選択肢は、私の中にはなかった。特にカヨには、Aを私から遠ざけようとしてくれた、恩がある。この際、格闘技の技を習得しておいたほうがいいのではないか。

ところで私は鬱病までには至らないが、この二十年間薄い希死念慮を消すことができないま

ま生き続けている。十数年前に若年性乳がんが発覚したときにも「これで終わりが見えたな」と安堵したくらいだ。希死念慮に呑みこまれないよう、最大限努力して面白いことを最優先して生きのびてきたのである。が、ここに来てなんと、Aに殺されるかもしれないという、がんより稀少な（？）事態を想定しなければならなくなった。

事件が起きてから私の心は事実上殺されたようなものだ。書き込みの内容は、示談や事件のことだけでは飽き足りなくなってきたのか、下半身ネタを羅列するようになっている。もしこんなものをひとりでいるときに読もうものなら、気分が、落ちて落ちて身動きができなくなる。顰蹙《ひんしゅく》を買うことを覚悟で書けば、死にたいことは死にたい。しかしそれは私自身もしくは天が主導権を持つべきこと。Aに殺されるのだけは、絶対に嫌だ。死んでも嫌だ。肉体まで殺されてたまるか。なんとしてでも、Aに一矢報いてやる。

インターネットで香川県弁護士会に登録している弁護士と、武術教室を調べ上げ、リストにした。前者はインターネット関係に詳しいとしている弁護士を優先的に。そして後者は通いやすい立地の教室を優先的に。Aへの手紙を書きあげるまで、一軒ずつ回っていこう。

「なんか、気になる書き込みがあるんだけど」

普段はメールでやりとりしていたRから電話がきたのは、ちょうどその頃だった。え、どれ？　書き込みは、前述した通り、逮捕のいきさつや示談の不満などを一通り書いたあとは、私に対する誹謗中傷だらけ。口が臭いだの下半身がどうだのという、下衆《げす》の極みとしか言いようのないものばかりになっていた。自分が傷つくのはもちろんだが、Aという人間の下劣さが

ひたすら気持ち悪いので、チェックはRに任せて自分ではろくに見ていなかった。

「えーと、yayoiって何なのかなあ」

ああーっ!! それは、私のヤフーパートナーのアカウント名!! 退会するのを忘れてアカウントを放置していた。うわーなんて粗忽な! なんて阿呆なんだ自分!! しかもパスワードすらも思い出せないんだけど、ヤバい。どうしたらいいのかしら……。

「とりあえず、ヤフーのパスワードを忘れたらってところを見に行きなよ」

うん。それからさ、Rさんヤフーのアカウント持ってるんでしょ?

「あるけど?」

じゃあさ、ヤフーパートナーに入会してみてくれない? 本当に今も私のアカウントがあるのか、一応確認したいんだけど。

「いいよ。こういうのやったことないんだけど、面白そう。……年収とか書くんだ。へーえ。趣味は、読書と映画でいいや。……えーと、香川県の女性四十代で見ればいいのかな」

Rはまたたく間にヤフーパートナーに登録して、何やら検索している。

「うわー、あったあった。yayoiさん、あるよ!! だはははははは。なにこれ料理が好き!?!? 内澤さん猪しか食ってないでしょ。何だよ、これ。おもしれー」

ううう。こっぱずかしくて舌を噛んでしまいたい。

「あ、それと、内澤さんがツイッターで発言したり、インスタグラムに写真を載せたタイミングで書き込んでるみたいね。よっぽど内澤さんに詳しくなきゃ書き込みだけ見ていてもまったくわけ分かんないよ、あれ」

私のＳＮＳを閲覧するのも示談違反だというのに。とりあえず、これまでの書き込みとヤフーパートナーのスクリーンショットを送ってもらうことにした。まわりくどいようだが、自分ひとりで直接見るよりは、ショックが和らぐのだから仕方がない。Ｒには礼を言っても言い切れない。

ツイッターもインスタグラムも、筆名でやっているので、ストーカー行為を受けていることにも言及せず、まるで何事もなかったかのように平和な日常をつぶやき、愛しいヤギたちの写真を載せていた。その陰で深夜に糞野郎めがあ、ぶっ殺してやると、どすの利いた声で私が叫んでいることなど、誰が知るだろうか。知りたくもないだろうけど。

そもそもあれらのＳＮＳに意見や感想を表明するのではなく、「本当のプライベート」を書き連ねる人がどれほどいるのだろう。それに平和な日常とて嘘ではない。人間は、病気でもして寝込まないかぎり、二十四時間修羅に包まれているわけではない。

Ａにとっては、何事もない平穏な日常を送っているように見えること自体が憎いのだろうか。事件を口外するなと示談で取り決めたのは、Ａの側なのに。身勝手であること極まりない。

Ｒからのメールに添付されたファイル群を開く。ヤフーパートナーの画面は、私が見ていたときからデザインが一新され、当時はなかった機能がついたようで、何がなんだかさっぱり分からなくなっていた。しかし自分のアカウント名の下には確かに私が入力したこっぱずかしい自己紹介の文章が載っている。あーあ。黒歴史なんてもんじゃないな、こりゃ。消えてしまいたい。

そもそも男性側が閲覧している画面というものをはじめて見た。地域と年代で絞って、どんな女性たちが何人登録しているのか、女性側からは分からないようになっているのだ。ふーん。顔写真を載せてるひともいるんだなあ。怖くないのかなあ。目鼻立ちを分かりにくくするため、画像加工ソフトで花を散らしている人もいる。もっと情報を見たくなって思わずクリックしようとしたところで、画面がスクリーンショットであることに気づき、苦笑した。やばいやばい。

次に2ちゃんねるの書き込みのスクリーンショットを開いて読んでいく。Aが書き込んだであろう書き込みと、第三者が書き込んだものと、判然としないものと、どれが一番多いかといえば、やはりAによる書き込みだった。

なるほど、LINEに書いてきた〝ヤフーパートナー頑張ってねー〟とは、私が今もヤフーパートナーをやっていると本気で思い込んで書いてきたのだ。そういう意味だったのか。単にヤフーパートナーをやっていたことを曝露すれば私が傷つくと思って書いたものだと思っていたのだが。やっと分かった。新たな交際相手を探そうとしている（単にアカウントを消し忘れただけなのに）ことが、気に入らないのだ。それで示談を破ったのか。最低だな。愚かしいにもほどがある。

Aのせいでどれだけ忙しくなったと思っているのだろうか。ヤギ舎も自宅もＤＩＹしなければならないのに、全然作業が進まない。今は床に穴があいたまま寝ていて、さすがに寒くなってきたから何とかしなくちゃならない。当然荷物も解いてない段ボール箱が二十個以上ある。そんな状況でも四頭に増えたヤギの分の草刈りと仕事を毎日こなしていて、苦手なマニュアル車を運転して、ヘトヘトのクタクタなのだ。出会い系なんて開くヒマなんか、ないっての。毎

晩パソコンに向かえば、漆喰の塗り方だの、台所のリフォーム方法だの、タイル、天然塗料、下地材、断熱材などなど、内装に必要な情報や物品を検索しまくっているうちに眠くなってしまう。

だいたい下ネタ満開の気持ち悪い大量のメッセージを浴びたトラウマで、ネット上の知らない相手どころか現実の男性からほんのちょっとした好意を示されただけで、鳥肌が立つ。

仮に百歩譲ってネットで相手を探すとしても、少なくとも本名を詐称していた人間が登録するサイトで、しかも同じアカウントで探すわけないだろうに。なぜアカウントが残っているだけでいまだにやっていると思い込むのだろう。そもそも私はアカウントが残っていたことすら忘れていたのだから、ログインもしていないのに。……あれ？　なんだこの〝○○○　×歳が怪しい〟って書き込みは。アカウント名？

「ああ、その書き込みね。自分も気になってたんだ」とR。

ねえ、これって、もしかして、Aは、私が別アカウントをとってヤフーパートナーをやってると思い込んでるってことなんじゃない⁇

「まさか。その妄想は洒落にならない……けど……ありうる⁉」

しばしの沈黙ののち、

「あった‼　○○○さんのアカウント。ホントに×歳だ……」

まじかー‼

Rがそのアカウントの自己紹介文を読み上げる。控えめで平凡な自己紹介文からは、香川県

下で働き暮らしている同年代の女性の輪郭がぼんやりと見える。
　顔写真は載せているの？

「ないね。〝いいね！〟押してみようか？」

〝いいね！〟とは、好意を持った証に押すボタンだ。相手に伝わる。やめとけ‼　万が一メッセージのやりとりができるようになったとして、何て説明すればいいんだよ。怪しまれるだけだよ。しかしこの人、いわゆる寄ってきた男の人をだまして有料サイトに引きずり込むとか、そういう出会い系に跋扈《ばっこ》するプロって感じでもないんでしょ。

「たぶん違うね。普通の人なんじゃないかなあ」

　大丈夫だろうか。２ちゃんねるの書き込みを見た変な男が来たりしてるんじゃないかなあ。と心配したところで、本名どころか連絡先すら分からないんだから、どうにもならないか。なんだろう、このバーチャル感。謎すぎる。

「そりゃ示談相手から連絡が来たら、そのことを伝えるのは弁護士の義務だよ‼　当然のことをしただけじゃないか‼　僕だって伝えますよ！」

　その年配弁護士には、いきなり怒鳴り付けられた。
　いや、私の代理人として、二度と私に接触しないという旨の示談書をＡ（代理人付）と交わしたＩ弁護士本人が、私に会いたいなどという示談違反も甚だしいことをＡが言ってきたのに、違反を指摘することもなく、私に『会いたいと言ってきてますが』『原則として禁止ですが会う場合はご一報ください』などと、示談を反故《ほご》にするようなメールを送ってきたことが、腹立た

しいのですが。私は被害者であって、この示談書だけが私をAのストーカー行為から守る唯一の砦なのに……と説明しようと口を開きかけたら、

「黙って!! 今書類を読んでるんだから!!」

と厳しく言われて黙った。こんな威圧的な人、警察にも検察にもいなかったんですけど……。

香川県弁護士会のホームページに書かれた自己紹介欄を読んでピックアップして相談を申し込んだのだが、私はどうやらホントーに自己紹介欄を読み解く力がないらしい。どうやったら身につくものなのか、教えてほしい。弁護士が読んでいるのは、私がまとめたこれまでの経緯と、示談書の内容だ。つづいてLINEの書き込みを見せる。

「これならストーカー規制法でいけるだろう」

あの、最初に警察に相談したときに言われましたが、現行法が適用できるのはEメールのみで、SNSのメッセージ機能を使ったものには適用されないんだそうです。

「え? そうなのか??」

はあ。小豆署ではそのように説明を受けました。私は法律の専門家ではありませんので、ネットで調べたくらいですけども……。

弁護士は応接ソファの後ろに置かれた書類棚に駆け寄り、いくつかのファイルを抜き出し、読み始めた。厭味を込めて言ってしまったが、細かな法改正とインターネットの技術革新のスピードについていくのは、大変な労力を要することだろう。

「いやあ、知らなかった。なるほどね。勉強になったよ」

はあ。法律が現状に追いついていなくて問題になっているみたいですけど。それでこちらが

2ちゃんねるという巨大掲示板の書き込みです。

「なに？　LINEで言ってた通りに本当に書き込みが始まっていたのか？」

それを早く言えといわんばかりにプリントアウトを受け取って読み始める。くどくどと漏らしていたI弁護士に対する擁護的発言は、一切鳴りを潜めた。ふーん。

「ひどい!!　これはひどい!!」

そうなんです……。本当に許せないんです。ですから示談違約金を請求していただきたく……。

「いや、名誉毀損で刑事告訴できる。こんな奴は刑事告訴でやるしかない！　それで決まり！」

へ、名誉毀損……て、民事訴訟で行うものじゃないんですか。刑事でもできるんですか。

弁護士はまたもや後ろのファイルケースと六法全書から名誉毀損についての記載を探し当て、コピーを別室の事務員に頼み、マーカーで囲んでから渡してくれた。

「これを読めば分かります。じゃあこれで……」

あ、待ってください。刑事裁判を目指すとして、その告訴手続きを弁護士の先生にお願いするほうが有利に進んだりするのでしょうか。でしたら……。

「刑事裁判の場合、被害者に弁護士は、一切必要ありません。警察にまかせなさい」

でも、たしか告訴状を作成して提出しなくてはならないんじゃないでしょうか。

「あのねえ、とにかく、警察の機嫌を損ねるようなことは、絶対にしてはダメ！　なの！」

え……目が点になった。〝警察の機嫌〟とは。時代錯誤も甚だしくないか。告訴状ってネット上では自分で書くか弁護士にお願いして書いてもらうかするもののように書いてありますが……。

「自分で告訴状を書くとか、弁護士を立てるとか、そういう余計なことをして臍《へそ》を曲げられたら、動いてくれるものも、動いてくれなくなるかもしれないんだ。刑事告訴をお願いしますと頭を下げて、あとは言われる通りにするのが一番!! 絶対に余計なことを言ったりしたりしたら、ダメッ。そうしたら警察の方で作成してくれるから」

まさか。そんな。これまでお世話になった警察の方々の中に、表面上、権威的な態度をとる人はひとりもいなかった。けれど、彼らの本音がどこにあるのかまで分かるのかと言われれば、そこまでは分からない。これまでのやりとりの中で、私は彼らの〝機嫌を損ねる〟ことをしただろうか。

18 弁護士の論法

いや大丈夫なはず。被害届だって約束を守って取り下げなかったし……。あれ、まてよ。示談をして不起訴をお願いしたことは、どうなんだろう。ジワジワと、不安が湧き上がる。まさか、それを口実に民事不介入ですと言われたとか? いや、でも生活安全課に駆け込んだときは、書き込みが始まったばかりで、内容は逮捕や示談にまつわることだった。理にかなってはいる。名誉毀損罪を適用できるような内容の書き込みはなかったのだ。

とはいえ、書き込みの内容によっては名誉毀損で刑事告訴できるから酷くなったら来てくだ

さいとは、言われていない。しかし警察にそこまで言う義務があるかといえば、微妙なところだ。私としては島に来ること以外に嫌がらせがエスカレートした場合に「警察が打てるかもしれない手」として教えておいてくだされば、弁護士に相談せずに済んだようにも思えるけれど。よく分からない。気になり始めると止まらない。

被害者が警察の〝ご機嫌〟を気にしなければならないというのは、健全な民主主義国家とは言えない。とはいえ今私が頼りにできるのは、Aに立ち向かってくださるのは、どう考えても警察だけなのだ。

知らない法律があったからと、その弁護士は相談料を受け取ろうとしなかった。法律よりも恐ろしい業界の本音（?）を聞くことができたのだから、払う価値はあったとも思うのだが、彼としてはこれ以上私と関わり合いたくないという意味も込めての料金フリーなのだろうか。帰りのフェリーの中で、刑事告訴の話に終始して、示談違反の違約金請求手続きについて何もアドバイスを貰えなかったことに気づいた。話術巧みに逸らされたということだろうか。

AからLINEにメッセージが入った。

ハガキを送る方こそキモいわ
俺が書いてる証拠でもあるの?
こちらも迷惑なのでやめてください

ポストにハガキを投函してからメッセージが届くまでに経過した日数から推測すると、Aは以前暮らしていたところから転居しているように思えた。はっきりとした確証があるわけではないが、返事が遅いように思う。しかし書き込みをやめるようにとハガキを一通送っただけの行為が迷惑ならば、Aが私によこした大量のメッセンジャー、LINE、そして2ちゃんねるの書き込みは一体なんなのだろうか。何千倍も迷惑で気持ち悪いことを私にしているのだが、その自覚もないのだろうか。異常だ。まともな感覚とは思えない。

もともと交際していたときから自分勝手な性分ではあった。しかし「自分がやられて嫌なことは、他人にしてはいけない」という、法律以前の、人間が他者と共存していくために最低限身につけねばならない常識まで欠落していたひとでなしだったろうか。そこまでひどい奴ではなかったと思うのだが。

なにせ人を見る目に関してはとんと自信がないので分からない。もしかして鬱病の症状なのだろうか。だとしたら、かかりつけの心療内科医は何をやっているのだろう。Aのおかしさに気づかないものなのだろうか。それって相当のyabuなんじゃ……。

仕事の合間を縫ってヤフーに照会をかけた。なんと旧メールアドレスで四件、そして今のメールアドレスで二件、計六件ものIDを持っていたのだ。旧メールアドレスのIDは、ヤフーオークションに熱中していた時期のものだろうか。山ほど着物の端切れを競り落としたんだが、全部誰かにあげてしまった。とりあえずパスワードを教えてもらえたので、ようやく退会手続きをとることができる。本来ならば、ヤフーが提供するサービスのうちの一つであるヤ

フーパートナーの退会手続きだけをすればよいはずなのだが、どうすればよいのかあちこち探してもさっぱり分からず、挫折したのだ。とりあえずの現状をRにメールすると、電話がかかってきた。

「どうせ退会するんなら、ためしに一度ログインしてみていい？　こいつずーっとヤフーパートナー見てるみたいなんだけど。確認してみたくない？」

そうなの？

Rに当該ＩＤとパスワードを送る。たぶんこれだと思います。

「ちょっとやってみるね。yayoi さん(私のヤフーパートナーのＩＤ)でログインしてみた。………うわっホントに〝ヤフーパートナーに出現中〟って書き込みが2ちゃんねるに上がった!!　時差なし！　ホントに見張ってるんだよ、あいつ」

げえええ。とっととログアウトして!!　気持ち悪!!　もし私が本当にヤフーパートナーをやっていたとしたら、これは立派なストーカー行為ではないか。その日のうちにヤフーＩＤを削除した。

Ａは2ちゃんねるにほぼ毎日書き込んでいるようだ。刑事告訴するとなれば、これは犯罪の証拠だ。いっそのことどんどん怒らせて沢山書かせた方がいいんじゃないのかとRは言う。でももし刑事告訴に至らなかったら？　それに私としてはこんな気持ち悪いものには削除申請を出したい。いつ誰が読むのかも分からないものを、放置しておきたくはない。

ところが。調べてみると、2ちゃんねるには独特のルールが数多くあった。表現の自由を守ってるつもりなのか、掲げてある削除受付体制や手続き方法のイチイチが、書かれた側にし

てみれば、腹立たしいことこの上ないものだ。しかし細かな情報はさておき、個人情報は削除対象となってはいるものの、基本は「公ではない個人」が対象。政治家や芸能人、プロ活動を行う人物、および有罪判決がでた犯罪者においては、除外されてしまうのだ。

スレッドは私の筆名で立っているので、削除の対象外となるということだ。はらわたが煮えくり返る音が喉元から聞こえてくる。もし刑事告訴できたとしても、Aの誹謗中傷が削除できなかったとしたら、私はどうしたらいいのだろう。

翌日にはまた一件、弁護士との面談があった。今回は、かがわ被害者支援センターから紹介していただいた。被害者の相談に乗ってくれる組織があるはずだから、と助言してくださったのは、最初から相談に乗ってもらっているBさんだ。Aが逮捕される前後も、裁判以外で、警察とは別の、公的な第三者を挟んで私とAが冷静に話をする機会を設けることはできないのだろうかと考えて、刑事さんにも聞いてくださったりしていた。結局Bさんが思い描くような場を見つけることはできなかった。示談の話し合いにおいても直接話をすることは、弁護士から止められていた。

こんな宙ぶらりんの被害者を助けてくれるところなんて、どこにもないんじゃないの？　と、かなり捨て鉢気味になっていた私に、Bさんはいいから高松市役所に電話して聞いてみなよと言ってくれた。まあそうだよね。こういうときこそ役場に相談だ。市役所に電話を掛け、受付にストーカー被害に遭ってるんですけど相談に乗ってくださる機関があったら教えてもらえますかと尋ねて、かがわ被害者支援センターの電話番号を教えていただいた。よく考えたら私は

小豆島町民で、高松市民ですらなかったのだが、おそらくそのような機関があるとしたら高松市内だろうと思ったのだ。予想どおり、かがわ被害者支援センターは、香川県警本部や県庁に近いオフィス街にあった。

はじめに面談してくださった方は年配の女性で、カウンセラーの資格を持っている方なのだろうか。本当によく私の話を聞いてくださった。事件についての私とAとの行き違い。示談締結で契約した弁護士との信頼関係をうまく築くことができなかったこと。2ちゃんねるへの書き込みや示談違反で刑事告訴のお願いにいくこと。示談違反について、内容証明などを送りたいこと。書き込みを削除できないならば、私は私で反論を書きたいと思っていること。それには示談の条項が引っかかることなどを説明した。思い出す度に湧く怒りのあまり、理路整然とは行かなかったと思うのだが、参考資料を持ち込みくどくど話す私に対して、真摯に耳を傾け、書きたいというお気持ち、本当によく分かりますと言ってくださった。

どれほどその言葉に救われたかしれない。やっと、出会えた。辿り着いた。とすら思った。で、具体的な策を練るためにセンターが選んだストーカー問題を扱っている弁護士とスケジュールを合わせて面談となった。今度は自分が選んだ弁護士ではないのだ。希望が持てるかもしれない。ところが……。

「刑事事件に関しては、警察に相談することを予定されているようですから、いいとして。民事上でのことをお話ししますね。お話ですと、相手方は示談に違反していますね。ただし、非常に気持ちが悪い思いをさせられていますが、他に権利侵害がなされているかっていうと、難

しい。ですから、今とりうる法的手段は示談書に基づく三百万円の違約金請求のみになろうかと思います。ただ一方で、現在逆恨みがどんどん強まっている状態、ですよね。非常に攻撃的な書き込みをほぼ毎日更新している」

はあ。

「そのような状態でたとえばこの三百万円を支払ってくださいって言うと、火に油を注ぐリスクが十分にあります。なおかつ相手方は、生活保護をもらっていると言っている。本当のところは分からない。けれども一回目の事件の謝罪金が二十万円しか払えなかったという状態なので、三百万円を払ってくれる可能性は、低いですよね」

けっきょくこの示談の意味はないということなのでしょうか。

「残念ながらこの示談は抑止力になっていないのが、現状だと思います。ま、ホントにお金のない人が一番強いと言われています。違約金請求をしても、金は無いからと開き直られてしまう。法的な措置として裁判をして、勝訴判決は貰えるかもしれない。ただし、紙切れがもらえるだけには、なりますね」

支払い義務というか、取り立てをどうするかということに関して、誰も保証してくれないってことですね。

「そうです。連帯保証人にもこだわっていらしたようですけど、それが付けられなかったのですから、ほかに支払い義務がある人がいないわけです」

お金が欲しいからではなくて、二度として欲しくないから、違約金を設定したのですが。

「ですよね。だけど請求を出したところで嫌がらせを止める方向に向かうんでしょうかってい

うのが、すごく疑問なんです。前の身柄拘束によって、結局逆恨みに変わってしまっている。ですから今回違約金請求をしたとしても、示談を破った責任を感じて動揺するよりは、またこんなことをしてきた、とさらに逆恨みをしてくるリスクが高いと思います。現状、ネットの中で誹謗中傷されていますが、それはあくまでもネットの世界で、実際に会いにきたわけではない。ですから適宜2ちゃんねるに削除要請をかけるなりして……」

削除要請は受け付けられません。調べましたが、公人に当たる場合は受け付けられないそうです。

「そうですか。ちょっと2ちゃんねるに詳しくないんですけど、であればもう警察が動くかどうかにかかってきますね。それと身を護る一番良い方法は、居場所を分からなくするということなんだと思うんです。多くの方が身を隠すという選択肢をとっていらっしゃいます」

だから私の場合はそれをやったらこの事件以外のこともすべて何も書けなくなるんだよ！と言いかけてやめた。なぜ被害者ばかりが不便を強いられるのか。他の被害者も我慢してるんだからお前も我慢しろと言うのか。それをあまりにも当たり前のように被害者支援センターという場所で言われると、茫然とするしかない。

私としましては、もう相手を逆上させてもいいので、示談違約金請求をしたいです。払えないとなったら、示談のこの件について互いに口外しないという条項が無効となっていることを証明したいと思うんですけど。どう思われますか。

「もちろん要求するのは可能なんですけど、それを呑むメリットが相手方にないですよね。この示談書にサインしたのは、処罰を受けたくないからというだけだと思います。今の逆恨みの状況からすると、真摯に反省したわけでも、謝罪をしたわけでもない。刑罰を受けたくないから示談しかない。そのために弁護人に頑張ってもらった。その一心ですよね。思惑はどうあれ、一度合意をしてしまったものを無効にするには、無効となったという双方の合意が必要です。相手が示談を破ったからといって、こっちが破っていいということにはならないんです」

それを交渉してくださる方を探しているんですけれども。私としては、今回の件を書きたいと思っていますので。お願いできませんでしょうか。

「うーん。難しいと思います」

内容証明を送ることすらお願いできないんですか。

沈黙が広がる。

「今後、身柄拘束されることなどがあって、また弁護人がついて示談の必要が出てくる、ということがあれば、状況は変わると思いますが。今の段階では、こちらの要求を受け入れるメリットが、相手にまったくないんです。見込みのないものを受任するのは、難しいということです」

それでは。もし私がこの示談の無効化を実行しないまま、文章を書くとしたら、どういうことになりますか。

「それは、先ほどから気にされている示談に違反することになりますね。で、違反するとどうなるかというと……あ、そうか、『乙は』なのか。内澤さんには違反した場合のペナルティは明

示されていませんね。ということは特に何もないです。なんですけど、ただ約束をしていながら破るということになる。なのでそうなってくると、名誉毀損で刑事告訴される可能性はあります」

相手を特定できるようにして誹謗中傷したいわけではありません。ストーカー被害を受けたときに、どのような目に遭うのか、逮捕後のことも含めて、屈辱と不自由の連続でしかないことを、被害者側から見た現状の法律や制度の問題点も含めて世間に問いたいということです。

「そのような思いになる方は多々おられるんですけど……」

弁護士の表情は硬いというよりは、ウンザリ、だった。それから私が書いた場合のリスクを延々と説明してくださった。主には裁判で生じるリスクと、相手方の逆恨み。

「私としては、わざわざそのようなリスクを背負う必要はないんじゃなかろうかと思いますので。やめといたほうがいいんじゃないかというアドバイスをしております。私のアドバイスを受けた被害者の方々が、実際にその後どうされているのかまでは、フォローしていませんので分かりませんが」

では、ずーっと黙って嫌がらせを受け続けろということですね。

「一線を越えて法的な措置がとれることになれば、それをとるということにはなります。被害者の方が泣き寝入りするような形で、変だなとは感覚的には思うんですが、ただこの国の制度では、これが限界ってところですね」

この弁護士の論法に従うならば、法的な措置、つまり再逮捕になっても、逆恨みのリスクは

伴うんじゃないだろうか。リスクについてご説明いただくことは、大変重要なことではある。けれども。ストーカー被害者の声は、このままでは世間にほとんど届けられることなく、誰にも気づかれないまま、被害者支援の必要性すら訴えられないままなのではないか。いや、被害者支援だけではない。Aの逆恨みの根源となっている逮捕までのいきさつも含めて、安全を保証された場でお互いの言い分をうまく整理してくれる人の前で、話ができたら、2ちゃんねるの書き込みはなかったのではないだろうか。刑事告訴せずとも、解決できたのではないかと、今でも私は思っている。犯罪となる前の状態で、防ぐことができた事件だと。

19 護身術

Aによる2ちゃんねるの書き込みが、刑事告訴が可能なくらい激化するまで待つ。それしか対応策はないのだろうか。書き込みが増えればそれだけ誰かが読む確率も高くなる。肉を切らせて骨を断つとでも言えば良いのだろうか。けれども犯罪者を一人増やすことで、一体誰が得をするというのだろう。気が進まないけれど、それしか方法がないというのならば仕方がない。弁護士との面談の翌日、私は小豆署に電話をかけ、生活安全課のGさんではなく、刑事課のYさんの名前を言って取り次いでもらった。

あの、半年前にストーカーの脅迫でお世話になった内澤ですけれども。Aが示談を破って現

在2ちゃんねるに書き込みをしている件で、内容が以前よりひどくなっておりまして、名誉毀損で刑事告訴できないか、ご相談に乗っていただきたいのです。

「……分かりました。一度署の方に来ていただきたいのですが」

その日の午後には小豆署へ出かけ、これまでの書き込みを印字したものなどを持ち込んだ。Yさんは例のマグショット写真を持って入ってきた人だ。逮捕後に面談もしている。特徴的な目と、何を考えているのかよく分からない表情が印象的だった。示談書と、LINEのメッセージ、そして2ちゃんねるの書き込みを印字したものを見せた。

「……これは、何なのでしょう」

Yさんは2ちゃんねるのプリントに帯状に出ているレンタル漫画のバナー広告を指さす。そこだけカラフルなので目立つといえば目立つ。私はもはやそんな広告にも慣れてしまって、反応しなくなっていたが、冷静に見るとかなり煽情的な画像が写り込んでいた。Yさんは、ネットにあまり詳しくないのだろう。私の話を淡々と聞く様子からは、どうするつもりなのかが全く読めない。面倒だからこの場をごまかして帰すつもりなのか、それとも本気で逮捕に持ち込めそうか検討しているのか。

スクリーンショットで撮っていますので、どうしても画面に出てくるバナー広告も入ってしまいますが、これは関係ないです。このまま書き込みがどんどん酷くなっていって、島に来られたらと思うと、不安でなりません。示談を破っても違約金の請求をされないと味をしめ、島に行っても大丈夫と思うようになるのではないでしょうか。そうなると、私としてはもうなすすべがありません。

もし今度逮捕していただけるのでしたら、絶対に、被害届も取り下げませんし、不起訴をお願いすることも、絶対に、いたしません。お願いします!!

ここまで言う必要が果たしてあったのかどうか、よく分からない。けれど、私は必死だった。

「なるほど。了解しました。LINEのメッセージがあるのでAが書き込んだことにほぼ間違いないと思うのですが、実際に逮捕するとなると、書き込みのIPアドレスを確定する必要がでてくると思います。サイバーポリスに聞いてみます。こちらのプリントのコピーを取らせてもらっていいですか」

よろしくお願いします。

Yさんはコピーを取りに出ていき、もどってきたときには住宅地図を持っていた。

「それから今の内澤さんのお住まいの正確な位置を確認しておきたいのですが……」

引越したときに住所は生活安全課にお知らせしていますけれどもと断りつつ、自宅を指し示し、それからはっと気がついて言った。

ヤギ舎の位置もお知らせしておきたいのですが、いいですか。私にもし何かあるとしたら、自宅よりもずっと危険性が高いのは、ヤギ舎なんです。えーと、ここ、ここですから。

引越し先を知らないAが私に接触してくるとしたら、ヤギ舎を探して待ち伏せというパターンの他にもうひとつ。私が通っている高松のヨガ教室の近辺に来る可能性が高い。教室から出るときには必ず携帯の動画撮影機能をオンにするようにした。記録は自分の身を護るはずだ。それから信号待ちのときには、車で接触を試みてくる可能性も想定して歩道と車道の境界線に

は立たないように、数メートル下がりビルの壁のそばに立った。毎日毎日襲われることを想定して動くのは、非常に気持ちが消耗するが、夜のメキシコシティを歩いていると思えば、そう大したことではない。とにかく相手の嫌がらせには絶対に屈したくない。どんなに書き込みが攻撃的になっても、今まで続けてきた活動を自粛することは、ギリギリまでしたくなかった。

とはいえ、悔しいけれどひとつだけ自粛したものがあった。それは、銃猟。自宅に散弾銃を置いておく気にはどうしてもなれなかった。あれだけ時間とお金を掛けて、必死にテスト問題も覚えて所持許可を取ったのに、家に置いておくのが怖い。万が一でも護身に使おうなどという気はないのだが、それでもAに奪われる可能性を考えて、銃砲店に預けっぱなしにしていた。

「内澤さん、もしかして、何か変な目にあってる？」

東京出張時に、知人のトークショーに出かけ、同業某さんと顔を合わせたときに聞かれた。

ああ、まあ。なんで？

「いや、『漂うままに島に着き』のあとがきがひっかかって、調べてみたらちょっと……」

「ああ、2ちゃんねる読んだ？」

「……うん。大丈夫なの？　編集の某さんと心配してたんだけど……」

読んだんだ……。あんまり大丈夫じゃないけど、まあ。あれ読んでる人結構いるのかなあ。ほんっと胸糞悪くなることばっかり書いてるから、私はあんまり読んでないんだけど。

「島の中のトラブルなの？」

いや、島ではない。近隣だけど。

「でもひとり暮らしなんでしょ？　やっぱり東京帰ってきたら？」

うーん。まあ殺害予告くらいのがでるようになったら東京に滞在するかもしれないけど。逆にそれくらいのことを書き込めばすぐにお縄をかけてくれるんだろうけどね。

ふと、これまでのことを一気に吐露してしまいたい気持ちになるが、話は長いうえに猛烈に重い。それに噂になるのは避けた方が良いだろう。

「心配だなあ」

うん。そのうち書けるようになったら自分で書くから。それまではあんまり言わないでもらえます？

「もちろんだよー」

Aの嫌がらせに屈しないと決意してから、万が一Aと対面することになっても冷静に対処できるように護身術を習うことにした。最初に体験入門したのは、武術の中でもあまり暴力的でない、ちょっと不思議かつ熟練を要する合気道だった。受け手の側に転がる、倒される、という意志がなければ技が成り立たないようにも見える。実力者になればなるほど、力を使わずに相手を転がしているように見える。抑えるところと押すところ、引く方向を間違えなければ、どんな巨漢でもコロッといくようなのだが。意を決して一番偉い先生に、お尋ねした。

なるべく速やかに護身術として身につけたいと思っているのですが。

「ほう。警察などに呼ばれて一日護身術教室を開いたりしますけれども、まず無理ですよ。一日じゃ何にも身につきませんね。最低でも一年二年とやらないと……」

ですよね。骨と腱の在処《ありか》と連なり、重心がどこにありどう動くのかを見極めねばならない。物理学と解剖学の勉強をしているみたいだ。そして相手を倒してやろうと思って前のめりになればなるほど、自分の重心を崩してしまい、技もかからない。そういう武道だと読みかじってはいたのだが、実際に体験させてもらうと、組んだ瞬間に相手を倒そう、なんとかしてやろうという気持ちが湧き上がり、とめることができない。そりゃもうAからあれだけ侮辱的なことを書き込まれて、なのに何の反撃もできないんだから、恐怖とともに攻撃的な気持ちが高まり、アドレナリンが出まくっているのである。もしこの武道のセオリーにのっとって、闘わない意識をもってAに対峙できたら、何かが変わるのだろうか。一瞬考えかけたけれど、まともな論理が通用する相手ならここまでこじれないだろうと思って、やめた。

私が体験するために、先生に命じられて技をかけてくださった男性は、身のこなしと道着の馴染み方からして、かなりの有段者のようだった。しばらく教わったあとで、遠慮がちに、そして心配そうに

「なにか、事情があるのですか」

と聞かれた。余程私は切迫した顔をしていたのだろうか。それとも前のめり過ぎただろうか。一拍置いてから、いえ、そういうわけではないのですが、と答え、口を一文字に結んで目を伏せ、質問を拒絶した。見知らぬ男性からの厚意を素直に受けることができなくなっていることに気がついて、仰天した。怖いという感情が先に立ってしまう。怖い。この私が、だ。これってPTSDと呼んでもいいものなんじゃないか。

この教室に来ている方々は、本当に真面目で性格の良さそうな方々に見えるから、もし教室

に通うようになれば、多少は話ができるようになるかもしれない。で、事情を聞かれて話したとして、基本的にはドン引きされるだけだろう。ほとんどの人は面倒事には巻き込まれたくないと思うものだ。それはそれで傷つくのだが、しょうがない（だから示談に関係なく、あまりこの件を人に話さないようになった）。

しかし、こちらにおわしますのは腕に覚えのある方々なのである。警察も動かないのならば私が忠告しに行ってあげようと、万が一申し出てくださったとしたら、情けをかけられたとしたら、どうなる⁇　藁にもすがりたい気持ちの一方で、ある恐怖がムクムクと湧いてくる。

これから行くことにしている体験教室リストには、もっともっと攻撃的で知られる武道もある。次に体験しに行った武道教室では、先生みずからが、私に向かって高らかに「護身？　完璧な護身とは、すなわち攻撃なのだ！」と宣言された。先生のデモ演武では、生徒さんのみぞおちに思い切り見事な蹴りが入ってしまい、生徒さんは眼鏡をすっ飛ばして胃液を吐いていた。思わず笑ってしまいそうになったのだが、同時に洒落にならない恐怖心が湧いた。

そう、腕に覚えのある人と仲良くなって、Aに対してなにかしらの圧力をかけてもらうという解決方法を、つい安易に妄想してしまいがちなのだけれど、それはものすごく危険なことでもある。Aを屈服させ得る暴力は、その後自分に跳ね返って支配してくる可能性があるからだ。Aから守ったことを恩に着せてくる男性の確率は高くはないかもしれないけれど、ゼロではない。そう思うと怖くてたまらなくなった。助けてくれる男性が、第二のAにならないと、誰が断言できる？

サイトに跋扈する復讐屋とか、非合法なやつも、ダメだ。別の誰かに、しかもAよりも質《たち》の

悪い奴に弱みを握られる可能性が高い。復讐屋のサイトをいくつか読んでみたが、どんな復讐方法なのか、具体的に書いていない。直接連絡してきた人には教えると書いてある。違法行為の可能性もある。

どんなことがあっても、公権力と合法的に活動するプロ以外には助けを求めるべきではない。たとえ警察が動いてくれなくても。何度も何度も、自分に言い聞かせた。

結局武術教室は、体験行脚《あんぎや》の末に、蹴りとパンチを淡々と練習させてもらえるところに決めた。生徒同士の交流的なものもまったくないところが気に入った。Aと対面したときに蹴りを出せるかどうかは別として、湧き上がる怒りのやり場に、サンドバッグやスパーリングは最適だった。殴る蹴るを繰り返しているとむしゃくしゃした気持ちが少しは晴れる。ヨガのクラスでウツウツとした気持ちを忘れたあと、自転車を走らせてジムに向かい、思い切り殴る蹴る、殴る蹴る。正反対のマインドであるが、当時の私にはどちらも必要だった。

数少ない経験から、動きというものは、繰り返すことで身体が覚えることは知っていた。Aと対面したときに身体が竦《すく》んで動けないなどということが、少しでもないようにするには、とにかく反射的に動くことを、身体に覚え込ませておくことだ。

最初のうちは足の甲や脛《すね》が腫れ、アザができて、突き指もしたけれど、コツを覚えると怪我はしなくなり、それなりの音を立ててサンドバッグに蹴りを打ち込めるようになった。

猟銃の手続きで生活安全課に行くと、Oさんはすでに刑事課に相談したことを知っているようだった。手続きが終わってから、正当防衛というのは、どのあたりまで認められるものなの

かを尋ねると、Oさんは Aが来たら反撃などせず速やかに逃げるだけですと言う。とにかく自宅まで逃げて、施錠して通報せよと。でもでも、追いかけてこられて、自宅を知られてしまうのも嫌だし、ヤギたちを置いて逃げるわけにはいきませんと答えたら、

「ヤギの命と人間の命と、どっちが大切なんですか！　内澤さんがヤギを大事に可愛がっていることは、知っています。だけど、ダメなものはダメです‼」

と、怒られた。

ヤギではない。カヨだ。カヨとタメと茶太郎とまさおの命だから大切なのだ。それにあれだけのことをネットに書かれ続けていて、示談違約金請求すら弁護士が立てられなくてできず、逮捕も決まらなくて。Aの放置放任状態が続けば続くほど、被害を受け続けている私自身も、腐って凶悪化する危険性が高くなること、分かってるんだろうか。

刑事課のYさんから連絡が来た。やはりIPアドレスを確定しなければならないとのことで、サイバーポリスが2ちゃんねるの運営に対し該当書き込みのIPアドレス開示請求手続きをすることになるという。それぞれの書き込みには、IPアドレスというものが残る。足跡みたいなものだ。そのIPアドレスからプロバイダを割り出し、契約者の氏名、住所を割り出すそうだ。

だが2ちゃんねるの運営に開示請求を出すと、七日間ルールと言って対象の書き込みを七日間、専門のスレッドで公開して開示が妥当か意見を募ることになる。

「そうなると、内澤さんのスレッドに多くの人の注目が集まってしまう可能性があるんです」

実はそのことはすでに調べて知っていた。名誉を毀損されていると感じてIPアドレスを開示させたい人のほとんどが、自分について書かれた書き込みをより多くの人目に晒したいとは思っていない。つくづくいやらしいシステムだ。

そしてこれこれの書き込みに開示請求が出ていますと公開されると、〈名誉毀損の場合は裁判所命令によるべき〉と知ったような書き込みがあるのが常で、結局、2ちゃんねるとの裁判が必要となる。警察が動いても結局同じ手続きを踏むのかと、嫌な予感が走った。殺人予告ならすぐに開示されるはずなのに。しかし覚悟は決まっていた。かまいません。お願いします。

「でしたら、専門スレッドで公開されることで、書き込みがさらに不特定多数の人に知られる可能性があることを承認する書類に署名していただきたいのですが……」

もちろんですとも。すぐに行きます。と、さっさと署名して提出した。よろしく！　サイバーポリス。

ところが。数日後にまたYさんから電話がかかってきた。

「本当にすみません。やっぱり裁判をしなければならなくなりました。そうなると運営会社の本社機能が海外にあるために、香川県警のサイバー犯罪対策室では英語力の問題で、これ以上はできないと言ってます」

はあああ。そうですか。なんとなくそうなるんじゃないかと覚悟はしていた。それにしても香川県警サイバーポリスよ、できないんなら公開前にそう言ってほしかった。サイバーポリス、それぞれの県で実力差があるとか、県をまたいで活動してるところもあるとか、様々な噂を聞く。各県警で民間登用している場合もあるらしいのだが、ネット関係の人材は東京にはかなわ

ないはずなので、警視庁一括で全国のサイバー案件を取り扱ってもらえないものだろうか。

Yさん。ひとつ確認したいんですけど。

「はい」

Aがこれまで2ちゃんねるに書き込んでいることは、名誉毀損として刑事告訴できる内容なんですか。

「はい」

IPアドレスが確定すれば、捜査を進めていただけるんですか。

「そうですけど」

本当ですね。ならば、私もいろいろ調べていたんですが、巨大掲示板に開示請求手続きと裁判をしてくださる弁護士事務所がいくつもあるようですから、これから探して発注かけてきますよ。少し時間がかかるかもしれませんが。いいですか。

「了解しました」

20　IPアドレス割り出し

決定的証拠を被害者の自腹で割り出す。刑事事件なのに。何なんだこの展開は。しかし刑事告訴は私のもとに垂らされた一本の蜘蛛の糸なのだ。IPアドレスさえあれば捜査してくれる

というのならば、自腹でもなんでも構わん!! もぎとってきてやろうじゃねえか。Aが怒りを倍増させて島に来るまで、何もせずに待ち続け、ヤギ舎に来たら一発みぞおちに蹴りを食らわせ、捕縛して警察に突き出し、そこからさらに自分の正当防衛を証明するよりは、よっぽど現実的で簡単ではないか。

私はパソコンを開け、メモを片手にネットの書き込みトラブルに強いと出てきた弁護士事務所に片っ端から電話をかけ始めた。電話をかけてみて驚いた。事務所によってIPアドレスの割り出しまでの期間が一カ月から六カ月と、実に幅があったのだ。さすがに半年近くかかると言われると、ログが消えてしまわないだろうかと心配になる。

とにかく電話しまくっていたら、どこかの事務所のパラリーガルさんが、自分の事務所を勧めずに、2ちゃんねるならばここの事務所に電話をかけてみたらと教えてくれた。勧められた東京の弁護士事務所に電話をかけてみると、確かに飛びぬけて条件が良い。その場でお願いすることに決めた。

とはいえ、正式にお願いするには2ちゃんねるの書き込みの中でこれとこれとこれというふうに、割り出すべき書き込みを指定しなければならない。どれにするか、警察と相談して決めたいのでまたご連絡しますと言って一旦電話を切った。その手ですぐに小豆警察署に電話をかけた。急げ急げ。

どの書き込みが不愉快かと言われれば、もちろんAが書いたもの一切合切、すべてだ。けれどもAが書き込んだ文言の中には、第三者にとっては理解できない、意味が通じないものもある。Aと私との個人的な関係性が前提になっているために、曝露的な意味合いもあり、赤の他

人に通じなくても私にとっては不愉快なのだ。

不愉快だったとしても、名誉毀損の対象になるレベルが、境界線が、どのあたりなのかが、どうもよく分からない。どれにするのかは、刑事課のYさんに決めてもらった方がいいだろう。より逮捕しやすくなるように。

A以外の誰かが書き込んだと思しき文言の中にも酷く不快なものはあった。誰かが匿名なのをいいことに無責任に言い捨てる言葉を、〝公人〟だからということで黙って受け入れねばならない理不尽さは感じる。顔と本名を晒しても同じことは言えるのだろうかと、いつも思う。

Aの書き込みの中で、示談に違反して、脅迫事件のあらましを自分の都合のよい部分だけ強調して書き散らしたことも腹は立つけれど、その後の私への罵詈雑言のほとんどが、私の性欲についてであることに、猛烈と腹が立つ。脅迫のときもそうだったが、いくらムカついたからといって、こういうことを平然と書き連ねる品性の下劣さに、辟易する。で、そこまでくだらない男と分からずに付き合っていた自分自身の愚かさを思うと、本気で死にたくなってくる。

なぜこの男は女に性欲があることを認められずに叩くのだろうか。性欲なんてものは、食欲や睡眠欲と同じ、生きていればついて回るレベルの欲求だ。男も女も基本的には誰でも持っていて当然のものだ。生物学の授業で習わなかったのだろうか。もしくは男だけが持つことが当然と思っているのだろうか。相当歪んでいる。

そもそもこういう書き込みが、侮辱として成り立ってしまう世間の常識自体が憎い。男であろうが女であろうが個人的な下半身のことを曝露すること自体が最低の行いではある。しかしもし、私が男であったなら、Aが書き込んだ文言はそれほど面白味のあるものとして読まれた

だろうか。女の性欲をことさら珍しがり面白がる（時に蔑む）旧弊な感覚が、二十一世紀になっても平然と跋扈《ばっこ》していることが、どうにも許せない。本来ならば昭和に置いてくるべきものだったはずなのに。

「一応私の方で五点ピックアップしてみました」

小豆警察署の取調室に入ると、Yさんはすでに有力な書き込みを五点選び、別紙に刷りだしてくださっていた。仕事早いな、Yさん。

いや、最低十点から請け負うのだそうです。十点より多い場合は一つ増えるごとに金額は割り増しになるみたいです。

「え、そんなにたくさんお願いできるんですか？」

みたいです。

「えーと、どれにしよう…………」

これまでずっと堅く無表情だったYさんの顔がふと緩み、まるではじめて入ったイタリアンレストランで前菜のメニューを隅から隅まで眺め倒すかのような、ウキウキした表情になった。妙に微笑ましい気分になる。どうぞ、お好きなものを、と軽口をたたきそうになる。

「ちょっと上司にも相談してきますので」

ハッと我に返ったかのようにYさんがいつもの無表情に戻り、書き込みのプリントアウトを持って取調室を出て行き、十分ほどして戻ってきた。

「これで行こうと思います」

印をつけられた書き込みをひとつずつ確認する。一点だけ、これはどう考えてもAではなくて、私の本の読者だろうというものが混ざっていた。〈おまえら、内澤をなめてると殺されるぞ〉というものだ。

気の利いた冗談とは言えないけれど、あっそ、と口の端を曲げて笑って読むくらいのレベルだ。今は実際に野生動物を獲って捌《さば》いて食べているのだし、獣肉を販売できる加工処理場も建設中で、狩猟についての体験ルポも書いている。いや、もしかしたら、2ちゃんねるに漂うシニカルな雰囲気から考えれば、むしろこの書き込みの主は、Aの書き込みが危ういことを察知していると受け取れなくもないし、ひょっとしたらふざけつつ、私が書いていることに話題を持って行きたかったのかもしれない。まさか、知り合いとか?

件《くだん》の文言のニュアンスが少しでも変われば、たとえば「本当に人も殺しかねない変態」などと書かれたら、誰であろうと見過ごすわけにはいかない。そしてもし私が狩猟に関わっていなかったとしたら、前述の書き込みは、常軌を逸していると、とらえるかもしれない。Yさんが、私がどんな本を書いているかを知っているとも限らないし、この場で自分の本について説明するのも、なあ。言葉とは、本当にデリケートで難しい。

少し迷ったけれど、Yさんの申し出のまま、明らかにAが書いたとは思えない書き込み一件を含めて十件の書き込みについて、IPアドレス確定をお願いすることにした。

とはいえ、安くないお金を支払うのに電話とメールだけで依頼するというのもどうなのか。航空券をとって東京の事務所に向かった。

「一応最初に申し上げておきますが、必ずＩＰアドレスを確定できるとは限りません。もし相手がTorを使っていたら、今のところお手上げです」

トーア？　出されたお茶をいただく間もなく代表の藤吉先生から聞かされる謎の単語に動揺する。

「聞いたことないですか？　ＩＰアドレスを匿名化するソフトウェアです」

そういうものがあるとは知っていましたが。それって、パソコンに特別詳しい人だけでなくて、誰でもインストールできるソフトなのですか。

「そうですね。誰でも使えます。企業を告発する場合だとか、一概に悪用されているわけではないんです」

恐ろしい時代だ。Ａが自分の書き込みを特定されることを前提として、対策を講じて書き込みをしているかどうか、ということか。詳しく書くことは差し控えるが、実はその他にもＩＰアドレスが分かっても割り出し不可能となるパターンがあると警察からも聞かされていた。

名誉毀損として刑事告訴するための証拠とするには、ＩＰアドレスが特定されたパソコンを使い、確実に本人が書き込んだことを証明しなければならない。

それでは、ＩＰアドレス確定をお願いしても無駄になる可能性も、ゼロではないということですね。

「そうです」

……分かりました。それはそれで仕方がないですね。今のところ取れる策はこれしかないので、お願いします。帰宅したらすぐに送金手続きとりますので、と頭を下げた。

藤吉先生は、弁護士になる以前は演劇の世界にいたそうで、私がこの件を書きたい旨を少し話すと、ご参考になればと、柳美里の処女小説「石に泳ぐ魚」（「新潮」一九九四年九月号掲載）の単行本出版差し止めを求める裁判の判決文を刷りだしてくださった。司法関係者向けの有料サイトなのだろうか。小説のモデルとなった女性が、プライバシー及び名誉感情を侵害されたとして、東京地方裁判所に提訴した。

表現の自由はどこまで許されるのか。「石に泳ぐ魚」を巡る文壇論壇の大騒ぎは、二十年以上経過した今でもよく覚えている。ただし、山のように出た論評や書評や対談ばかり読んでいて、肝心の小説を読んだ記憶がない。スマホで調べてみると、二〇〇二年に改訂版の単行本が新潮社から刊行されていた。

「今もこの判決が前例となっていると思います。名誉毀損というのは非常に難しくて、これこれを書かなければ良いというのが、はっきり決まっているわけではないんです。書かれた側がどう感じるか、にかかっている部分もあります。もしこの事件を書かれるのならば、読んでおいた方がいいと思いますよ」

書くことについて、手放しで勧められたわけではないけれど、書くことを前提とした現実的なアドバイスを頂けたことは、ありがたかった。帰り道の電車の中でスマートフォンを手繰り、「石に泳ぐ魚」を注文した。まずは小説を読もう。

自宅に戻ってから、パソコンでTorについて調べてみた。自分でインストールして使うとしたら、どんなものなのか。どうやら誰でもできるとはいえ、想像していたよりも難しく、そしてインストールしてしまうとパソコンの動作が遅くなるようだった（二〇一六年当時）。イン

ターネット関連で以前に犯罪を起こしているとはいえ、A自身のパソコンの知識はごく一般的なものだったように思う。彼の部屋で一度だけ見たパソコンも、ごく普通のものだった。

大した知識のない人間がTorを導入するならば、秘密の書き込み専用のパソコンをもう一台別に用意するのが妥当だろう。書き込み以外のやりとりや作業は、今まで通りの速度や環境を維持できる。万が一変なウィルスまでインストールしたとしても、これまでのデータがクラッシュする心配もない。私ならば絶対にそうする。しかしどんなに安いパソコンでも、数万はかかる。その費用を今のAが捻出できるだろうか。そこまでの準備と覚悟をもって書き込んでいるようには、思えないのだが。IPアドレス確定の出費が無駄にならないことを祈りつつ、東京の弁護士事務所への送金手続きを済ませた。

2ちゃんねるの書き込みは、相変わらずダラダラとほぼ毎日続いているようだった。ほとんどが事件と関係ない私への罵詈雑言になっていたのだが、〈和解金が高すぎる。本当にケチだ〉などと書いてるよ、とRから連絡があった。

同時にLINEにも、

なぜ電話で謝罪したら許すと言って被害届を出したのか? その真相が知りたい。その答えが返ってくれれば、書き込みはなくなるだろうね

と書いてきた。どういう心理構造なのだろうか。罵詈雑言に飽きたのか。あれだけ下劣なこ

とを書いておいて、なぜ今更交渉できると思っているだろう。ともあれ、Aの記憶の中では、謝罪したら許すと私が言った（実際にAに告げたのはBさんだが）ことになってしまったようだ。許すと言ったわけでもないのに、記憶を自分の都合のよいように捻じ曲げている。

こういう微妙な話は、電話で言ってはいけないし、しかも伝言を頼むのはもっての外だったとつくづく思い知る。記録に残っていないかぎり、証明できない。私はあのときAに何も言うべきではなかった。けれども恐怖で混乱していた。恐怖は、さまざまな判断を狂わせ、間違った対応を引き寄せ、問題をさらにこじらせる。今回のことで思い知った。

これから私の言い分をAに伝えるならば、入り組んだ事情が分かるように、時系列もなにもかも細かく、Aが反論する余地がないくらい正確に、書かねばならない。それだけが、唯一Aの思い込みを論破できる手段のはず。一言ＬＩＮＥで言いかえしたところで、自分の思い込みで言い返してくるに決まっている。言い合いになったら何も進まないし、そもそも意見を交わしたくもない。

手紙ならば、反射的な反論の余地なく、私の言い分を全て言い切ることができる。だからこそ、Aが私への嫌がらせの根拠としている、私への不満や疑念の全てについて、完璧に、抜けを作らず解明して、私を憎む根拠がないことを証明できる。さらに私がAに抱いてきた不満と、そして嫌がらせに対する怒りの全てを叩きつける。

そして、徹底的に対処することを、宣言する。宣戦布告だ。

案の定、Aへの手紙はとんでもない枚数に膨れ上がり、書いても書いても終わりが見えない。

しかしこの高飛車でむかつくＬＩＮＥの中にひとつ吉報があるとすれば、2ちゃんねるの書

き込みがＡの意思を反映したものだと自ら宣言していることだろうか。ひとつ証拠が増えたと思えば、怒りも収まる。

それから一週間ほど空いて、またＬＩＮＥにメッセージが入った。

Taka から速攻で返事来た

は？　宛先を間違えたのか。意味が分からない。しばらくして、

ヤリチンとがんばれよ
クリスマスや正月に必死だな www

と入った。ますますよく分からない。その後も「新しいＩＤに登録したらすぐに Taka からメッセージが来た」だとか、「嘘だと思うなら新しいＩＤで登録したら分かる」だとか、よく分からないメッセージが続く。意味はさっぱり分からないながら、これはおそらくヤフーパートナーのことを言っているのではないか。Ｒに電話してみると、2ちゃんねるの方にも Taka なる人物だかアカウントだかについての書き込みが出てきたという。

「よく分からないけど、Ａが『Taka』って別アカウントをとって、内澤さんの別アカだと思い込んでる〇〇さんに近づいてるんじゃないの？」

げえええええ。何それ、怖すぎるんですけど。

「なんだかもう、会う約束もしてるっぽいんだけど……」

最悪。

これがAの精神状態が荒んだ結果の妄想だったらどんなに安心だろうか。しかし○○○さんのアカウントは、ヤフーパートナーに実在する。もし何かあったらどうしよう。Rにログインしてもらって○○○さんに事情を話す？　十中八九信じてもらえない。こっちが通報されかねない。たとえ何かあったとしても、私に責任が及ぶわけではない。けれど、知っておきながら黙っているのも気分が悪い。万が一襲われたりしたらと思うと、居ても立っても居られない。一応警察に「報告」しようと、生活安全課に2ちゃんねるの書き込みとＬＩＮＥメッセージを印字して持って行った。

21　長い手紙

ですから、この○○○さんという人は、香川県下の女性で、Aが私の別アカウントだと思い込んでいて、さらにAがまた別のアカウントをとってヤフーパートナーの中で○○○さんとメッセージのやりとりをして、実際に会う約束をしたみたいなんです。

……ああ、喋ってる自分自身が、妄想で半分イカれちゃってる人みたいだよ、これじゃ。

Aがヤフーパートナーで誰と会おうと本当にどうでもいいのだ。けれども、相手を私だと思い込んで会いに行くとなると、放置できないではないか。

「はあ……」

生活安全課のGさんの反応は、薄いなどというものではなかった。ドン引きされた。そりゃそうだよな。冷静に話してみると、すごくアホみたいだ。いよいよ内澤も被害妄想で正気ではなくなったと思われたのかもしれない。

いや、雲をつかむような話で、だから何かしてくれということではないんです。はい。それは分かっています。ちゃんと分かってます。ただ、万が一その女性とAとの間で事件になるようなことがあった場合、私が事情を知っていたのに黙っていたと、あとで非難されるのも非常に困るので、とりあえず、こんなことになってますと、一応ご報告だけはしておこうと思った次第なんです。はい。

この相談案件が、小豆警察署生活安全課の記録に残ったのかどうかは、知らない。いやたぶん残ったとは思うけれど。今思い出してもなんとも恥ずかしい。

もし2ちゃんねるの書き込みのIPアドレスの確定ができず、警察が手を引くことになったら。嫌がらせを続けるAに対して私はどんな対抗策をとることができるのか。一応合法の範囲内で。

引き受けてくださる弁護士がいなくても、示談違約金の請求権は、私にある。それは先日の弁護士との面談で確認している。これをそのまま寝かせる気はない。代理人が立てられないな

らば、直接請求をかけるしかあるまい。どこまで相手にダメージを与えることができるのか、まるで未知数だが、内容証明郵便で、示談のこれこれの条項に違反したので、違約金を請求しますと書けばいいのだろう。ちょっと検索をすると、内容証明の書き方、文例を用途別に沢山載せているサイトを見つけた。これらを参考にすればなんとかなるだろう。Aの実家に送れば届くことは、以前に出したハガキで証明されている。

しかし内容証明を出すのは、宣戦布告状を送付してからのことだ。今はとにかく手紙を完成させなければならない。仕事の合間にパソコンに打ち込んでいる手紙は、原稿用紙で五十枚近くになっていた。

「うわー、月刊誌の原稿一本分くらいになるんじゃないんですか？　それちょっと読んでみたいなあ。おもしろそう」

事情を話している編集者に言われた。たとえお世辞であろうと下世話な興味であろうと、読んでみたい、面白そうというその言葉が、どれほど嬉しくありがたく心に響いたか。それくらい私は孤独だった。自分の被害を、数々の悔しい仕打ちを、誰にも分かってもらえない。いいや、分かってもらえなくても構わない。読んでみたいという言葉を大事に胸に抱いて、今はただ一人で闘うための準備をするのだ。

自分の名前で内容証明を出して示談違約金を請求するとして、その次は？　どんな手が打てるのだろう。不安で仕方がないので、次の手、またその次の手を考え続ける。

Aの書き込みを、嫌がらせを止めさせられる人間は誰か。

親を探し出すことは、交際時に聞いていた情報から住居・職場を含めて容易ではあるが、示

談を締結するときに連帯保証人を断った人間である。関わり合いになりたくないと追い払われる可能性も高そうだ。また、親に会いに行くということは、Aと会う可能性がある。それは考えるだけで怖い。

これまでAが私に寄越した手紙とＬＩＮＥやメッセンジャーの文言から考えるとすると、候補にあがるのは、生活保護受給窓口のケースワーカーと、生活保護申請時に出したと思われる鬱病の診断書を書いた心療内科医だろう。あくまでもAの言っていることが正しければの話だが。

生活費と鬱病の治療薬の供給元は、現在のAの命綱であるはずだ。それを断つ権利はもちろん私にはない。けれども、私はAの卑劣な書き込みで、明らかに仕事に支障をきたしているし、名誉は著しく傷つけられている。

示談を破って悪質な嫌がらせをしている人間がいて、違約金の請求にも応じずに嫌がらせを止めないことを資料にまとめ、ケースワーカーに訴えることはできないだろうか。不起訴を通知する高松地検からの書状には、Aの本名が記載されているのだから、書き込みや私のメッセンジャーやＬＩＮＥに嫌がらせの文言を大量に寄せてきた相手がAであることを第三者に証明することは可能であろう。

誰が生活保護を受けているかは、個人情報に当たるだろうから、クレーマー扱いされるだろうか。けれども、非合法とは言えないだろう。なにしろ、アルバイトや副収入の申告をしないで生活保護を不正受給していることが発覚するのは、ほとんどが第三者からの密告によると聞く。つまり、第三者の垂れ込みに対して、自治体は耳を貸しているということになる。不正受

給の場合に限るのかもしれないけれど、私には違約金の請求権があるのだから、言ってみてもいいのではないだろうか。それがダメなら市長か県知事に手紙を書くとか。

それと心療内科医。患者が延々と他人に憎しみを募らせて害を及ぼす行為を続けていることを、本当に何も気づいていないのだろうか。ほとんど正気とは思えないような書き込みすらある。こちらとしては、こんな迷妄じみた、正気とは言えないことまで書き込んでいるんですが放置するんですか、と問いたい。カウンセリングをしていたら気づいてもいいように思うのだが。

逮捕時に弁護士を通じて渡してきた、弁解がましい手紙によれば、随分沢山の薬を処方されているようだった。カウンセリングをほとんどせずに大量の薬を処方する精神科医がいるという話はよく聞く。一体どんな治療をしているのか、鬱病患者を装って確かめたい気もするが、待合室でAと鉢合わせたらと思うと、やはり怖くて近づけない。逮捕時に通っていたクリニックに今もかかっているのかどうかの確証はないけど、無職とはいえ四十代の身体的には健康な、しかも親と同居している男が、弁護士の同行もなく（これもM弁護士の主張が本当だとしての話だが）、近年とみに厳しくなっていると聞く生活保護の受給申請を突破することができるとしたら、常識的に考えて、鬱病の診断書があってのことだろう。となると、時期的に考えても、当時通っていたクリニックで診断書をとった可能性が高い。

生活保護を受給していれば医療費、つまりAが手紙で心配していた高額な薬代も、タダになる。おそらく自動車の所有は難しいし、症状によっては免許取り消しになる可能性もあるから、車を使わなくてすむ、クリニックの近辺、すくなくとも同じ市町村に住んでいる可能性が高い。

まるで私がAのストーカーのようになっていて、実にうんざりする。けれどもAと闘うと腹を決めた以上、Aがどんな状態にあるのか、分かる範囲で調べ、推測するところからしか、対処方法を見つけることはできない。生活保護も鬱病についても、それまで特別に興味もなく、詳しくもなかったけれど、暇さえあればネットで調べまくった。

公的に対処する手段として刑事告訴以外にもうひとつ、措置入院という方法がある。そう教えてくださったのは、味方となってくれる弁護士を探し続けるようアドバイスしてくれた、フクザワさんだ。異常な内容の書き込みが止まず、ダラダラと続いているのをたまにチェックしてくださっているようで、メールが来た。

措置入院とは、精神障害者が、その病状によって入院させなければ自傷・他害の恐れがある場合で、自ら医療に頼ることが困難な場合に、自治体の権限で精神科病院に強制入院させる制度だ。

措置入院をお願いする場合もまずは警察に相談することとなるのだろうか。一般人が保健所に直接申請することもできなくはないようだ。とはいえ、実現には二人の精神保健指定医の鑑定が必要になる。そのうえで都道府県知事が決定を下す。

脅迫事件で逮捕されたときに、警察は、Aが当時通っていた心療内科医から、鬱病と脅迫行為に関連性はないという所見をもらってきている。Aには刑事責任能力があるという証明だ。刑事責任能力が無いとみなされるのは、私としては大変不本意だ。責任を追及したいのだから。

けれどもその一方で、何もする気がなくなるはずの鬱病患者が、ここまで嫌がらせをねちねち続けることに、どうにも腑に落ちないものを感じるのだ。向精神薬の過剰投与でアッパーに

なっているからなのではないか。あくまでも推測の話であるけれど、考えずにはいられない。もしそうだったとしたら、Aの現状を知らぬまま、薬を投与することは、とても治療とは呼べないのではないか。毎日毎日酷い侮辱の文言を公に書き重ねられて、耐えがたい苦痛を強いられている私としては、服用する薬によって書き込みが止む可能性をも、考えたくなるのだ。

ともあれ、あの「関係ありません」という所見がある限りは、新たな症状が見られない以上は、措置入院はハードルが高いのではないか。相当薄気味の悪いことを2ちゃんねるに書いて明らかに「他害行為」をしているけれども、家に来てドアを叩くとか、電話を鳴らし続けるなどの直接的なアプローチがあるわけでもないしなあ。

Aの発言がどんどんわけの分からないものになってきたら、措置入院をひとつの手段として、通報をすることも、視野に入れよう。しかしそれよりAが通っていると思われるクリニックの担当医宛に手紙を出してみたらどうか。これもまた頭のおかしなクレーマー扱いされる可能性があるけれど。しかし一度は警察が聴取に行っているのだ。担当医師はAが脅迫事件を起こしたことは、知っているのだ。

生活保護の担当部署や、心療内科の医師に、Aから受けている嫌がらせを止めるため、対処してもらうための手紙を書くことを考えると、気が重い。Aに宛てる手紙の数十倍も神経を使うだろう。事件については客観性を保ちつつ詳細に記し、私がそれでどれだけの侮辱を受け苦しんでいるのかを、知っていただく。そのうえで警察が逮捕を試みたけれど証拠不十分でできなかったことを記し、彼らに、本来の業務外かもしれない、もしくは前例の大変少ない対応を、たとえば第三者からの申し出で示談違約金支払いに生活保護費の一部を回すだとか、治療薬を

変えるといったことをお願いし、実行する気にさせることができるだろうか。すさまじい文章力を要する仕事だ。

それでも、私はこのAによる卑劣な書き込みを止めさせたいし、書き込みをしたAと徹底的に闘うと決めたのだ。警察から見捨てられ、ついてくださる弁護士も見つからないのならば、Aの生活費と治療薬の供給源に直接働きかけるしか、今のところ突破口を考えつけない。

こちとら文章に関しては、プロなのだ。ジムで付け焼刃で身に着けているパンチやキック力を一としたら（それでもないよりはマシと信じて打ち込んでいるし、イメージトレーニングも欠かさない）、私の文章力は、十万ポイントくらいにはなるはず。よく考えなくても、ペンは最大最強（凶？）の武器なのだ。

意地でも各所担当者とその上司の心を猛烈に揺さぶり動かす、ただのクレームに思われない名文を、絞り出すしかあるまい。……はあ、Aへの手紙だけで消耗しているというのに。各所に手紙を書いていたら、もう新書一冊くらいの原稿を書き上げるようなものではないか。ああ、どうか、どうかIPアドレスがAのものと確定できて、逮捕に向けて警察が動いてくれますように。それが一番確実にして的確で、私自身が楽な対処方法なのだ。

ようやくAへの手紙を書き終えた。随分長くなっちまった。ちょっと読んでみてくれないかなあ、とRに添付ファイルで送信した。

「読むのに時間かかったー!!　内澤さん、長すぎるよ、これ。あいつ、こんな長い文章読めないんじゃないの？」

そうかなあ。でもさあ、元はと言えば私が別れたいという意志をはっきり見せないままに、急にやっぱりもう無理、絶対無理！　と弾けたことでストーカー化したんだと思うんだよね。

「まあねえ。手紙の中でもその点は反省してるって書いてるね」

そう。反省はしている。だからこそ、どのような過程を経てAのことが嫌になって別れたくなっていったのかは、細かく書くべきなんだろうと思ったんですよ。もちろん反省しているからって、その後のAが私に対してしている卑劣な行為が正当化されるとは皆目思ってないから、絶対に許さないって表明してますけど。あとそれからAが書いた手紙に、嫌がらせ行為に対しての謝罪がまったく記されていないことに深く失望したとか、その手紙を示談成立後にしか見られなかったとか、謝罪がないことを知って不起訴にしたことを後悔しているとか、そういうわけですが。

「Aに伝えるべきこと」を全部網羅して書き出してみたら、長大になってしまったというわけです。

「それは分かるけど、とりあえず逮捕のいきさつを知りたがってるんでしょ？　Aは」

はい。この頃またLINEにねちねち入ってきてますね、これが。

「だったら梗概《こうがい》を最初につけてやれば」

だははは。文学賞の応募作かよ!!　いや、しかしあったほうがいいかもしれないね。急いで書いてみますよ。ありがとう。

LINEでは、例のTakaとかいう男性のアカウント名（Aの別アカ？）と○○さんとのやりとりについての、ほぼわけの分からない、意味不明のことを2ちゃんねると連動して送り

つけてくる状態が続いた後、急にまた電話で謝罪したのになぜ逮捕したのだという繰り言恨み言がはじまっていた。ヤフーパートナーの中で会う約束を取り付けて、実際に会いに行って、○○○さんが別人と分かったのだろうか。実際に何が起きたのかは分からない。

全て終わりにしたいので、真相を教えてください

さっさと返事くれよ。それで終わり

などと書いてきた。終わりだと？　ふざけんな。あれだけのことを書き散らして終わりにするなどとよくぬけぬけと言えたものだ。返事をしないでいると、

自分がしたことがせこいから連絡できないんだろう

しかとするならBさんの家に真相を聞きに行くよ

と書いてきた。またただ。結局こいつは島に来たいんじゃないのか。何なんだろう。しかし島に来られるのだけは怖いので、何としても避けたい。最初の脅迫のときも、私のところにではなく、Bさんに会いに行こうとしていたと主張していた。当時のAは、Bさんと一度も会ったことすらないのに、警察に身柄確保されたあとにBさんと話をしたいと強く言い張ったのだ。

そもそもあのときに突っぱねれば良かった。高齢のBさんに甘えて、面会してもらって、結果として彼女を事件に巻き込んでしまったことを、全身全霊で悔いた。

22　初めての謝罪

Bさんから電話がかかってきた。

「なんかさ、留守電に見慣れない番号からかかってきてるんだけど。三回くらい」

Aの携帯番号を告げると、

「あー、やっぱりそれだ。どうする？　話してみようか？」

本当にごめんなさい。出ないでください。Aは電話で警察に謝罪したのに逮捕されたことに執着して、こっちにもしつこくLINEが来てます。だんだん不安定になってきてるみたい。

私が警察に相談に行ってから、Aの身柄確保と逮捕に至るまでのいきさつについて、時系列も細かく併記した手紙を書き上げて、今まさに送るところなんです。これを読んだあとでも態度を改めないようだったら、一緒に警察に行きましょう。もう少しだけ、たぶん三、四日くらいかかるかもしれないけど、その間、電話を無視していてもらえますか。ただしあんまり鳴って耐えられないようなら、手紙の反応を待たずに着信拒否にするか、警察に相談しましょう。

「分かった」

仕方がない。ずっと無視しつづけてきたが、Bさんに電話をするようになっては黙ってはいられない。ＬＩＮＥを開き、返事を打った。

手紙を本日出します。
それから私にＳＮＳを使うなどして連絡してくることと、島に来ることは、示談違反です。前者に関してはすでに違反していますので、対処します。

刷りだした手紙の上に梗概をつけて、ファイルケースに入れて、宅配便の営業所に車を走らせた。メール便を午前中に出せば、香川県下には翌日に着くはずだ。私の知る住所に居住していないから、本人が手にするにはその家に住むＡの家族が転送する必要があり、数日を要するだろう。数時間後にＡから返事が来た。

内容証明なら受け取り拒否
ＬＩＮＥで真実を伝えてください

拒否します。

なら島に行きます。あなたには近寄らない

こういう不愉快かつ病的な嫌がらせを即返ししてきて話が進まないから、ＬＩＮＥでのやりとりは嫌なのだ。言いたいことがぶつ切りにされる。不毛だ。こんなスマホの短文で「真実」？笑わせるな。一言か二言の短文で、出来事の表裏や事情の一切が分かると思っているのだろうか。気分がものすごく悪くなってくる。返事なんかしたくない。それでも、この卑劣漢がなるべくＢさんに電話をかけないようにするためにも、逮捕について書いた手紙を出したことだけは、伝えなければならない。けれどもＡにやりとりの主導権はできるだけ渡さないように。Ａの質問に何でも答えてしまうと、まるでやりとりをしていいかのように勘違いさせてしまう気がする。示談違反をしていることは、伝えていかないと。

島に行く事は示談違反です。
すでに手紙は出しました。内容証明ではありません。

何の手紙ですか？

逮捕についての手紙です。示談違反についても改めて出します。

電話して謝罪して逮捕の件？

手紙を読んで下さい。これ以上ＬＩＮＥでのやりとりはしません。あなたからの連絡は示談違反です。

なら受け取り拒否
なら島に行きます。あなたには近寄らない

また始まった。「なら」とはなんだ、「なら」とは。何に呼応しているのか。「逮捕について」というだけでは、自分の知りたいことが書いてあるとは限らないと思ったのだろう。しかし内容を親切に説明することまでは、したくない。被害者は私なのだ。示談違反とだけ書いて、やりとりを止めた。そう、示談をよく読むと私からの連絡は、示談違反にはならないように書かれている。Ａから私への連絡だけが違反なのである。

以降Ａは、違反でも構いません、生活保護なのでお金がないですなどとずらずら書き始めた。これまでと比べてメッセージの量が爆発的に増えた。刺激を与えたことになったのだろう。しかしＡが直接Ｂさんに電話をかけるよりは、断然マシだ。手紙が届くまで書かせて鬱屈を吐き出させるしかない。当然ながら返事を書くつもりはない。あああ。これがＥメールだったら、ストーカー規制法で逮捕してもらえるのに（まだ改正前）。メールにくれって書きたいけれど、そうすると連絡していいという意味になってしまうしなあ。

不快極まりないメッセージを読んでいくと、

気持ち悪いとか書いた手紙は読みたくないです。気持ち悪いとか書かれたら許せません

とある。ああ、あのハガキか。そして私にも「嫌がらせのハガキを書いて出してやる。ハガキは郵便局の人が見るから同じようにしてやる」と続いている。なるほど。あのハガキ、私が想定したダメージはちゃんと伝わったというか、受けていたのだな。ふん。

しかしAはその千倍くらい気持ち悪いことを掲示板に書き込んでいるのだが、そこには何にも思い至らないらしい。むしろ私が何も傷ついていないとすら思っている節がある。他者共感性がまるごと欠落している。自分の受けた痛手にだけ敏感で、他人の痛手にまったく無関心。交際しているときから多少そういう傾向があったのだが、怒りのスイッチが入ったことで過剰暴走しているような感じだ。私がこうして返事をしただけで、一斗缶の灯油をぶち込んだようにゴウゴウ燃え始めた。

怒りの根源になっていて、Aが受け入れられないでいる、私からの仕打ち＝突然の別れと、謝罪したのに逮捕されたという事実。そして、私がいかにAからのメッセージや書き込みで恐ろしい思いをし、侮辱されたか。これらを丁寧に説明した手紙を読んだとき、Aの精神はどう転ぶのか。私の言う事を理解するのか、それとも嘘だと決めつけてはねつけるのか。嘘だと思うなら警察に行って確かめろと言いたい。もしAが手紙を読んで、私が嘘の言いわけをしていると思い込んだなら、灯油一斗缶ではすまない、石油コンビナート一つ分くらいの、莫大な怒りエネルギーを投下することになるのだろうか。しかし嘘とはねつけるくらいなら、真実を教えてくれと何度も言ってくることもないようにも思う。どちらなのだろう。分からない。賭け

だ。

手紙はなかなかAのもとに届かないようだった。メール便にしたのがいけなかったのだろうか。送付先に住む家族が、転送の手間を惜しんでいるのか、それとも旅行にでているのか。

一週間経過し、Aもだんだんしびれを切らしたのか、またヤフーパートナーを開いて妄想を膨らませているようで、例の別人アカウントの〇〇〇さんの名前を挙げ、朝からずっとログインしていてまた男漁りしているのか、などと言ってきた。うんざりだ、この糞野郎は！

明日になっても届かないようなら速達郵便での再送を考えていたら、突然これで最後にしますというメッセージが待ち受け画面に浮かんだ。長いようで表示が途中で切れている。LINEを開くと、

これで最後にします。これまで本当にご迷惑をおかけしまして申し訳ありませんでした。Bさんから連絡があったのは本当です。警察の課長にも電話しました。手紙の件は弁護士に指示されたものです。確認してもらってもいいです。

手紙の件とは、Aが逮捕されたときに弁護士から言われて自分の前科前歴を私に対して記した手紙のことだろう。示談成立後に弁護士から渡されて読んだところ、嫌がらせや脅迫に対する謝罪の言葉が何もなかった。そのことに大いに失望し、示談に応じ不起訴をお願いしたことを後悔していると手紙で表明したことへの、反応だろう。メッセージは続く。

当然手紙の内容から許して貰えるとは思ってないです。示談違反の件は弁護士を通して話し、自分からは連絡しません。これからは一切自分からは何もしません。本当です。すみませんでした。

身体の力が抜けた。通じた……。とりあえずは、通じたのだ。別れ話を始めて以来、ようやく、私の言い分が通じた。Aがやっと、自分の非を認めて、謝罪の意を示した。化け物のように制御不能かと思われたAが、反省している。私の脳内は、映画『シン・ゴジラ』で、ミサイルを撃ち込んでも平然と街を壊し続けるゴジラが、最後に血液凝固剤を注入されて、見事凍結していくシーンそのもの。安堵。そして賭けに勝ったという満足感。

長かった。倒れ込みそうになるのを堪えて、Bさんに電話で知らせ、Rにもメールを打った。今までずっと、バーチャルでも現実でも常にAからの攻撃を覚悟し、備え、構え、暮らしていたことに、改めて気づく。身体がふわあっと軽くなる。いや、まだまだ油断できない。油断は禁物だ。とはいえ、私が放った砲撃は、Aの怒りの劫火《ごうか》を沈静化させたのだ。

やっっ、たあああああ。

ふと、もうこのまま謝ってきたAを許し、何事もなかったように水に流してしまいたい誘惑にかられる。正直に言えばもうクタクタなのだ。いやしかし、あの2ちゃんねるの書き込みはどうなる。削除もされないまま、残るんだぞ。

それともう一点。Aへの手紙でも噛んで含めるように説明したことがある。脅迫行為を反省していることを警察にも伝えるように言ったのは事実だ。ただし私は警察との約束で被害届の

取り下げはできない状態にあったし、逮捕するかどうかの決定権は警察にあった。反省の意志があることを伝えておいたほうが良いと思って、おせっかいを言ってしまっただけのことだ。当時は逮捕という最悪の事態が避けられれば、とすら思っていた。悪気はまったくない。むしろAのことを考えてのことだった。

Aは、私に悪気があったわけではなく、しかも私がAの処分が少しでも軽くなることを考えて言ったことだと知って、私への嫌がらせ行為を反省しているようだ。しかし、仮に私が悪意をもってAに恥をかかせた？（本人はそのように主張しているが、警察署に電話をかけて反省の意志を伝えることがなぜ恥なのか、正直なところまったく理解できない）としても、2ちゃんねるにスレッドを立てて、私のことをぼろくそに侮辱してもいいものなのか。逮捕のいきさつや示談への不満について、たとえそれが自分に都合よいところだけ書いて事実を捻じ曲げたものであっても、2ちゃんねるに書き込むだけならば示談違反ではあるが、刑法には触れない。けれどもその後つづけてAが書き込んだくだらない性的な侮辱的文言は、何なのだ。明らかな違法行為だ。私に不当に傷つけられたのならば、法を犯してまでも、私をズタズタに傷つけてもいいと、Aはいまだに思っているということになる。明らかにおかしい。間違っている。遵法精神の無い男を、ここで許して終わらせては、ダメだ。

同日、東京の藤吉先生からメールが届いた。IPアドレスが判明したという。え、もう？想像していたよりもずっとスムーズだった。ありがたい。添付ファイルを開けると、わけの分からない数字が羅列してある。さっぱり分からんが、このIPアドレスを入力すると、プロバ

イダが表示されるサイトが存在する。これは誰でも利用が可能で、私でも確認できる。

検索すると、書き込みのうち九件のプロバイダは、四国大手のP社だった。ちなみに残りの一件は例の「内澤をなめてると殺されるぞ」なのだが、それは四国以外の場所だった。疑っていた東京でもなかった。ふーん。とりあえず知り合いではなかったようだ。

ともあれ、Torは使っていなかった!! いいぞ! ヒュー、ヒュー。IPアドレスが書いてある添付ファイルを印字して、小豆警察署刑事課に持ち込んだ。刑事課のYさんには、以前にAにあてて手紙を書くことは伝えてあり、それを読んだAから謝罪のLINEが来たこと、そして2ちゃんねるの書き込みが一応停止したことを、伝えた。

これで一気に逮捕、となるのだろうか。よく分からない。YさんからはIPアドレスの開示請求を出してくださった東京の法律事務所の連絡先を聞かれた。問い合わせて間違いないか確認するのだろう。

さあ、こちらも休んではいられない。内容証明を作ってAに送り付けなければならない。示談書と、それから内容証明文章例サイトと首っ引きで、Aが示談に違反したことを告知する文章と示談違約金の請求書を作成した。まあ、こんなもんだろう。文章自体は、一時間程度でなんとかなった。問題は、どう出すか、なのだ。

通常、内容証明郵便は、郵便局に出向いて受け付けてもらう。どこの局でも良いというものではないらしい。仮に小豆島の中の郵便局で可能だとしても、手続きをしているのをだれかに見られるかもと思うと少し憂鬱だ。内容証明とは、いつ、いかなる内容の文書が誰から誰あてに差し出されたかということを、差出人が作成した文書の謄本によって日本郵便が証明するも

のなのだ。つまり、立ち会った局員が文書と謄本に確認のために目を通すということだ。個人情報度、高いものなんだけど。局員を信用していないというわけではないが、狭い島内、どこからそんな話が……とギョッとするような噂が伝わってくるときがある。ここはやはり高松中央郵便局に行くのが一番気楽で間違いがないと思う。が、フェリーで往復二時間かかるのである。それで何か忘れ物や間違いがあって受け付けられないとなったら目も当てられない。半日パーだ。

しかし世の中は確実に技術革新しているようで、日本郵便のホームページを読んでいたら、e内容証明（電子内容証明サービス）なるものがあると書いてある。知らなかった。これならば二十四時間受付。しかも受け付けるのは自宅のパソコン越しのサーバー。謄本を受け取り保管する誰かの顔を見なくて済む。もちろん係の人には守秘義務があるのは了解しているのだが、高松だろうと東京だろうと、対面しないで済むのならそれに越したことはない。被害を受けた人間が同情的に見られるとは限らないのだから。

決済はクレジットカード登録で可能とのこと。当然のことながら、相手に届くときにはメールでなく、紙だ。印字封入した内容証明郵便物として発送してくれるらしい。これまでの内容証明と同じ効力を持つ郵便物として届けられるということだ。ありがたい。これに決定。

次の問題は、差出人住所だ。これがあるから弁護士を代理人に立てたいのだが、それをぶつくさ言ってももう始まらない。今の私の住所を相手に知らせることは論外。島内の知り合いの住所を借りるのも絶対に無理。しかたがないので、献本の送付先や講演依頼の窓口になっていただいている、本の雑誌社の担当編集のスギエさんに電話した。ストーカーの件は以前に少し

話している。人知れず引越した時点で、いつまた引越しするかも分からないし、各版元に引越し案内も出せないので、ブログに送本献本は本の雑誌社経由でと書いておいてある。

「うちは大丈夫ですよ。はい。使ってください。それより内澤さん、気を付けてくださいね……」

やや、すみません。本当にありがとうございます。それじゃ遠慮なく。

だがここからが地獄だった。そもそもこちらがテキストをアップロードして、郵便局が印字してくださると書いてある時点で、煩雑さに気づかない自分が阿呆だった。

行替え記号などなど、文字化けトラップの宝庫をどうクリアするのか。指定の書式をダウンロードするにとどまらず、書類作成ソフトであるマイクロソフトのワードのバージョンまで指定してきた。一ページの行間、行数、文字数、文字の大きさから書体、縦横余白、全て、指定通りに作成しなければならない。一つでも、たとえば日本語の書体が合っていてもアルファベットの書体が違っていれば、アウト。数字の全角半角もどっちだったか忘れたが指定通りにしなければ、アウト。という具合で、はねられっぱなし。アップロードができないのだ。

23 加害者心理

内容証明郵便の作成・送付手続きをようやく終えた。本気になってやれば誰でもできるが、

時間がかかるし面倒で難しい。だから多くの人が代理人に頼むのだと、改めて知った。

Ａからはその後何度か「これで本当に最後の連絡にします」と言いながらの謝罪ＬＩＮＥが来た。手紙を何度も読み返し、私の言う事はすべて正しく、反省しているという。

この手のひら返しの精神状態、「正気に戻った」と判断していいものか。非常に微妙なところだ。また、弁護士に2ちゃんねるの削除を依頼したとも書いてきた。証拠を消したいという気持ちもあるのだろうか。ネット上に一度書き込んだものを、完全に消すことがどれほど大変なことか。その後も書き込みが消えた気配はないようだった。

今この時点で逮捕してくれたら、ちょうどいいのだが。警察がＡの精神状態を考えて逮捕してくださるわけがないのは百も承知で、思う。今逮捕されるのならば、今後の逆恨みの可能性は少ないような気がするのだ。

Ａに送った手紙には、私を侮辱し名誉を毀損したことは絶対に許さない、〝取れる限りの手段で〟これから対処する、とは書いたものの、刑事告訴を進めていることは、一言も書かなかった。捜査や逮捕の邪魔になることをしてはいけないと思ったからだ。

内容証明で送り付けた示談違約金請求書を受け取った後、Ａはどう対処するのか。ＬＩＮＥでは「弁護士を通して」などと書いてきたので、以前にＬＩＮＥで表明していたように受け取り拒否をする予定は、なくなったということだ。いや、そもそも私が送る住所にはＡは居住していない。本人以外の人間が受け取り拒否できるのかも疑問なのだが。

「弁護士を通して」と言うからには、謝罪しながらも、生活保護を受けているから支払い義務はないと居直る可能性も、あるのかもしれない。おそらく低所得者のための無料法律相談、法

テラスに相談をするのだろう。ついた弁護士次第、なのだろうか。示談違約金を請求するのに私にはだれも協力してくれないのに、Aには無料で相談にのってくれる弁護士がいるのだと思うと、イラッとするけれども、まあそれでも弁護士がつくからには、法律の範囲内での、常識的な交渉となるのであるから、野放しで何をするのか分からない無法状態よりは、マシと考えるしかない。

一番心配なのは、拒否を含めた支払いの対応を決めていくあいだに、Aがまた独りよがりな判断で、示談違約金の支払い交渉をしているのだから、逮捕はされないと、思い込んでしまうのではないかということだ。そんな事情とは無関係に逮捕されたときに、また逆恨みを暴発させるのではないか。今度は絶対、不起訴ではなく起訴をお願いするつもりでいるから、裁判になったら実刑判決が出る可能性もある。とはいえ罪状からして十年単位の懲役刑が下ることはまずないだろう。一年くらい服役して、その後また復讐に来るのではないだろうか。

かといってあらかじめ刑事告訴するぞと予告したら、逃げ出したり証拠隠滅を図ったりするかもしれないし。Aの怒りに対して、私が書いた手紙の効果はどこまで期待できるのだろう。反省している状態が、ずっと続けば本当にいいのだが。警察からの連絡はまだない。本当に逮捕してもらえるのだろうか。

住所を借りている本の雑誌社に、Aからの手紙が特定記録郵便で届いたという。転送していただく。レポート用紙に手書きで書かれている内容は、現在資力がないということ。両親が病気がちで頼れる人がいないことから、一括での支払いができないこと。それでも示談違反をしてしまったので、生活保護費の中から毎月一万円ならば捻出して入金させていただきたいこと。

病気が完治して働けるようになれば増額して支払いたい旨が書いてあった。ようやく手紙の文頭に「この度は大変ご迷惑をお掛けして深くお詫び致します」という文言が入った。やっと、やっと常識的なやりとりになったか。支払えないという内容は、予想はしていた。一応示談違反をしたことについては認めているし。まずまずと言ったところか。

もちろんこのままAの主張を受け入れるつもりはない。生活保護受給者であることを証明する公的な書類の写しを送付することを請求する手紙を書いた。自己申告だけでは詐称の疑いを否定できない。書類がないのならば、こちらで事実確認を行うため福祉事務所の連絡先とケースワーカーの氏名を教えるようにと書いた。受給妨害等、Aの生存権を故意に侵すことはしないとも書き添えた。

その後は、分割弁済に関する契約書を作らねばならない。送金遅延や停止の場合にどうするのか。また、Aが示談に違反して脅迫事件について2ちゃんねるに書いたことで、事件が公になってしまっていることを踏まえ、示談の締結し直しも、したい。Aは受け入れるだろうか。

……面倒くさい。というか、自分でやりながら、Aとこのような交渉を持つこと自体が、ものすごく厭《いと》わしい。いくら正気に戻ってきたとはいえ、AはAなのである。縁を断ち切りたい人間なのだ。やりとりをすること自体が、不快でたまらない。

手紙を送付すると、すぐに写真が送られてきた。昔の健康保険証のような体裁の紙の一部を撮影したものだ。一番上に「次の者は、生活保護法による保護を受けていることを証明します」と書いてあり、枠の中にAの名前と性別、生年月日が記され、社会保険／無、となってい

た。自治体名が印字してあると思われる個所が、グレーの四角で覆われていた。居住している自治体は知らせたくないということなのだろうか。封書の差出人欄には、最初に来た封書も含め、実家の住所が書かれている。

私に対して、警戒している様子が窺える。怖がっているのだろうか。あれだけのことをしておいて？　自分の身は守りたいって？　イラッとするなあ。

ともあれ。やっとすこしだけ、気持ちにゆとりができたため、アマゾンでストーカーに関する本を検索してみた。事件が起きてからずっと、寝ても覚めても常に追われ続け、罵倒され続けている精神状態が続いていて、集中して本を読むという行為ができなくなっていた。私の職業では、十カ月も本をまともに読めない状態にさせられたということは、深刻な業務妨害だ。献本や送本も、ほとんど開けられなかった。申し訳ない。それだけではない。事件以降、ゲラ＝自分の書いた原稿を読むことも苦痛になってしまった。原稿に集中しようとすると、頭の中で罵倒の言葉が響きわたるという状態だ。どうしてくれる。

ストーカーについても、調べたいという気持ちはあっても本を手にとることができずに、スマホでダラダラとストーカー対策について書かれたサイトなどを漁っているだけだった。そしてまともな情報に辿り着くことも、無かった。

和書検索をかけてみて、心底驚いた。ニュースになることも多く、世間の関心も高い犯罪だと思っていたのに、ストーカーに関する本が異様に少ないのだ。フィクションなどを除き、手ごたえのありそうな本が十冊にも満たない。え？　ストーカー被害って、感覚としては五十歳までにがんに罹患するのと同じくらいの確率で蒙るものなんじゃないかと思うのだが。

たとえば、単行本で「がん」と検索ワードに入れれば、およそ三万冊がヒットするが、「ストーカー」では九百八十二冊。圧倒的に少ない。しかもトップに出てくるのがハヤカワ文庫のSF作品。アンドレイ・タルコフスキーの映画作品の原作だ。

まず五冊注文した。中でも注文時から一番気になったのは、福井裕輝の『ストーカー病』（光文社）という本だ。

「病」!!

ストーカーは、病気だった。あ、やっぱり⁉　副題が「歪んだ妄想の暴走は止まらない」（傍点は筆者による）なので、精神疾患の一つとして書いていると思われた。私がこれまで延々とAとやりとりして感じてきた違和感が、ふつふつと湧きあがってきた。誰がなにを言っても聞き入れないで、私のせいで自分が不幸になったと激しく思い込む。憎悪が憎悪を糧《かて》として無限に膨らんでゆく感じ。まさに妄想の暴走。精神の病だというのならば、ものすごく腑に落ちる。

正体不明の現象や症状に名前がつくと、ホッとするのは、実に不思議だ。発達障害という言葉を知ったときにも、妙に納得したっけ。名前さえつければそれでいいのかと批判する向きもあるだろう。ただ、名前がつけば、同じ行為をする人たちに共通する特徴などを調べていくことは可能になる。ましてやそれが「病気」となれば、その先には「治療」があるかもしれない、ということだ。暗黒の闇の中で、小さな光が灯った。

本が届くと同時に読み始めた。本書でストーカー「病」を患っているとされるのは、ストーカー行為をする人たちのなかでもごく一部。ほとんどのストーカー行為は、警察の口頭・文書警告などで収まるのだそうだ。男女間トラブルに関するストーカーではおよそ八割にも上る。

警察、すごい。おそらくは、私の想像だが、理不尽な別れ話に怒ってストーカー行為に走っても、多くの人は警察に注意されたときに、ハッと我に返るのだろう。なにやってんだ自分、と。警察の方もこれだけ社会問題になっているのだから、それなりの説得・注意の方法を心得ていると思われる。

けれども残りの二割は、ストーカー行為をやめない。ううう、まさにAはこの二割のやばい方だったということだ。彼らは「自分がつきまとうのは相手のせい」と被害感情を持ち、相手に拒絶されても「自分の良さを理解できないだけ」などと自己中心的に解釈。いくらまわりに諭されようと、思い込みを変えられない。そのうちに被害感情が恨みに変わる。Aの場合は警察の注意を受けたときにはすでに好意から恨みに変わっていたのだが。で、一度芽吹いた恨みの感情は、細胞が分裂を繰り返すがごとく、猛スピードで増殖していき、全身にいきわたったとき、事件が引き起こされる。事件……。本書で取り上げられている事件とは、ニュースにもなった、殺傷沙汰の、事件だ。ああ、胃がねじれる。

精神病については一般的な知識しか持ち合わせていないため、本書に書かれているストーカー病を引き起こしがちな加害者の気質や精神障害（当然のことながら、ある種の気質や障害を持つ人がすべてストーカーになるというわけではない。著者はそのことを繰り返し慎重に説いている）についてだとか、脳のどの部分が関係して、恨みを増幅させているかなどの仮説のすべてが正しいのかどうかは、よく分からない。

後々他の専門家らによる著書も渉猟《しょうりょう》していくと、いろいろな説があることが分かってくる。なんだろう、入口は同じで、共通点も多いのだが、ストーカーの分類の仕方だとか、原因や治

療方法というゴールになると、バラバラに分かれていく。

考えてみればがんの研究だって、似たようなものだ。疾病を巡ってさまざまな仮説が飛び交うのが、疾病予防／治療の研究としては、健全なあり方なのかもしれない。

本書であげられる、ストーカー病を引きおこしやすい反社会性パーソナリティ障害と、自己愛性パーソナリティ障害の特徴について読むと、実に複雑な気持ちになった。Aは、反社会性パーソナリティ障害の特徴に、ほぼぴったりあてはまったのだが、唯一暴力的ではなかった。言葉や態度によるDVのような状態はあっても、人間に対して暴力的なふるまいを見せたことは、ない（私のヤギに対しては疑わしいが）。しかしその他の、人をだます傾向、他人の権利の無視、良心の呵責の欠如は、ばっちり当てはまるのだった。

一方で自己愛性パーソナリティ障害の特徴である、自分が特別な存在だと思い込み、それにふさわしい華々しい成功を夢想するというのにも、当てはまるのだ。どっちなのだろう、Aは。

これまでに受けた仕打ちを振り返り、Aの特徴をああでもないこうでもないと考え続けてしまうが、すでに暴発は起こり、警察は動いてくださっているのである。本来ならば、交際中に読むべきだった。自分の交際相手が嫌になっているけど、反応が面倒で別れを言い出しにくくて我慢していたり、職場の同僚などから謎の好意を寄せられていたり、そんな人が「もしかして遭うかもしれない危険」を察知するために、読むのがベストタイミングだろう。

私のような実際の被害者が読むべき情報は、むしろその先にあった。ストーカー病の治療が可能であるという点である。

いくら逮捕され、裁判にかけられ、それで懲役刑を受けたとしても、刑期が終われば社会に

出てくる。数年のブランクを経て、復讐にやってくるストーカーも、いるのだ。逗子ストーカー事件の犯人がそうだった。Aがそこまですると確信しているわけではないのだが、すでにAはストーカー事案の中の二割の病気ゾーンにいると思われる。今は謝罪をしてきたけれど、今後も復讐心による襲撃の可能性を考えないで生活するわけには、いかない。私だけではない。多くのストーカー被害者が、加害者の報復に怯えながら身を隠して生活しているはずだ。

もし治療ができるのならば、それはもう是非に是非にお願いしたい。治る可能性があるのなら、治ってほしい。私への執着や恨みを無くして欲しい。それが唯一、被害者が安心して元の暮らしを取り戻せる手段ではないのか。

いや、「元の暮らし」は完全には戻らない。罵詈雑言を大量に送り付けられた恐怖の記憶は消えないし、2ちゃんねるの酷い書き込みで受けた傷だって消えないのだ。そこをAはどう償うつもりなのかという問題は残るが、それはさておき、私／被害者の今後の心身の安全を担保するためには、加害者への治療は、絶対にお願いしたいところだ。

それなのに、著者のもとには「加害者ケアとは何事だ。被害者のケアが先だろう」という批判が寄せられるという。仰天した。被害者のためにも、いや社会全体の治安維持のためにも、加害者ケアは必要不可欠なものに思えるのだが。なぜ無駄な行為などという考えになるのだろう。本書によれば完治に至るには時間もかかるし、治療者にも患者にも大変な労力が必要とされるようだが、ストーカーの症状と過去のストーカー歴を知る専門家が定期的にカウンセリングして見守っていてくださるだけで、被害者はどれだけ安心かと思う。危険な兆候があったら被害者と被害者の住む地域の警察署に通知してくださるシステムがあればさらにありがたいと

ころだ。

著者は、ストーカー事件を減らすために、警察からの要請を受けて、ストーカーやＤＶの相談があったときに加害者と被害者の危険度を判定するチェックリストを試行錯誤のうえ、作成したそうだ。ああ、たしか私も最初の相談のときに受けたやつだ。どんな質問があったのか、ほとんど覚えていない。

さらに、かなり危険と判断されたりストーカー行為を繰り返す加害者などに警察や医師らが更生に向けた治療を勧める取り組みも、始めたという。ただし任意、つまり加害者本人が希望しないかぎり、治療実現には至らない。

まずは東京から。そして一、二年後には全国に広げることが目標とある。慌てて本の奥付を開いた。刊行は二〇一四年。もう二年以上経っているんだが（本を手にしたのは二〇一七年）。これまで警察でも検察でも、被害者支援センターでも、加害者治療の「か」の字も「ち」の字も、聞こえてこなかった。え、どうして⁇　知られてなさすぎない？　もしかして香川県だから⁇　小豆島だから⁇

いや、でも、ストーカー被害に遭っておよそ十カ月。ストーカーが精神疾患の一種で治療が可能というネットニュースにも、まるで出会わなかったんだけど……。

24　小早川先生

福井裕輝の『ストーカー病』を読んでもう一点、心に突き刺さった点がある。それは、ストーカー被害者となる人にも共通の特徴があるという部分。言わずもがなであるが、被害者と加害者にどんな事情があっても、悪いのは加害者である。と、著者はここでも慎重に断りを入れたうえで、被害に遭いやすい人には一定の性格傾向が見られると説く。

母性的であり、同情や共感をしやすく、責任感が強い。忍耐強い。いわゆる〝いい人〟なのだそうだ。うーむ。私がそのタイプかと問われると、どうだろう。しかしこの表面上「いい人」の陰には自己評価が低い、罪の意識を持ちやすいといった、負の心理が見られるのが特徴なのだそうで。

これは、まさに自分にピッタリと、一分のズレもなく当てはまる。原因は成育時の親子間の愛情のもつれが関係しているという。これもピッタリその通りだ!!　両親の狭い価値観からはみ出ることをすれば詰《なじ》られ、成人後もずっと過干渉に悩まされ続けてきた。世間的にはごく普通の家庭で、不自由なく育ったということになるのだが。「私がひねくれているから」「私が変わっているから」「私が悪い」という呪いの言葉に縛られ続けてきた。

自己評価の低い人間というのは、どうがんばってもなぜか自分を不幸にする／大事にしてく

れない／傷つける相手をパートナーに選びがちだ。とはいえ長らく生きてくれば、沢山痛い目に遭い、その度に解決策を探して本も読む。そんなわけで四十代も半ばを過ぎる頃には自己評価の低さが人間関係に悪影響を与えていることも、はっきり自覚できるようにもなっていて、必死に自己改善を試みてきたはずなのだが。

人間そう簡単に変われるものではないってことか。交際中、Aに毅然とした態度をとるべきところで、押し切られてきた。喧嘩になるのが嫌だったということもあるが。多々、思い当たる。そうしてどんどん付け入る隙を与えてしまったらしい。

同じようなことは、今までの人間関係でも思い当たることが沢山ある。しかし大きく違うのは、これまでの相手には傷つけられることはあっても、越えてはいけないボーダーを越える酷い加害行為を受けることはなかったということだ。加害行為に走ったことについては、どう考えてもAが悪い。

ああ、今まであまたの本を読んできて、ここまで声をあげたり呻いたりして、書評を書くわけでもないのにボールペンで線を引きまくり、ページの端を折ったことがあっただろうか。いやない。本を読むという行為自体が久しぶりだったせいもある。しかしやはり「被害者」の立場にいるからなのだろう。

ともあれ、書物の持つ情報量は、ありがたい。もっと早く読んでいればと思わなくはないが、今は本が読める状態まで、私自身が回復したことを、素直に喜ぼう。

やっと警察から電話が来た。ようやく逮捕か⁇　と思ったら、捜査を進めているところで、

そろそろ調書を作成したいとのことだった。小豆署に出向き、刑事課のYさんと対面する。捜査状況としては、IPアドレスが分かった書き込みから、プロバイダである四国P社に開示請求を出し、割り出した先が、Aの現住所と一致したそうだ。やった。これで逮捕できるんですね？

「いや、それだけでは十分ではないんです。A自身が書き込んだということを証明するために、これからその住所に居住しているのがA一人だけなのかどうか、頻繁に訪ねてくる人がいないかどうか張り込みなどしたりして、確認します」

ええぇ、そこまでやらなきゃならないんですか。

「間違いがあってはならないので」

ああ、誤認逮捕や冤罪にならないようにということか。自分がお願いしておいて、たかがと言うのも憚られるが、名誉毀損事件を立件するのにも、すごい手間暇とコストがかかるんだなあ。申し訳ない気分にすらなる。

Yさんが手にしている捜査資料のファイルは、すでに電話帳くらいの厚さになっている。メッセンジャーに加えて今回のLINEのやりとりも、携帯電話の画面をすこしずつスクロールしては撮影して、それをプリントアウトして記録しているから、どうしても膨大になる。加えて2ちゃんねるの書き込みのプリントアウトもある。その厚みの半分以上は、私への罵詈雑言や誹謗中傷で埋められているのだった。ああ、ウンザリする。しかしこれを読まねばならない警察関係者の方々も、きっと下衆すぎてゲンナリしているだろうよ。

「それでAの現住所はこちらになります」

え、教えてくださるんだ。内心驚きながらも、慌てて書き写した。

あのう、ところで、調書って、いろいろ本を読んでいて、被疑者弁護人が閲覧できる場合があると知ったんですけど。私の現住所や電話番号とか、書かないようにしてもらうことってできますか？　また引越しするのはさすがにしんどくて……。

「あ、ちゃんと書かないようにしています。脅迫事件の時の調書にも載せていません」

え、申請しなくても載せないようにしてくださってたんですね。良かった……。

供述調書は、最初の事件の逮捕後に示談をまとめたところから始まり、数カ月後に弁護士を通じて連絡の打診があり、その後Aが示談を破ってＬＩＮＥにメッセージを送り、２ちゃんねるに私の筆名のスレッドを立てて書き込みをすると予告し、その通りに侮辱的文言を書き連ねていったこと、そのときの心情などを、細かく順を追ってお話ししたものを、Ｙさんが作成していった。一時間くらいで出来ただろうか。早い。しかもポイントを押さえ、私の心情にきちんと沿った、実に的確なものだった。常に淡々と無表情で何を考えているのか、ちょっとよく分からないＹさんだが、私が話していたことは、すべてきちんと伝わっていたのだ。ありがたい。頭を下げて、訂正することなくサインした。

帰宅してからＡの住所を地図で見てみると、脅迫事件で逮捕されたときに通院していた心療内科から徒歩数分のところであった。鉄道駅からも近い。買い物なども徒歩で済ますことができる。推測していた通りで、我ながら驚いた。

ついでにマンション名でも検索したところ、不動産情報サイトの賃貸募集のページがあがってきたので、どんなマンションか、外観や間取りや家賃まで分かってしまった。入居者募集物

件と同じ間取りの部屋に住んでいるとは限らないが。恐ろしいなあ、ネット社会。

またそれが結構きれいなオートロックのマンションなのだった。十一畳もあるし。ふーん。へーーえ。正直に言えば、おもしろくない。私は海の見えるお気に入りの広い家を追われて、住居にすら見えないような、廃屋一歩手前の家に隠れるように住んでるんだけど。どうでもいいけど、都内に住んでいたときも、本が多いから広さ優先で、こんなに立派なところに住んだことないし。

生活保護で、生活がものすごく苦しくて、示談違約金の分割弁済も月々一万円ならなんとか払えます、と言ってきている人間が、オートロックの鉄筋マンションだとさ。いや、家賃は安い。都内駅近のワンルームマンションの相場の三分の一にも届かないという驚異の価格。香川県の住宅事情がよく分からないので、これが贅沢な選択ということではないのかもしれない。観光地として人気の小豆島は、不便なのに賃貸相場は高くてAのマンションの二倍はするので、余計におもしろくない。けれど、怒ったからといってどうにかなるものでもない。この立派なマンションに住んでいることを根拠に示談違約金の支払い条件を私に有利に、つまり分割払いの金額を引き上げることができるとも思えない。

とりあえず、香川県本土に行くときも、この住所近辺には近づかないようにしよう。それが分かるだけでも、良かったではないか。

それで逮捕はいつなのだろう。気になりつつも、東京出張に行かねばならなかった。道連れに手にしたのは小早川明子『「ストーカー」は何を考えているか』（新潮新書）だった。高松に向かうフェリーの中でほんの二ページ読んだだけで、うわあ、これだ!! と立ち上がりそうに

なった。被害者の要請で、ストーカー加害者に会って話をするカウンセラー。著者はそんな人らしい。なんと!!

本の後半で書かれている通り、カウンセラーが加害者と被害者の双方に会うことは、かえって混乱を招きかねないため、タブーという見方が大勢を占めている。私もなんとなくそういうものだと思い込んでいた。ところが著者は「自分の方法論が正しいとは断言しません」と言いながらも、会う。会って加害者の凝り固まった誤解を解くことを、試みる。

本書によれば、加害者はそれぞれが特有の心理を持っていて、常識では取るに足らないことにひどくプライドが傷つく。被害者を含めて他の人にとってはささいなことでも、加害者本人にとっては拘《こだわ》り続け、ストーキングの原動力になってしまう何かがあるのだそうだ。うわー!!まさにそれです。Aの事案は。

加害者がその拘りや疑問を被害者に問いかけようとしても、多くの場合は周囲の人間にブロックされ、見過ごされてしまう。加害者は屈辱感から被害者意識を固めて「法を犯してでも相手に復讐する権利がある」と思い詰めていく。

著者は、被害者の要請で加害者と話をするときには必ず、この加害者の拘りや問いが何なのかを探り、双方のやりとりを仲介しながら、誤解や思い込みを解いていくのだそうだ。ああ、まさにそれをしてくださる方を探していたのに……。Aが拘って誤解しているのではと思えることはぜーんぶ、手紙にびっしり書いて出しちゃった後だもんなあ。

著者が、いわば掟破りとも言える加害者への介入という手段をとるようになったのは、彼女自身がストーカー被害を体験していて、そのときにとにかく誰か、相手に会ってほしい、自分

の盾になってほしい、自分の考えをキチンと伝えて誤解を解き、相手に影響を与えて問題を解決してほしいと切望していたからなのだそうだ。

これもまったく私と同じだ……。そう。警察も弁護士も、加害者独自の拘りになんか付き合ってくれない。彼らは心理学や精神病の専門家ではないのだから、要求したところで、できないだろう。けれどもその拘りを放置することで犯罪が起きてしまうのだ。彼の拘りが何かも分かっていたのに。私の言い分をAに届かせるためには、専門のカウンセラーに介入してもらうのが一番だったのだ。もっと早く彼女の存在を知っていれば……。

フェリーを降りて高松空港行きのリムジンバスに乗り込む頃には、巻末プロフィール欄にある、著者の小早川明子さんが主宰するNPO法人「ヒューマニティ」のサイトを探し出していた。ダメ元で、今回の上京期間中にお会いできないか、メールを出してみよう。手紙を出して危機的状況は一時的に回避できているとしても、これからどう事を進めたらいいのか分からず、実に心もとない。是非とも相談に乗っていただきたい。

メールの文面を考え入力送信したときには、すでに成田行きのジェットスターの搭乗の列がゲートに全て吸い込まれたところだった。慌てて荷物を摑んで走り込んだ。上京期間、既に入っている予定を除くと、空いているのは二日後の五時間ほど。帰りの飛行機に乗る前の半日だけ。ご本人に会うのはおそらく不可能だろうから、次の上京のタイミングで、となるか、電話でのカウンセリングをしていただくことになるのか。本を読み進めながら考えているうちに、成田に着陸した。

飛行機から降りてバスに乗ると同時に、スマホを開けて機内モードをオフにした。メールが

数通入っている中に、ヒューマニティからの返信があった。開けてみると小早川さんご本人からで、指定の時間に会ってくださるという。身体から力が抜けた。

「内澤さん、例の人から電話がかかってくるんです……」

ホテルに荷物を置いてから神保町に移動し、本の雑誌社に寄って、住所を貸してくださったお礼に讃岐名物和三盆の御菓子をスギエさんに渡したところだ。え、今なんと？

「なんか、弁護士に言われたとかで、内容証明の住所が東京だから、うちの法務と内澤さんが契約してるんだろうとかなんとか。なんだか言ってることがよく分からないんですよ。こっちの言う事を聞いてくれないし」

いや、住所を貸しているだけで関係ないと突っぱねてください。ホントにすみません。しかしなんで内容証明？……ああ、そうか!!　e内容証明って新東京郵便局から発送されるって書いてあった。ええとつまり、推測の範囲ですけど、Aが法テラスに相談に行って、担当弁護士に私がAに出した内容証明郵便を見せたら、東京から送られてきているから、こりゃ東京の弁護士が出したのだろう、きっとこの住所の会社の法務担当か顧問弁護士か……などと言われたということかな？

すくなくともその弁護士が、e内容証明の存在を知らないことは、確定だ。私が自分で作成して出したとは、Aも担当弁護士も思っていない可能性が高い。高齢の先生なのだろうか。内容証明なんて民事訴訟の世界では毎日バンバン飛び交っているものかと思っていたが。ちょっと勉強不足じゃない？

ともあれ、スギエさん及び本の雑誌社には申し訳ないことをしてしまった。たかだか住所を借りただけで変な電話が何度もかかってきてしまうのだ。Aに会って話してくださったBさんといい、下手に友人や知り合いの助けを借りると、助けてくれた先にまで嫌がらせが波及してしまう。ウンザリだ。示談違約金を請求したくても弁護士にすら嫌がられるし。ストーカー被害者は、警察以外の誰の助けも借りることができないのだろうか。

「そりゃあなた、その版元さんが可哀想よ」

小早川明子先生は、くすくすと笑った。笑うと可愛らしい悪戯好きの女の子みたいな表情になるけれど、急に眼光鋭く厳しい貌《かお》にもなる。

事務所に伺って自己紹介し、まずはくどくどと事情を説明した。一応前日までに事件の概要は、メールでお送りしていた。さらに出張中に持ち歩いているノートパソコンに入っている文書の中で、事情が分かるものというと、例の長文の手紙だったので、それも添付した。梗概《こうがい》付きで。示談書の写しは当時いつも持ち歩いていたのだろうか。持参した。代理人が見つからないまま示談違反についての違約金請求を内容証明で出したところまで話したところで、笑われたのだった。やはり無謀でしたかね。

「それからこの示談書……ね。内澤さんはとても不本意なものと捉えて応じなければよかったと言うけれど、これがあって良かったよ。島に来ないこととか、ちゃんとついている。これがあるとないとでは、全然違うよ？」

あっと思った。小早川先生が言ってくださった言葉を厳密に再現できているか心もとないの

だが、この言葉を聞いた途端に、示談書さえなければと、どす黒くくすぶっていた拘りが、ふっと解けたのだ。別の視点から考えることを提案されて、驚くほど簡単に、そうかも、となった。これがカウンセリングの技術なのだろうか。流石《さすが》だわ。何をどういえばいいのか、分かっているというか。つまりは、これがプロってことだわ。こうやって、加害者の拘りに向かっていくのだろう。

「全部は読み切れなかったけど、この手紙、すごい。あの、面白いって言ったら失礼かしら。ふふふ。文章を書く仕事をされているからかしら」

いやあ、面白いって言われるとどんなときでも嬉しくなってしまう。

「ただ、これはストーカーへの対応としては拙《まず》かったわね。相手に報酬を与えたことになる」

そうですか……。

「こーんなにたくさん、僕のことを想って書いてくれたんだねってことになっちゃう」

うわあああ、それは超絶に気持ち悪いです。

「まあでもこの手紙で書き込みが止まったのだから、良しとしましょう。だけど今後は、内澤さんから直接Aに一切連絡をしないこと。警察の捜査は進んでいるようですから、逮捕されるのを待ちましょう」

はい。

III部

25 イマドコサーチ

これ以上自分でAに手紙を書いたり、示談違約金の請求方法を考えなくて済むと思ったら、重い荷物を降ろしたように、身体の力が抜けた。気を張り、自らを鼓舞して交渉しようとしていたけれど、嫌で仕方がなかった。再びAを刺激して、怒りを爆発させて嫌がらせを始められるのではないかという恐怖に絶え間なく晒《さら》されていた。怒りの端緒となる言葉が何なのかが良く分からない相手なのである。交渉しなくて良いならば、それに越したことはない。

小早川先生と正式に契約を結んだことで、闇の中を手探りで進むような状態からも、解放された。どういう手を打つべきか、長いスパンで見て教えてくださる人がいるだけで、大変心強い。

ただ、支払いを要求する手紙が私から届かなくなったとき、Aはどう解釈するのか。自分に都合よく事実をまげて解釈し、謝ったから許されたと思い込む恐れはある。今回のAとのやりとりに関してはすべて書面で、自分のところに控えを所持している。何を言ったのか、すべて記録がある。「許さない」とは何度も書いたけれども「許す」もしくは「こうすれば許す」などとは一言も書かなかった。細心の注意を払ってそのようにした。電話などの記録の無い不明瞭な会話もない。本の雑誌社のスギエさんには、住所を貸しただけでなにも知らないし関与して

いないとだけしか絶対に言わないように頼んだ。これで逮捕後にまた怒りを増幅させたら、小早川先生に解いてもらえばいいのだ。

小早川先生にはもう一点、伺いたいことがあった。ストーカーの治療についてだ。Aが今後逮捕されて、私への憎しみを、自分で制御できないくらいに滾《たぎ》らせてしまったら、治療することは可能なのだろうか。

「できますよ。実は条件反射制御法という治療方法があって、もともと薬物依存の患者の治療法として開発された、薬を一切使わない脳トレなのだけど、ストーカーにも効くことが分かってきたところなの」

条件反射ってパブロフの犬、の条件反射ですか。

「そうそう。これまでどうカウンセリングやセラピーをしても、どうしても被害者への怒りや関心を消すことができなかった加害者が、治っているの」

もし関心があるならと、勉強会にも誘ってくださった。それはぜひ。

実は先生、私は今まで受けてきたこのストーカー被害の体験を、どうしても書きたいんです。Aから受けた仕打ちが酷いとか、もちろん酷いとは思いますけど、世間に問いたいのはそこだけではないのです。

起きた事案に対して誰がどう関わって対処すべきなのか、警察も弁護士もそれぞれの領分でベストを尽くそうとしてくださっているのは分かります。三鷹ストーカー事件など、殺害に至った事件被害者たちのおかげなのか、改善されてきた点もちゃんとあることも、実感してい

ます。でも、被害者になってみると、やっぱりまだまだ改善すべき点がある。被害者だけでなく、警察や弁護士の対応次第でも、加害者の怒りをさらに募らせ増幅させて、被害者にさらなる危険を及ぼすこともある。Aが二度目の加害行為、つまり私の名誉を毀損する書き込みをするに至ったのは、あきらかに示談を行った弁護士の対応が影響していると私は考えています。

そしてなぜ被害者側がこんなに屈辱的な思いを強いられ、隠れるように怯えて生き続けなければならないのか。被害者は隠れるのがあたりまえと世間は思っているようにすら感じます。

自分が被害者になってみて思ったのですが、こんなにストーカー事件は頻発していて身近な問題になっているように見えるのに、被害者の声が世間に発せられることって本当に少ないですよね。殺害された被害者の遺族の方々が発言しているくらいで。ストーカーについて書かれた本だって、あまりにも少なくて驚きました。それはやっぱり、復讐が怖いから、なのでしょうか。けれどもこのままではストーカーたちの思うつぼです。被害者自身の声をもっとたくさん世間に届けなければ、被害者の立場が改善されることも、ないと思うのです。

「内澤さん。私はね、ストーカー被害者だからといって、これまでの生活や仕事を制限したり、幸せを追求することをあきらめたりするのはおかしいと思っているんです。そのためのお手伝いができればと思っています。書こうとしていらっしゃるのならなおさら、勉強会に参加していただきたいです」

涙が出そうになった。私の言い分は間違っていないと、はじめて確信できた。お会いできて本当に良かった。

帰宅後、自宅のパソコンに保存してあるデータを引き出して、Aがこれまで私に怒濤の如く浴びせてきた罵詈雑言の記録の一部を小早川先生に送った。これまで五百人ものストーカーに対峙してきた先生がどうAの病態を判断するのだろうか。

法改正が間に合わないなどの事情があるものの、これまでAが私に対してした行為は、ストーカー規制法が適用されていない。皮肉なことに、今回の書き込みが終わったと同時に、ストーカー規制法は改正され、SNS上でのメッセージにも適用されるようになった。手紙を出すのがあと十日遅かったらと思うと、ムカついて仕方がない。

しかし当時のAは書き込みや私へLINEを送る行為だけでは満足せずに、島に行くなどと言い、Bさんに何度も電話をするなどの変化が起きていた。いわば憎悪のステージがランクアップしかけていた。放置が続けば本当に島に来て襲ってくる可能性も、あったと思う。悪行の証拠を増やすためにも少し待とうなどと思えるわけがない。そして警察は現在名誉毀損の方向で動いてくださっている。

ストーカー規制法が適用されていないということで、心配する点は一つ。A自身がいまだに自分はストーカーではないと思っている可能性が高いこと。LINEで島に行くと書きながら、私の家には近づかないなどと断ってくるあたりに自分はストーカーではないという自負が匂う。書き込みの後半は私がツイッターやインスタグラムで発信した写真や事象に対しての揶揄や非難もたくさんあるし、ヤフーパートナーで私が別アカウントをとって利用していると思い込んで、赤の他人の女性がログインするたびに執拗な書き込みをしていた。これがストーキング行為ではなくてなんなのだろう。私に直接つきまとっていなくても、十分不愉快で、嫌で、怖く

て、日常生活に支障をきたしているのだが。Aは自分がやったことの酷さ、卑怯さをどこまで理解しているのか。

小早川先生からメールが返ってきた。明らかに治療が必要なレベルですとあった。それから警察に、名誉毀損だけでなく、ストーカー規制法も適用してもらって接近禁止命令を出してもらえるようにお願いしてみてはどうかと助言された。接近禁止命令が出れば、私に接近しただけで逮捕できる。

すぐにお願いしに行ったのだが、ストーカー規制法の適用は難しいですとY刑事に言われてしまった。どういう基準なんだよ。

逮捕の報をじりじり待ちながら、複数の勉強会に参加していた時期、月に何度も東京との往復を重ねたことも手伝ったのか、急に三十九度を超える高熱と関節痛に見舞われた。インフルエンザかと思って病院に行ったが、陰性。そして翌日には平熱に戻った。また一週間後にも突然高熱に襲われ、知り合いの家で悪寒で全身が震え始め、痙攣《けいれん》のようになって止まらなくなった。感染症などを疑い詳細な血液検査を受けたものの、どこにも異常は見当たらなかった。高熱と関節痛に見舞われるのは、二十時間程度で、あとはスッとおさまってしまう。

やっと小早川先生という味方を得て、心身の緊張状態が少し緩んだところで、これまでの反動で熱が出たのだろうか。平たく言えばストレス？　高熱に伴う関節痛と痙攣が、自動車運転中に襲ってくると、事故につながる可能性もある。なんの予兆もなく突然見舞われるので、怖くて仕方がない。

しかし異常が見つからないのなら、考えていてもしかたがない。Aに対して民事訴訟が起こ

せるのならば、ストレス性の高熱であることを証明したいところだが、民事訴訟を起こせる可能性は限りなく低い。高熱はがん細胞を殺すとかいう説もあることだし、四十度を超せばいろいろなウィルスも死に絶えると聞いたような気もする。ここはある種のデトックスと捉えてやり過ごすこととした。

そんなある晩、スマホが震えた。画面にはドコモからのメッセージで、イマドコサーチの検索確認とあり、「あなたは0X01234XXXXさんから検索されています」とある。パニックで呼吸困難を起こしそうになった。な、なんなんだこれは!!　Aなのか??　いやそれよりなによりイマドコサーチってなんなんだ??　軽い人権侵害なんだけど??　もしメッセージを開いた途端に検索でも開始されたらたまらない。

このままスマホを叩き壊したい衝動を堪え(水没させることも考えた)、深呼吸しながらパソコンを開き、ドコモのサイトから、イマドコサーチなるものが何なのか検索した。どうやら電話番号を知っている相手の現在位置が分かるサービスのようだ。承認を選ばないと相手に現在地情報が届かないことを確認してからメッセージを開いて、拒否をした。それから今後来るすべてのイマドコサーチを拒否する設定にして、お知らせすらも来ないようにした。それでも動悸が止まらない。

私の居場所を探ろうとしたのは、島内の男性であることが分かった。Aではなかった。その男性は、以前の家に住んでいた頃、通りがかりに何度か声を掛けてきていた人物である。集落名と苗字は聞いているが、それ以上の情報はない。おそらく、私が住んでいる気配がないので

気になって検索してきたのだろう。私がストーカー被害に遭っていなくても、かなり不快な出来事である。見かけないけどどうしたの？　と電話をしてくるほうがなんぼマシか。

六十代から七十代にかけての地方在住男性には、人との距離感やプライバシーの考え方が田舎特有の濃密さのまま、スマホやSNSなどの最新道具を使いこなしてしまう人が少なくない。以前から危惧はしていたが、こういう形をとるとは思わなかった。

そもそも一軒家に独りで暮らす移住女性を庭先で見かけても声を掛けるなとは言わないが、それに対して女性が、笑顔を作りつつもどれだけの警戒をもって対応しているか、少しは理解していただきたいところである。

同じ集落でもなければ、どこの誰と名乗られたところで、確認もできないのである。ご親切にヤギの餌を持ってきてくださる場合もあるので、拒否をするのもおかしいのであるが、相手は私の個人情報全般と家の場所まで知っているのに対し、私は相手の家の場所も家族構成も勤め先も分からず、教わる苗字は同一の人が多すぎるなどの情報の不均衡に晒されているのだ。

しかしそれを承知で地方に移住したのだろうと言われれば、その通り。ある程度は仕方がないと思っている。郷に入ったのだから郷に従うつもりではある。しかしこんな状況になったからには常にいい顔もしていられないし、無愛想、無礼と受け取られても自衛しなければ、何かがあれば隙があったと言われかねない。

翌朝すぐにドコモのコールセンターに電話をかけて、サービス改善を求めた。せめて契約するときにイマドコサーチを受ける設定にするのか最初から全部拒否する設定にしておくか、聞いてほしい。そう伝えると電話応対した若い女性が「けれども、知らせがきてから拒否するこ

とはできますので」と言う。

そうですか。もしあなたの職場に距離感の微妙な、そうですねえ、二十歳くらい年上の男性上司がいるとして、夜中に自分の部屋のベッドでインスタグラムでも流し見してくつろいでいるときに、その男からイマドコサーチがかかってますって通知が来たら、どんな気持ちがします⁇

「それは……ものすごく嫌です」

女性は絞り出すような声で答えた。心当たりでもあったのだろうか。

ですよねえ⁇　分かっていただけて嬉しいです。お知らせを受けるだけで超絶に怖くて不愉快だってことです。お願いしますよ。

少し検索してみると、DV被害に遭っている女性が配偶者男性からイマドコサーチをかけられたなどというツイッター上のつぶやきが上がってきた。ほらな。通学児童の安否を確認したい親のためのサービスなんだろうけれど、大人の他人同士でやったらどれほど不愉快なものか、想定しなかったのだろうか。この原稿を書くために再びドコモのサイトを閲覧したところ、現在では設定をしないと、イマドコサーチを受けるか拒否するか、特定の番号からの検索にだけ応ずるか、三つの設定のどれかを求める通知が上がるようになっているようだ。私と同じような要求をつきつけたユーザーが少なからずいたのだと確信している。

いくつか参加させていただいた勉強会は、基本的にストーカー加害者の臨床に関するもので、被害者経験のある参加者は私だけという場合が多かった。

中でも、小早川先生が主催する会で、かつてストーキングを行い、警察沙汰にもなり、その後小早川先生によるカウンセリングや治療によって恨みと執着の輪廻《りんね》から解脱した「加害経験者」の男性の講演を拝聴する機会を得たのは、貴重な体験だった。

彼は、被害女性に対しては迷惑をかけたことを心から反省していたのだ。同じく被害を受けている私にとって、こういう人がいること自体が希望だ。それと同時に警察や検察での取調べで受けた辱《はずかし》めに対しての怒りは、いまだに非常に根強く残っていることが、口調や表情から見てとれた。私は被害者としてしか警察や検察と接していないので、被疑者がどう扱われるのかは、知らない。罪を犯したのならばそれは認めなければならない。それは大前提だけれど、取調べの段階で、過剰に被疑者を侮辱し怒りを募らせること（が本当に起きているとしたらの話だが）は、果たしてどこまで必要なのだろうか。その怒りが回り回って被害者への復讐心に転じる場合もあるのではないか。彼の話を聞いていてなんとも複雑な気持ちになった。

また、条件反射制御法の勉強会では、ストーカーに関わる関係者もいたのだろうが、条件反射制御法が治療対象としているいわゆる反復事犯、薬物依存、窃盗、痴漢などの性犯罪、放火を繰り返してしまう人々の回復支援を考える方々の発言が目立った。条件反射制御法が、どんな治療法なのかも千葉県・下総精神医療センターの平井愼二医師の講義を受けたが、どんなものかを断定できるほど正確に理解できているとは思えないし、引用を試みようとしても膨大になるため、ここで詳細に語ることは控えたい。

彼らが適正な治療を受け、依存対象への執着が解けたとしても、社会復帰の段階で、職場にうまく適応できずに孤独や不安に晒されると、再び誘惑に負けてしまいがちになるという。こ

の話を聞いて、大きく納得した。Aもまさにそうだったのではないか。

もしAが今後逮捕され、有罪となり、何らかの形で罪を償い、治療もうまく受けることができたとしても、社会に戻ったときに適応できずに、見守る家族もなく不遇をかこっていれば、私を恨むことへと逆戻りしかねない。

再犯を防ぐという観点で、加害者への治療とともにその後のフォローは必要だ。治療後も定期的な面談を行うなどして見守り、社会復帰を支援することで、彼らを野放しにしているよりは、安全率が高まる。そしてもし危険な兆候が表れたらすぐに情報を警察や被害者に流すなどして、被害者ケアにつなげていただければ、言うことはない。

26 「臨床」の必要性

私は仕事で編集者に会うたびに、ストーカーが止めるに止められなくなっていく依存の一種であること、精神疾患として治療が可能であることを熱く語り始めた。ストーカーが治るという発想自体が珍しいから、百発百中、全員が、そんなことができるんですか、ストーカーって病気だったんですか、と驚く。そして驚いた後で大半の人にこう言われた。

「内澤さん、酷い目に遭ったのに、やさしいんですね」と。

はあ？　意味が分からない。被害者が加害者の治療を望むことが、なぜ「優しい」になるの

だろうか。治療とほぼ同義語の「ケア」という言葉。「加害者ケア」という言葉に反発もあると小早川先生から聞いた。「治療」や「ケア」という言葉が、相手を思いやっているかのように受け取られてしまうのだろうか。そんな意図はまったくないのだが。小早川先生によると、カウンセリングや治療については価値中立的な「臨床」という言葉で表すそうだ。

厳罰化には、犯罪抑止効果はあると思う。けれど、私の事件の場合はネット上での嫌がらせが主なのだ。一生刑務所にいてほしいと願い（一生私に関わらない保証ということでは、刑務所暮らしにまさる私の身の安全保障はないのも事実だ）、厳罰化を叶えたところで、現実的には刑期一年が二年になるくらいが関の山。死刑にならない限り、いつかは必ず釈放されて社会に戻ってくる。もちろん厳罰化を歓迎しないわけではないけれど、それだけでは全然安心できない。それに傷害や殺人犯でもないストーカーをいちいち刑務所で何十年も養っていたら、それこそ国庫はパンクするだろう。

仮に、今の法律で定められている（被害者目線からすれば短めな）懲役期間の後、ストーカーが社会に出るとする。現実問題として、もともと専門性の高い技術などを持つか財産家でもないかぎり、出所者の社会復帰、再就職は非常に難しい。

現在、新しく刑務所に入る者のうち再入所者の割合は六割を占める。しかも無職者の再犯は、有職者の約三倍……。すさまじい割合だ。さすがに政府も再犯防止に力を入れ始め、服役中から社会に復帰するための職業訓練だけでなく就労支援プログラムも用意され、ハローワークと連携した受刑者向けの専用求人制度なども二〇一四年にできている。それでも、残念ながら簡単に就労できるわけではない。雇用主が見つかっても、近隣の住居が確保できない場合もある

という。世間は厳しい。しかしその厳しさが、回り回って自分たちの首を絞めていることにはならないだろうか。そしてなんとか仕事に就いたところで、不満もあれば不安定になることだってあり、孤立してしまう場合も、ある。

特にストーカーのような再犯に走りがちな犯罪者には、就労支援と共に、出所後も定期的にしかも長期での専門家による臨床及び見守りなどのフォローが、被害者を守るだけでなく、再犯防止の観点からも、必要とされているはずだ。

現行法では、性犯罪、覚醒剤、暴力、飲酒運転の事犯者には、釈放時に保護観察が付けば「専門的処遇プログラム」の受講、学習を特別遵守事項で課すことができるし、本人の意思に反しない限り医療を受けるよう指示する措置もとれる。しかし、ストーカーにはそのような「専門的処遇プログラム」は用意されていないし、医療を受けるよう指示されることもないという。保護観察が付いたとしても、今どのような状態なのか、病態は治っているのかいないのか、社会的に孤立しているのかどうか、被害者が把握できる仕組みはない。

放置されたまま社会に戻られては、とてもじゃないが被害者は安心して暮らすことはできない。ストーカーにも「専門的処遇プログラム」や医療指示は必要なはず。それが無理だというのなら、もう加害者にGPS発信装置をつけて、物理的に被害者の居住地に接近すれば知らせが来る仕組みを導入して欲しい。

Aの場合、最初の服役後、私と交際していた頃の仕事は、インターネットオークションやスマートフォンアプリのフリーマーケットを利用して転売の利ザヤを稼ぐというものだった。い

わゆる自営業だ。あとから知ってなるほどと思ったのだが、この仕事、出所者に人気なのだそうだ。雇用されずに済むこと、元手が少なくても始めることができて、人と関わらずに済むことが、大きいのだろう。

私も社会から距離をとり、ある程度自由に仕事をしているという部分では少し似ているので、Aがその職業を選んだ気持ちはよく分かる。そしてどれほどの不安を抱えねばならないのかも（だから私は同じ苦しみを知る自営業の男性を交際相手に選ぶのだとも思う）。

今から思えば、あれは就労支援で身に付けたのかなというある技能を持っていることを、Aはよく口にしていた。いざとなればあの資格があるという具合に。しかし実際に職業としてその仕事に就けば、相当キツイ労働条件になるようなことを匂わせ、もっと自分らしい仕事をと、なかなかその技能を生かして就職をしようとはしなかった。

それで転売の仕事がだんだんうまくいかなくなり（それもはっきり言いたがらないし聞けば怒るので関与しなかったのだが）、本人曰く鬱を病み、さらには私に拒絶されてストーカーになった。生活保護に頼ったのも私のせいで、私がAの暮らしを回らなくした、陥れたと言ってきていた。

以上を鑑みると、今後再び服役することになるとして、出所後のAの状況を予測してみても、また社会から孤立して不安定になる素地は十分にある。何のフォローも受けていなければ、そうしたストレスが「私のせいでこうなった」と恨みの病を再発させるのではないか。

さらに付け加えると、依存性の高い万引き窃盗、放火、薬物使用、痴漢、覗き、レイプなど

の性犯罪などの反復事犯は、どれも犯行が繰り返されれば、不特定の誰かが甚大な被害を蒙る（薬物中毒は少し違うのかもしれないが）ことになる。けれどもストーカーの場合、次の犯罪のターゲットが不特定多数の誰かではなく、前回の犯罪の被害者と同一人物となる可能性が極めて高い。

被害者がたった一人で再犯の恐怖をひっかぶらねばならないのだ。

極言であることを承知で言わせてもらえば、薬物常習者が出所後に再び覚醒剤に手を出したとして、それは違法行為であるし、本人の健康を破壊するし、周囲の人に迷惑はかけるだろう。けれど、ストーカーが出所後や釈放後に、かつての被害者が幸せそうに生きているのを発見し、人生をめちゃくちゃにしようと迫ってくるのとは、迷惑度、危険度の桁が違うと思うのだが。

ストーカーの被害者は、馴染んだ地域や職場などの共同体から離れ、新しい居場所を隠して、結婚もためらい、ＳＮＳも控えて、いつまでも隠れて生きていかねばならないのだろうか。それではまるでストーカーの思惑通り、人生めちゃくちゃだ。冗談じゃない。

私は私自身の身の安全と、今後のＱＯＬ（生活の質）を下げないために、ストーカー加害者を無害化する臨床とフォローを切望するのだ。

ストーカー加害者の臨床に関する勉強会に出席していて一点気になったのは、ストーカー加害者の中に、被害者に実質的に酷い目に遭わされた場合もあるという発言があったことだ。何百万も貢がされたとか、壺を買わされたとか、不倫妊娠中絶して捨てられたとか、結婚詐欺まがいのことがあったなどという事例を聞いた。正直なところ、それに比べりゃ私なんかなんもしてないよ、Ａのこと突然振っただけで、なんでこんな目に遭うのか‼　割に合わない‼　と

思わなくもなかった。会に出てきた〝酷い目〟の体験談には発言以外の意図は何も含まれなかったと思う。が、人がストーカーになるのにまるで正当な理由があるかのように受け取る人もいるのではないか。そのような考えには加担したくない。

酷い目に遭ったのならば、小早川先生も著書で書いているように、その被害を民事で訴えればいい話だ。復讐をして良い理由には決してならない。なってはいけない。さらに回り込んで言うと、だから被害者も復讐されて当然だとか、隠れて住んで当然と思われては、たまらない。違法行為は刑事で、不法行為は民事で、お互い正当かつ合法的な手続きを踏んで訴え、それ相応の結果を求めればいい。どんなに憎くても、それ以上のことはするべきではない。復讐や報復に世間が目を瞑《つぶ》って許したら、法治国家とは、呼べない。

昨今では、男女関係を伴わないストーカーも増えてきている。小早川先生の著書『ストーカー』（中公新書ラクレ）で引用されているストーキング・リスク・プロファイルによれば、私の事件の場合はいわゆる「拒絶型」に分類される。男女間での性的関係の崩壊を背景に発生すると定義され、被害者が相手を拒絶したことによって関係の再構築か、復讐のいずれかを望んでつきまとう。殺人に至って世間を騒がせるタイプのストーカーは圧倒的にこのタイプだとかううう。しかしこの拒絶型にも親子や親友関係から起きる事例も出てきているという。

さらに、自分が酷い扱いを受けていると感じて発生する「憎悪型」や、孤独感などから見知らぬ相手や知人程度の相手と恋愛関係になれると妄想的に考え発生する「親しくなりたい型」、恋愛関係になりたいわけではなく、ただひたすら会いたい、性的に接近したい「相手にされな

い求愛型」、そして普段用心していない見知らぬ人を対象として窃視を続けるなどして支配感と征服感を楽しむ「略奪型」（加害者のほとんどが男性）……。まさかそんなにバラエティに富むとは。

というわけで、自分がさほど親しいと感じる関係性でなくても、仕事上の顧客が急接近してストーカーになることも珍しくない。英会話やヨガや料理教室などの先生と生徒、医師と患者、弁護士と依頼者、アーティストの個展やステージに必ず顔を出すファン、そしてブロガーやインスタグラマーのフォロワーなども、豹変する。となればもう、誰にとっても他人事でなくストーカーに遭う可能性が常にあり、対応をちょっと間違えるだけで、危険な状況に晒されると思った方が良いのではないだろうか。

また一方で、誰もがストーカー加害者の側に立ってしまう可能性も、否定できない。ほんの一瞬、いや一日くらいならば、理不尽な別れ方を切り出した恋人に、何度もメールを送ったり、電話を掛け続けたことくらいは、誰もが持つ経験なのではないか。そこから警察に注意されるレベルにまでこじらせていかないという保証は、どこにもないと思う。その先の違法行為に至る人の割合はグンと少なくなるようだが。

これだけ被害者として苦労している私だって、例外ではない。交際していた相手に突然拒絶されたときの焼けつくような痛みを、何度か体験している。返事を待たずにメールを重ねて出したこともあれば、相手の家まで行って帰りを待ったこともある。当時スマートフォンやSNSがあったら、一日何十、いや何百通というメッセージを送ってしまっただろうか。なんとも言えない。SNSは離れていても会話のようにメッセージのやりとりができるのは便利なのだ

が、言い争いなどには向いていない。自分の不安や不満をぶちまけるのに使うと、あっと言う間に大量メッセージを送ってしまうのだろう。分からなくもない。しかし少し使ってみれば分かるように、短い文は、どうしてもニュアンスが伝わりにくくキツい言い回しになることが多い。受け取る側は猛烈に不快で恐ろしくなってしまう。恐怖と怒り、どちらも短期間に増幅爆発するようにできているのだ。

拒絶される苦しみは十分体験して分かっていたはずなのに、いざ自分が拒絶する側になると、嫌だ、怖いという感情が先に立って、相手の心情を思いやることができなかった（ギリギリまで嫌だという気持ちを我慢していたからなのだが）。納得してもらうまで説明し続ける手間を惜しんでしまったことが、悔やまれてならない。

一旦憎悪の沼にハマってしまい、相手の返事が悪かっただのなんだの自分を正当化する理由を積み上げてはさらに深入りしていけば、やがて自分の意志では戻れなくなる。さすがに自分はそこまで相手を追い続けたことはないので体験的には分からないが、Aとのやりとりを経て、意志や理性から乖離して怒りや執着を無意味に募らせていく様子は、なんとなくは、想像できる。だからこそ、病気という言葉に大きく納得したのだ。

清水潔『桶川ストーカー殺人事件―遺言』（新潮文庫）は、まるでサイコサスペンスドラマのような、圧巻の事件ノンフィクションである。読むのが本当に辛くて怖かった。ストーカーに遭わないための対策が分かるわけではないが、こうして一九九九年当時の警察のストーカー対応がどうだったのかを知ることができるのは、ありがたい。事件を経ての改善も多々あったのだろう。犠牲となった女性とご遺族のことを考えるだけで、どういうわけか自分の事件では数

えるほどしか涙を出せない私の涙腺は、何度でも崩壊してしまう。

この事件の主犯とされる男、小松が逃亡しながら連絡をとっていた知人女性がいる。彼女が著者に小松の様子を語る部分がとても印象的だ。

好きになってしまうと止められない、他のことが見えなくなってしまう。この頃では拒食症になってしまったと言っていた。壊れやすくて繊細な人で……。

本人も報復殺人をやめたいと思いつつ、自分の意志ではどうにも止まらないくらい病んでいた、ようにも読めてしまう一節だ。本人は自殺（？）して死体となって発見されるので、彼が本当はどんな精神状態であったのか、もはや知ることはできない。

三鷹ストーカー殺人事件の犯人、池永トーマスの言動にもまた似たものを感じる。前出の小早川先生の『ストーカー』には、被害者宅に侵入し、クローゼットに身を隠して被害者の帰宅を待つ間に池永が友人に送り続けたLINEのメッセージ群が載っている（FNNニュースで報道されたものの転載）。そこには「神様反省してるので助けてください」「三時間前のおれしね」など、自分の凶行を止めるに止められない焦りと葛藤が読み取れるのだ。

それにしてもAの逮捕はまだなのか。延々と待って待って、ストーカーや反復事犯について勉強していて、とうとう年度末になった。警察が人事異動となるシーズンである。私は刑事課のYさんに呼び出され、ようやく告訴状を作成して、それから彼が三月末で小豆署から離れることを知らされた。

えええーっ。どこ、どこに行っちゃうんですか。

「えっと……。香川県です……」

思わず身を乗り出して叫んだ私に、たじろいだのだろう。いつもは無表情のYさんの目が泳いでいる。私がYさんのストーカーになりかねないって警戒されたのか⁇　いかんいかん、香川のどこですかと問い詰めたい気持ちをぐっと抑えて平常心平常心と心の中で唱える。それで逮捕はいつなんでしょう。

「捜査上のことなので申し上げられませんが、進めています。私が異動したあとでもしっかり引継ぎしますので」

はあ。よろしくお願いします。あのう、今まで、本当にありがとうございました。感謝しております。

もうYさんと会うことも、おそらくないのだろう。いや、香川県は狭いからそのうちまた小豆署に異動してくることもあるのだろうか。どうかお元気で。この事件がYさんの業績アップに繋がっていることを、祈念してます。

この原稿を書くにあたり、公判記録を取り寄せたのであるが、警察の捜査資料のほとんどをYさんが作成していた。特に名誉毀損事件でIPアドレスを提出してからAに特定するにいたるまでの手続きは、閲覧できた資料のすべてがYさんによるものだった。香川県警のサイバーポリスが関わった痕跡は、一切なかった。

それからしばらくして、Yさんではなく、刑事課の別の刑事さんから電話があった。以前に会ったときには「内澤さんも返事をしたりストーカーに連絡をしているのは悪い！」と頭ごなしに言われて、だからそれは誰も盾になってくれなかったからだろうがああっと、叫び返し

そうになった相手なのであるが、この日の彼の態度は一変してとても機嫌良く、年度をまたぐと、異動でこの事件について直接知らない人が沢山増えるので、もしもの場合に備えて私の正面と横顔の写真を撮らせてくれと言うのだった。

「ほら、通報があって駈けつけても、だれが内澤さんか分からないと探しようもないですから。はっはっは」

まさか自分が警察でマグショットを撮られる日が来るとは……。思えばあのAの写真でパニックを起こしたのが、すべての始まりであった。あの日から、とんでもなく遠くに来てしまった気分だ。私の顔を署の皆様全員に周知していただけるのは、恥ずかしい気持ちもなくはないけれど、やはり安心が先に立つ。有り難いことです。

それにしても上機嫌な刑事さん。逮捕が決まるとそんなに嬉しいのだろうか。あくまでもここから先は確証無く、ふとしたときに漏れ出た刑事さんたちの表情やボヤキなどからの憶測にすぎないけれど、どうも逮捕（もしくは起訴）には手柄などという大雑把なものではなく、もっと細かく組織内での人事評価その他に響く「ポイント付与」的な何かがあるように思えてならない。それはそれで彼らのモチベーションにもなるのであるから、いいのだ。

逮捕まで漕ぎ付けられたことは、大変感謝している。ただし、逮捕に至らないように、事件を未然に防ぐためにストーカーに警告を出すなど、日々尽力してくださっている生活安全課の活動にも、「ポイント付与」を同じくらいたっぷりと差し上げていただきたいと思うのだ。地味であるし結果が残りにくい活動であるけれど、一番大切なことだと思う。事件になる前に解決するに越したことはないのだから。ちなみにストーカー規制法が適用されての逮捕が、生活安

全課と刑事課のどちらの扱いになるのかは、私の事件では適用されなかったため、不明のままである。

こうして年度をまたぎ、さらにどれくらい経っただろうか。Aはようやく逮捕された。

電話を受け、息を吸い込んだ。長かった。本当に長かった。Aはまた逆恨みするのだろうか。書き込みを止めてからこんなに長く放置されりゃ、終わったことだと思っているだろうな。これからどう動けば良いのだろう。小早川先生にメールを打った。

27　再逮捕

ようやくAが逮捕された。前回の手順を思い出す。Aが送検された後に検察庁から呼び出しがあって、検察官に事情聴取されるはず。なのだが、警察からの説明では、告訴状を出しても私に事情聴取もせずに罰金刑で略式起訴、となる場合もあると言われていた。名誉毀損だからなのだろうか。

けれど、Aの場合、以前の懲役刑の満期から五年経っていない。再犯加重といって法定刑が割り増しされるはず。それと一年前の脅迫事件の不起訴にした分も、H検事に「なにかあったらいつでも起訴できるようにしておきます」という趣旨のことを言われた気がするのだが。となれば、略式起訴にはならない気もするのだが。そこは検事次第、なのだろうか。

小早川先生からは、とにかく検察には起訴を望むようにとメールが届いていたので、検事に会えないと困るんだけどなあ。また、2ちゃんねる書き込みのIPアドレスを確定してくださった藤吉弁護士にも、条件反射制御法について知っていただいたうえで、Aを治療に結び付ける方法を考えてくださるようにお願いしてはどうかと提案された。

藤吉先生は、条件反射制御法についてはとても興味をもってくださったのだが、被害者の立場から加害者を治療に結び付けるということになると、一番確実なのは、示談にすること。告訴状を取り下げ、不起訴をお願いするのと引き換えに、治療を受けることを了承させることだと言われた。

不起訴は、嫌だ。なぜ私に害を加えてきた男の刑を帳消しにするような交渉をしなければならないのだろう。絶対に、嫌だ。Aは悪いことをしたのだと、国家の定める機関が精査のうえ判定して欲しい。

その後、条件反射制御法の勉強会で知り合った弁護士の中でも、実際に加害者を治療に結び付けたことのある弁護士の方々に再度連絡をとり、どんな方法をとったのか聞いてみた。彼らが実際に治療を受けさせた、つまり下総精神医療センターへ入院させたのは、被害者側ではなく、加害者側の弁護人としてであり、治療法の存在を教えたところ、本人が希望したから繋いだというものだった。しかもストーカーではなく、薬物依存や性犯罪者だった。

被害者側からの要請では、治療を受けることを示談の条件につけたことはありますとも言われた。つまり、弁護士側からのアプローチとしては、それがきわめてスタンダードな提案なのであった。

しかしやっぱり起訴は、譲りたくない。もしここで不起訴にしたいとお願いしたら、告訴状を取り下げたら、警察はどう思うだろう。二度と守ってもらえなくなるのではないか。少なくとも彼らのやる気やモチベーションは、確実に下がるだろう。

今までのことを振り返ってみても、結局のところ、本当にAが襲ってきたら、物理的に守ってくださるのは、警察なのだ。もちろん、小早川先生と契約して、窓口となっていただくというワンクッションは作った。しかしそれでもAにとって本当の憎しみの対象は、私自身であることに変わりはないのである。来るときは来るだろう。

どんな状態であっても国民を、治安を守るのが警察の仕事である。本来ならば二回も途中で不起訴になるようにお願いしたら、もう助けてくれないかも、などと心配する必要はないとも言える。しかし彼らとて人間なのだ。一度目のときは、彼らが逮捕の前後に、どんなことをしてくださったのか、全然知らなかった。けれど、残された捜査資料の膨大さを（私が閲覧できる分だけでも）目の当たりにすると、そりゃ翻意されたらがっくりするだろうなと、改めて思った。苦労して捜査に捜査を重ねたのちに二度目もフイになっては、三度目に精力的に対応してくださる気力が残っているだろうか。私はこれからもずっと小豆島で暮らしていきたいのだ。チキンと言われようが、なんだろうが、やっぱり彼らの機嫌を損ねたくないという気持ちを抑えることは、できない。

それともう一点は、Aに対して。こちらの気持ちの方が断然強い。二度も不起訴になれば、自分は悪いことをしてないと思いあがる可能性が非常に高い。いや、思いあがるに決まってい

る。2ちゃんねるにも、私の被害妄想で本来逮捕されるほどのことではなかったというようなことを書き込んでいる。信じがたいが本気でそう思いこんでしまっているようにみえた。冗談じゃない。なんのための示談だったのか。今度こそは、トドメを刺してやる。きっちり法的に裁かれろ。

ようやく高松地方検察庁から電話がかかってきた。事情聴取してくださるらしい。よかった。ありがたい。

N検事は、地味だがスーツが良く似合う長身の、眞島秀和的な塩系男子なのだった。地検の検事さんって、なんでみんないいスーツ着てるんだろう。N検事は、Aについた Z弁護士（前回のM弁護士と同じく、当番弁護士制度で派遣されたと思われる）から私に面談希望があることを伝えたうえで、前回のH検事と同じく、またもや不起訴をやんわりと勧めてきたのであった。

いいえ、絶対に起訴を、お願いしたいです！　Aの弁護士と会って話を聞く気も全くございません！　示談は受け付けません！　Aは前回示談をすることで不起訴になったのにもかかわらず、平然と示談の約束を破って連絡してきて、さらに誰でも見ることができる2ちゃんねるにスレッドを立てて酷いことを書き込んできたんですよ？　逆恨みが怖くて不起訴をお願いしたっていうのに、不起訴になっても嫌がらせしてくるんなら、なにをしようが嫌がらせをやめる気がないってことじゃないですか。そんな男と示談をする意味、あります？

「しかしAは謝罪したら許すと内澤さんが言ったと言ってるんですけどね」

はああ？　Aが検事さんにそう言ったんですか？　やっぱりそうきたか。絶対に言ってません！　前回似たようなことがあり、すっかり懲りましたので、Aとの交渉はすべて、記録に残る形でしかしていません。LINEのあとは、書面の往復になります。写しもすべて取ってありますので、ご入用ならば提出します。私の口からは一切、Aを許すなどと申しておりません!!!　すぐ自分の都合の良いように、人の言うことを捻じ曲げて、自分を被害者にして私を攻撃するのです。本当に許せません。起訴を、そして厳正なる処罰を、望みます。

「……分かりました」

N検事の貌《かお》に、これで仕事ひと山確定だなという、めんどくさそうな表情がよぎったように見えた。お手間でしょうが、こちらも死ぬ気で自腹も切って、ここまで追い詰めたんですよ。そう簡単に翻意するわけ、ねえんだよ。心の中で呟いた。

ただし処罰のうえで、治療を望みます。

「は？　治療？　ですか？」

N検事の顔が曇る。

「というと？」

逮捕を待つ間にいろいろ調べたんですけどね……と、私はストーカーが病気の一種であることと、治療方法の存在と効果について、滔々《とうとう》と説明した。

「それでは内澤さんは、処罰と同時にAに治療を受けさせたいということですね」

そうです。治療を望むのは、Ａの私への執着を消すことが、私自身にとって最も安全性が高まるからです。相手に対して同情しているわけではありません。

「なるほどね……」

そもそも検事さん、私には刑を重くしたり軽くしたりすること自体がよく分かりません。いや、罪を犯したらみんな死刑になれとか極刑を望んでいるわけじゃないんですよ。

「ほう？」

これをしたら懲役一年とか、法律を作ったのならその決められた通りに執行すれば良いのに、治療を受けるから減刑しろとか、そういう取引みたいなことを検討しなければならないことが、理解しかねるというか。刑を軽くするために謝罪されても、心から反省しているとは、思えませんよ。被害者としては、考えるだけで不快です。刑は刑、治療は治療として別に考えてほしいのですけど。

「なるほどね」

それで、Ａに治療を受けさせるのに、ご協力していただくわけにはいきませんか？

「え？　うちが？」

カウンセラーの先生から伺ったのですが、以前に起訴が決まって、被告人弁護人が保釈申請をしたときに、保釈先の制限住居を、治療する病院に、つまり千葉県の下総精神医療センターにしていただいたことがあるんだそうです。

「いや、それは、無理ですけど……。治療に三カ月かかるんでしょ？　その間公判もできなくなるんですよ？　しかも千葉県まで、香川県からどうやって移送するんですか⁉　誰が付きそ

うの?? 予算はどこからとるの?? ありえませんよ」

N検事は私の心情は理解してくださったが、ひと肌脱ごうという気にまでは、ならなかったようだ。小早川先生に聞いた事例では、判決日が入院中に決定されていたのを医師が検事と裁判官に判決日を延期すべきと伝え、裁判官は入院治療の継続を尊重し退院日まで延長した。しかも地方都市の保釈場所から千葉市の病院までは小早川先生のところの警護員が同行した。警察官も泊まりがけで付き添ってくれたそうだ。警察官、弁護士、裁判官、検察官、医師、それぞれの行動が被害者を守るという社会的利益を目的として連携し、現実が動いたのを目の当たりにした小早川先生は、岩盤規制に風穴が開いた気がしたと言っていた。

たった一例ではあるけれど、治療命令にも等しい決定が下されたということは、不可能ではないってことだ。通常の職務の運用ではないだろうけど、各職種の方が裁量の範囲内でなんとかやりくりして成し遂げたものなのだろう。通常の職務を遂行すること以外何も考えない人からすれば、いわば裏技的なやり方にも見えてしまうので、こちらもダメ元で提案してみようと思ったわけだけど。思い切り拒絶された。そもそも個々に応じて刑罰と治療が命じられる世の中ならば、こんな苦労しなくてもいいのだが。

ダメ元と言ったが、実はしばらくは粘ってネチネチと小早川先生と下総精神医療センターの平井愼二医師の小論文に手書きの手紙を添えて高松地方検察庁に送りつけたりしてみた。しかし残念ながらN検事を動かすことはできなかった。

「内澤さん……あなた、だまされてるんじゃないですか？」

と、まるで悪い詐欺にでも引っかかったように言われてしまい、さすがにあきらめざるを得なかった。しかし、加害者への医療を熱烈に望むストーカー被害者がいるとN検事の心に刻みつけることは、できたと思う。とにかく司法関係者の一人でも二人でも、医療の必要性に、ストーカーを放置することの危険性に、被害者の不安に、気づいてほしい。気づかせるためなら、うるさい面倒な被害者と思われるくらいは、構わん。

その代わりというわけではないのだろうが、N検事は本分であるところの起訴はきっちりと、今回の名誉毀損に加えて、不起訴となった一年前の脅迫事件も併せて、起訴してくださった。

さらに起訴が決まってからは、

「被害者が公判で意見陳述できる制度がありますけれどどうしますか」

と声をかけてくださった。私の代理人の弁護士を立てることもできるらしい。いやいやいや、もーちーろーんやります。ぜひとも言わせてください。言いたいことならこれこの本のとおり、長大にありますから!!

「いや、あの、でも、あんまり長すぎたり関係ないことを言ったら裁判官にさえぎられる可能性もあります。だいたい五分程度にまとめてください。……やっぱり一応何を言うのか、原稿の下書きでいいので事前に見せてもらえます？」

了解です。ありがとうございます。藤吉先生に起訴が決まったことを伝えると、起訴状を入手しましょうと言われた。何もはたらきかけなければ、被害者は見られないものらしい。手続きをお願いした。

そうこうしているうちに、Ａ側の弁護士から、保釈請求が出たと知らされた。起訴が決まってから、公判を行い判決が出るまでの間、保釈金を積んで勾留されている被告人の身柄を解くことができる。裁判官が担当検察官の意見を聴取したうえで、決定を下す。保釈金の金額は被告の経済状況によって多寡が決まるそうだ。保釈先の制限住居は、自宅が一般的だ。私がＮ検事にお願いしたように、保釈先の制限住居を病院とする場合もなくはない。違法薬物所持で起訴され、依存が認められる場合には、公判までの期間、病院で治療することも珍しくない。公判時に治療をしていることを主張すれば、罪を軽減できる可能性があるため、加害者側についた弁護士が入院治療を手配するのだ。しかし前述したように、ストーカー事件でそれが認められた例は、わずかに一件のみ。

当然のことながら、保釈期間中には、私の家に行ってはいけないなどの条件が付けられるようであるが、それでも監視下にあるわけではなくなる。猛烈に嫌なことに変わりない。相手方の弁護士が依頼者を保釈と同時に治療に結び付けようと思ってくれない限り、また、そう思ってくれたとて、この検事ではそうなることは無理に決まっている。とても怖くて不安なので保釈しないでほしい旨をＮ検事に伝えた。

請求が出ただけで怖いというのは、誇張でもなんでもなく、実際に身体がこわばり、ひどい腰痛になった。気丈にふるまってはいたが、起訴をお願いしたことでまた激烈に恨まれているのではないかと、すさまじく緊張していたようだ。歩くのもやっとの状態で、整体に行くと、おなかがガチガチに固まり、骨盤の右内側の筋肉が琴の弦のように張り詰めているのが、上から触るだけで分かった。請求却下の知らせを受けると、腰痛は緩和する。保釈請求は判決が下

るまで何度か出され、却下されたのだが、そのたびに同じ状態となった。

起訴が決まり、判決が出るまでの期間は、拘置所でAとの面会が比較的容易になるとのことだった。小早川先生から、加害者介入、つまりAと面会をしておくならば今がチャンスだけどどうしますか？　と問われた。

刑が確定して刑務所に送致されてしまうと、足取りを追えなくなる場合もある。受刑者からの手紙でもないかぎり、こちらから探すことは困難だそうだ。今回の場合は私が被害者等通知制度を利用するので、どこの刑務所にいるのか、などは通知してもらえるはずなのだが、刑務所によっては肉親でもない人間に面会が許されるかどうかも分からないそうだ。

刑務所に送られる前に（正確には懲役刑がつくかどうかも未定だが）、小早川先生にAと会って話してもらうことで、まず少なくとも私の代理人、窓口であるということをAに認識させる。受け入れさせる。法的代理人ではなくて、私への不満や怒りをぶつける代理人だ。これは私のためであるのと同時に加害者、Aのためにもなると、小早川先生は言う。

確かにそうなのだ。言いたいことを私に直接言おうとすれば、犯罪や約束違反になってしまう。前回だって、もし小早川先生が間に立ってくださっていたら、なんで俺は謝ったのに逮捕されなきゃいけなかったんだと、Aに湧き上がった納得できない気持ちを、小早川先生にぶつけることができた。それはこういう事情があったんだよ、とストーカーカウンセリングのプロの技を駆使して話してくだされば、あ、そうかという具合にやりきれない気持ちを処理できたはず。それさえできれば、Aとて2ちゃんねるに汚らしい書き込みをするまで、恨みを発酵醸

成爆発させずに済んだかもしれない。

そして出所後にAが私に対して何を思うのか。もし私が何かを書いたり、インタビュー記事がインターネットに出たりしたものを見かけたときに、それがこのストーカー案件に関わるものでなくても、島での暮らしを書くだけで、前回のように「俺がこんな目に遭っているのにこいつは……」などと思うのではないか。そういう今後の不安の芽に対処するために、私が自由に気兼ねなく活動するためにも、小早川先生とAを会わせておきたい。

しかし私の側に立つ小早川先生と、Aは話をするだろうか。

弁護士の藤吉先生に相談すると、

「被害者のカウンセラーと面談したということは、反省している証拠になりえますから、判決に有利に働く可能性が高いです。向こうの弁護士も積極的に説得するでしょうね」

と言う。

心情的にはこの減刑につながる取引が好きにはなれないのであるが、ここは仕方がない。

「それからついでに2ちゃんねるの書き込みを削除させましょう」

そう、IPアドレスを確定してくださった藤吉先生のところでは、書き込みの削除もやっている。ただし2ちゃんねるnetだけで、ミラーサイトは削除不可能で残ってしまう。それなら一緒ではないかと、削除はお願いしていなかった。

「でも削除でAに金を使わせれば、出所後に内澤さんに何かする動きも必然的に鈍くなりますよ」

なるほど……。資金源を断つか。そういう考え方もあるか。直接的妨害行為に走るには、元

手が必要だもんなあ。

Aの弁護士に小早川先生の加害者介入を申し入れると、すみやかに面談の手筈を整えてきた。書き込みの削除もすることになったと連絡もあった。結構まとまったお金がかかる。示談違約金は、分割でしかも毎月一万円ほどしか払えないと言ってきていたことを思い出す。Aは本当は違約金全額に満たないにせよ、それなりのお金を持っていたもしくは工面できたということになる。苦々しい気持ちでいっぱいになる。

28　意見陳述・公判

裁判で述べる意見陳述の原稿を、書き上げてみると、予想通り長文になった。ここでは概略を書くに留めたい。

まずは、被害に遭ってから私がどれだけ恐怖と不安を抱え、避難し、夜逃げのような引越しを重ね、自動車も買い替えるなど、生活と仕事に甚大な損害を被ったか。仕事で公の場に出たりSNSで近況などを書くたびに、常にAが何か反応するのではないかと怯えてきたこと。加えて、裁判という場で、敢えて声に出して訴える決意を固めたのは、事件が始まって以来、公的に関わってくださった方、刑事、検事、弁護士、裁判官の全員が男性で、私が感じる恐怖を完全には理解できていないのではないかと思ったからであること。

2ちゃんねるの書き込みが始まって以来、誰がどれだけ読んだのかが分からないので、出会う人のすべてが怖く、中でも男性と二人で会うのがものすごく苦痛であること。それが自分を助けてくださるはずの弁護士や検事、刑事であっても同じ。仕事上の関係者も、そして私自身は全く知らないけれど、私の顔を知っている人もいる。醜悪で破廉恥《はれんち》な書き込みを読んで、この女には何をしてもいいのだと思って近づいてきたり、後をつけてくる可能性だってある。

男性にしてみれば、考えすぎだと笑うのかもしれない。けれどもそんなことは一切ないと誰が保証できるのか。力では絶対に敵わない男性に、下衆な想像をされることがどれほど不愉快で恐ろしいことか、これだけは、恥を忍んででも、声を大にして言っておかねばならなかった。

しかも2ちゃんねるの書き込みは、今のところ完全に消すすべがない。本物の便所の落書きならばペンキを重ねて塗るか、やすりでもかければ消えるのに。ネットの書き込みは、消えるどころか自動コピーされていくらしい。書き込む人間にとっては、気軽なうっぷん晴らしなのかもしれないが、書かれる側にしてみれば、生涯消えない傷をつけられたも同然。私はずっと恐怖を背負って生きていかねばならないのだ。名誉を毀損した罪くらいでは収まらないと思っていることを、すべての司法関係者に、認識してほしかった。

それともう一点は、再々犯の恐怖、そして治療の必要性だ。Aは脅迫罪で逮捕された後、不起訴となり成立させた示談を数カ月後に破り、名誉毀損罪を重ねている。しかもそのきっかけとなったのが、私の新刊のあとがきだ。事件のことは一切書かなかったのに、島に住んでいるというだけで卑怯者扱いしてきた。これでは今後何を書いても、刑務所に入れられようがなんだろうが、再び恨みを募らせて、嫌がらせをしてくる可能性が高い。

この異常な執着について調べるうち、消えない恨みの感情が、薬物やアルコールの使用障害などと同じように、本人の意思では止められない病気の一種であると捉えて治療する動きがあることを知り、ようやく納得した。ただし精神疾患だからといって、処罰を軽くすることは、望まない。Aは生活保護を受給しているから示談違約金を請求する裁判を起こされないだろうと居直って、示談を破っている。だから、しっかり一切の減刑なく、厳しく処罰してほしい。そのうえで、Aには私に二度と近づかないことと、治療をすることを約束させてほしい。

なぜ被害者が加害者に怯えて生活場所だけでなく仕事まで制限されなければならないのか。全然納得できない。私には普通の生活を送る権利があるはずだ。

すべて精査して短く刈り込んだ後でも文字量はここに載せた概略の二倍になった。時計を前に読み上げてみると、二十分を超えている。しかしこれ以上削りたくない。この時点では、ストーカー事件被害者になったことを、加害者治療の必要性も含めてきちんと書きたいと思ってはいたが、本当に自分が恐怖に打ち勝って書き出せるのかも、書く場を与えてくださる版元があるのかも、全く分からなかった。この意見陳述書だけが、私の名で発言できる公的な記録となる可能性だって、ある。

どうしても言いたい部分だけ文字色を変えた。N検事から長いとダメ出しがでたら、その場でこの色文字部分だけにしますと言うつもりで、提出した。

N検事からは、被害者の感情がよく伝わってきます、とだけ言われた。短くとは言われなかった。全部読んでもいいということなんだろうか。H検事もそうだったけど、こういうとき

そのやりとりで、はっきりと時間超過でも読んでいいですとか、絶対に言わないんだよなあ。そんなに言質《げんち》をとられることが、困るのだろうか。

被害者の意見陳述なんぞ、判決になんの影響もないし、やるだけ無駄だと、ある弁護士には言われた。被害者が治療を望む発言なんかするものではないとも。むしろ一生ぶち込んでいてくださいくらいのことを言うべきで、一カ月でも多く懲役刑を勝ち取るべきだと。なるほど、そういうやり方も、あるのかもしれない。一カ月でも長く刑務所にいてほしいという気持ちだって、ないわけではない。いや、切実にある。

けれど、ストーカー被害者が、加害者のエンドレスな恨みを止めるために治療を望むことが、どうしてそんなに不自然なことと思われるのだろう。そのこと自体を問い質したい気持ちも大きい。治療をすれば自らの行動をコントロールできない程の過剰な執着が消えるというならば、たとえその治療の成功率が百パーセントではなくたって、受けるだけは受けてほしいと望むのが、自然な考え方だと思うのだが。被害者の処罰感情が低いとみなされてしまうとしたら、あまりにも理不尽だ。

しかも小早川先生が条件反射制御法の入院治療につなげたストーカー十五人（当時）のうち、ほぼ全員が被害者への関心が消え、接近や攻撃などの行動を制御できるようになったと聞いていたのだ。出所後に何のケアもなく野放しになることを考えたら、入院してほしい、治してほしいと思わない被害者がいるのかと、逆に問いたい。

考えられる理由としては、刑法三十九条（心神喪失者の行為は罰せず、心神耗弱者の行為は刑を減軽する）との兼ね合いで、加害者に精神疾患があり治療を求めると、被害者側に不利な判決

をもたらしかねない、ということだろうか。だとしたら、あまりにも現実から乖離《かいり》している。生活保護を盾に示談違反をして書き込みをしてきたAに、責任能力がなかったとは到底言えない。書き込みが消えないことだって、自分の前科を報じるニュースがいまだにネット上に残っていることを気にして偽名を名乗っていたのだから、知らなかったとは言わせない。心神耗弱にはまるで当てはまらない、悪知恵を働かせて罪を犯した人間に、減刑の余地はない。しかし治療は求めたいのだ。

もし心神耗弱者は減刑の論法にのっとれば、厳罰を求めるためには、加害者が治療の必要な精神病であってもそれを認めない立場を貫かねばならないということになる。それで保釈中にでも犯罪を起こしたらどうするのだ。わけが分からない。誰が得するんだよ、それ。

ああ、だから私は法廷サスペンスドラマがあんまり好きになれないのだなあ。勝ち負けにしか関心がない人ばっかり出てくるから。

有利とか不利とかではなく、私はやっぱり法廷では正直な気持ちを表明したい。被害者なんて、証人でもなんでもない立場なんだろうけど、裁判官に私の意見を聞いてもらえるのなら、加害者に厳罰を求める一方で、被害者が安心して暮らすために、治療が必要で、無理だろうけれど、やっぱりAが確実に病院に行かねばならないようにするために、治療命令を出してほしいと思っていることを、知ってほしい。無理だと分かっていても、口に出して声に出して言わねばならない。言い続けなければ、何も変わらないのだから。

N検事から、公判日時が知らされた。一時間と非常に短いものだった。私の意見陳述は、後

日改めて行うとのことだった。

「それで内澤さん、公判は傍聴されますか」

はい。もちろん。

「それでは、その日の公判の具合で確約はできませんが、なるべく傍聴人席がたくさんある、広い部屋をとります。そのほうが内澤さんの存在が目立たないと思いますので。新聞記者などが傍聴する場合もあります。もちろん裁判の間、被害者である内澤さんの名前や住所を読み上げることはありません。職業についても、はっきりと分からないようにします。意見陳述も、仕事の内容が分かるところは直してください。で、意見陳述のときには衝立で内澤さんの顔が被告人席と傍聴席から見えないように隠しますので」

いろいろお気遣いありがとうございます。安心です。

N検事はAを治療にこそつなげてはくれなかったけれど、それ以外は本当にキッチリと細かなところまで尽力、手配してくださったのだった。そこは本当に感謝している。

小早川先生が勾留中のAに公判前に会いに行くことについては、N検事には伏せていた。警察からは、加害者とはとにかくつながりを作らないようにと言われていたからだ。もちろん小豆署の方々にも報告はしていない。

司法側がAを治療するために動いてはくれなかったのだから、私にとっては小早川先生が唯一の安全保障対策、防護壁となるのである。これだけは警察の指導から外れようが、通させていただく。次にAが何かしてくるときに、警察は動いてくださるだろうけれど、それは凶悪化してからのこと。種火がくすぶってるくらいの状態では「民事不介入」となって動かないのは

前回でよく分かった。小早川先生ならば、種火どころかどんな小さな火でも鎮火しようとしてくださる。

こちらとしてはぜひともよろしくお願いしますという気分なのだが、表向きは小早川先生が自発的に行くことを、私が不本意ながら了承したくらいのニュアンスで藤吉先生から加害者側の弁護士に伝えていただいていた。このあたりの微妙な交渉には藤吉先生に尽力していただいた。私にはとてもできなかった芸当である。

面談は小早川先生と面談することを書面にして公判に資料として提出することを条件に了承され、起訴状も入手できた。そう、被害者には公判期日通知書なるものは送られてきたのだが、そこには被告人名と事件名と番号、日時と場所、そして裁判官名が列記されているだけなのであった。

Aの了承を得て加害者側弁護士から藤吉先生を経て届いた起訴状は、N検事から高松地方裁判所に向けて提出されたもので、被告人Aの居住地・本籍・職業・生年月日が書かれた後に、公訴事実という、N検事が書いたAの悪事概略が綴られ、ご丁寧に別表として私に送り付けられた脅迫文と、2ちゃんねるに書き込まれた文面が五つずつ記載されていた。なるほど、藤吉先生が起訴状を手に入れましょうと言ってくださった意味が分かった。罪名は脅迫と名誉毀損。肝心の求刑は……どうやら公判でするものらしい。

Aは高松刑務所に勾留されていた。刑務所が拘置所を兼ねているようだった。小早川先生が面談を許された時間はたったの二十分だった。

「Aさん……ね、内澤さんには申し訳ないってまず言ったね。それにビクビクして怖がってい

るように見えたよ。これから何をされるかという感じで」

はあ……。

これから何が起きるか分からないのはこちらも同じなのだが。

「内澤さん、あなたの反撃で、Aさんはダメージを受けているってことなのよ。あなたは今、勝ってるんだよ」

うーん。そうなんですか。まったく実感が湧かないですけど。Aは刑務所に行くのが怖いんですかね。怖くないとか言ってましたけど。

「それでね、治療のことを話したら、Aさんの方から治療を受けたいと言ってきたから、少し驚きました」

はあ。先生のカウンセリングでその気になったわけですね。でもだからって今すぐ入院できるわけではないんですよね……。

「そうなんですよ」

小早川先生と一緒に高松市の法テラスに向かう。法テラスの場所を借り、藤吉先生とAの弁護人であるZ先生と四人で話をすることになっていた。Z先生から言われたのは、お礼。つまりは本来ならばZ先生が調べて探さねばならなかった手間を省き、2ちゃんねるの書き込みを削除できたと。なるほど、そういうことになるのか。そもそも黄泉《よみ》の国まで駆けずり回る心地で東京に電話をかけまくって藤吉先生を探し出したの、この私だからな。Aは削除できる人を探し出すことすらできずに、自分が書き込んだスレッドを放置して、謝ったから済んだと思い込んでいただけなのだから。無責任極まりない。それで反省している証拠にされるのは、本音

としては心外だ。

小早川先生はZ先生に、A本人が治療する気になっているので、保釈請求を出して、制限住居を千葉の下総精神医療センターにするよう検察にお願いしてもらえないかと聞いてくださったのだが、「千葉までは……無理です!!」と言われてしまった。もし高松あたりにあったら、事情は変わっていたのだろうか。

実はこの原稿を書いている段階で、徳島にも条件反射制御法を取り入れる病院が出てきて、ストーカー加害者も入院を受け入れていることを知った。あと一年早ければ、と思うと悔しくてたまらない。私が交通費を負担してもかまわないから、今すぐに、あの男の気が変わらないうちに治療につなげたいのですと言うと、「そこまで加害者のためにする意味が分かりません」と返された。

いや、だからAのためなどではなくて、私自身の安全のための治療なんだが。書き込みの削除だって全部Aを有利にするためにやってんじゃなくて、私の長期的安全の確保を思ってのことなのだが。頭がぐるぐるしてきた。罪名からして、おそらく長くて一年ちょいの実刑しかつかないのだ。一年ちょいで野放しになるんだったら、多少減刑されたとしても治療に結び付いてくれないと、安全が確保できない。だからこうして動いているんじゃないか。くどいようだが本当は厳罰と治療の両方がもらえて当然だと思ってるのだが。

公判の日、フェリーの時間が合わず、ぎりぎりで高松地方裁判所に駆け込んだ。その日に行われる公判はすべて、高松地方裁判所の一階玄関脇の掲示板のようなところに掲示される。私

が裁判所に入ると、中年男性が三人ほど、掲示板をみていた。書かれているのは罪名と事件番号。新聞記者なのだろうか。顔見知りらしく今日はめぼしい事件がないというようなことをボソボソ話している。

傍聴人入口から入り、着席するとすぐに公判が始まった。入廷してきたAと目が合った。視線を逸らすのは嫌だったので、睨みつけた。Aも嫌な目つきで見てきた。随分体重が増えていた。不健康な生活を送っていたことが分かる体形と顔だった。見るだけで不快で、気分が悪くなってきた。やはり来るべきではなかったか。

さらに気分が悪くなったのは、被告人質問でのAの発言だった。居酒屋で親友と会って、謝罪したのに逮捕されたことを話したら、「それはおかしいだろ」と言われ、やっぱりそうだよな？　となったのがきっかけだと言うのだ。馬鹿かお前は！　と叫びそうになった。自分の都合の良い部分だけ話して、友達に「おかしいだろ」と言わせたのではないか。そしてその言葉を引き金にして、恨みを正当化していったのだ。

しかも。書き込みをしているときは、心療内科から処方された薬に加えて缶ビールを六本も飲んでいたという。鬱病なのにどうしてあんなに攻撃的でえげつないことを書き連ねるのか、どうも分からなかったことがようやく腑に落ちた。にしても、抗不安薬とアルコールの併用がタブーなことくらい、鬱病になったことのない私でも知っている。そして医師も薬を何カ月も処方していてなんにも気づかなかったのだろうか？　医師とても、監督不行き届きではないのか。どうにも腹が立つ。本当に患者を治す気で看ていたのかと食って掛かりたい。

Z弁護士のAへの質問は、書き込み時のAは薬と酒で人事不省に近い状態であったと、裁判

官に印象付けたいようだった。だから減刑をという算段なのだろう。彼は彼の仕事を正しく行っているだけだ。しかし猛烈にムカつく気持ちも止められない。

Aは罪状に関しては全面的に認めていたのであるが、それでもはらわたが煮えくり返るくらい、ムカつくのであるから、これが一部でも否認されたら、どうなっていただろう。とはいえドラマのように被告人席に殴り込みをかける勇気もないのであるが。

29　判決

一回目の公判から二週間ほど空いて、私が被害者として意見陳述する日が来た。一回目は傍聴人だったので、誰でも出入りできる傍聴人用のドアから入り、傍聴席に座った。ドラマなどで見る証人召喚では、傍聴席からさっと手を挙げ立ちあがり、傍聴人たちをかき分けて裁判官の真ん前に出てきていた。

しかし私の場合は傍聴人にもそしてなによりAに顔を見られたくない。そんな事情を酌んで遮蔽措置を導入してくださるため、法廷への入口とは別になるという。検事が入ってくるドアである。裁判官を正面に見て左側の壁にある。右側の壁にあるドアからは、被告人つまりAと、その弁護人が入ってくるようになっていた。裁判官がどこから入るのかは確認できない。

公判の開始三十分前にまず地方検察庁に来てくださいと言われた。高松は、地方検察庁が

入っている法務合同庁舎と、地方および高等裁判所が入っている裁判所ビルが同じ敷地内に隣接している。検察事務官に連れられ、検察庁の入っているビルの裏口から出て駐車場を通り、裁判所のビルの裏口へと歩き、司法関係者の控室に到着。時間までこちらでお待ちくださいと言われた。法廷への移動は、おそらく開廷後なのだろう。裁判所の女性職員に連れられて廊下のようなところで待機。女性職員の合図でドアを開けて入廷した瞬間から、戸板のような衝立で囲われた道を進むうちに裁判官の前に立っていたという具合である。被告人席も検察官席も傍聴席も何にも見えないまま。なんとも奇妙な体験だ。

衝立の向こうにはAがいると思うと、何とも嫌な気持ちになったが、あるとないとでは大違い。見えないだけでかなり楽だった。言われるままに、陳述書を読み上げていった。緊張していないと思っていたが、だんだん息が浅くなってきて、途中咳き込んだものの、裁判官に止められることもなく、全文読み上げることができた。

衝立の向こうのAは、無音だった。衝立の向こうから「じゃあ殺せよ」などと叫び出して被害者意見陳述を邪魔したストーカー殺人未遂事件が念頭にあったので、ひょっとしたらと緊張していたのだが、無音。Aは反省してくれたのだろうか。

検察からの論告・求刑は、懲役一年だった。

N検事による論告要旨には、私の意見陳述から一部引用したあとで、「(被害者が)厳しい処罰感情を抱いているのも、被害者が置かれた状況等からして至極当然のことであり、量刑上適正に評価される必要がある」とある。

判決は約十日後に下され、懲役十カ月となった。執行猶予はつかなかった。判決理由に書かれた適用法令は、刑法二百二十二条（脅迫）、刑法二百三十条（名誉毀損）、刑法五十六条、五十七条（再犯加重）、刑法四十五条前段（併合罪）、刑法二十一条（未決勾留日数算入）、刑事訴訟法百八十一条但書（訴訟費用の負担）とある。併合罪というのは、ざっくり言えば二つ以上の刑がある場合、重い刑の最大一・五倍の量刑にしましょうということである。一方で再犯加重というのは、前の刑の執行終了日から五年間経過しないうちにまた罪を犯したことを重く見て量刑を最大二倍に増やすことができるというもの。それで？　軽くなるのか重くなるのかよく分からない。複雑だ。未決勾留日数算入は、勾留状が出てからの勾留期間が算入の対象になる。判決では全部ではなく二十日間のみ算入となっていた。実質九カ月と少しで出てくることになる。

量刑理由として記載された文章には、これまた「被害者が法廷で、現在も続く不安などの心情を吐露し、被告人に対する厳しい処罰を望んでいるのは当然」と私の意見陳述に触れてくださっている。

一方で、Aが鬱病でしかも飲酒をしていたことに関しては、示談を破って第二の犯行に及んだことなども含め、Aに対して「有利に斟酌《しんしゃく》する余地は乏しい」としている。

そしてAが現在罪を認めて、掲載内容を削除する手続きをとり、社会復帰後に私に二度と接触せず、カウンセリングや入院治療を受けて再犯防止を図ることを誓約していることも考慮して、懲役十カ月にしたと結んでいる。

検事も裁判官も、被害者意見陳述について、言及してくださっていることについては、以前に取材した弁護士に言われたように「実質的には量刑になんの影響もない」のかもしれなくて

も、私の不安と恐怖を斟酌して刑を決めてくださっているようには読めた。素直に嬉しい。問題は、2ちゃんねるの掲示板をひとつ削除したことと、本人が社会復帰後に治療に行きたいと言ったことが、減刑につながっているように読めることだ。ある程度覚悟のうえとはいえ、量刑上ではAに有利な案件を私が全部持ち出したことになる。複雑だった。

しかも、しばらくして検察からAが控訴したという通知が届いた。藤吉先生からは、これは被告人が持つ権利ですから、と説明されたのであるが、パニックになった。あれだけやったことを全面的に認めていたのに、控訴???　法廷でのことも、小早川先生との面談も、全部嘘で、まったく反省していないのだろうか。それとも差し入れで私のことについて書かれた何かを読んで、心変わりがあったのだろうか。

藤吉先生からAの弁護についたZ弁護士に連絡を取っていただいたところ、Z弁護士も、びっくりしているとのことだった。Z弁護士は控訴手続きに関わっていなかった。A本人が手続きをした可能性が高い。Z弁護士はAと最後に会ったときに、控訴をしたところで、今よりも減刑される可能性は極めて低いことを説明して、素直に了承していたというのだ。なんでそうコロコロ変わるのだろう??

一体何を考えているのか、さっぱり分からない。モンスターのように突然凶悪に変わっていたらと考え始めると、不安が止まらない。何も分からない段階で考えてもしかたがないのだが、意見陳述が気に食わなかったのかなどなど、考えてしまう。なにしろ相手はたったひとことでガラリと変貌した実績を持つのだから。

救いは、高等裁判所も高松にある、ということくらいか。もし地方裁判所しかない県に住ん

でいたら、高等裁判所で取り上げられることになったら泊まりがけで行かなきゃならなかったのかもしれないのだ。で、もちろんそうなったらさらにバージョンアップした意見陳述書を読み上げてやろうとは思っていたが。

小早川先生からは、控訴を逆手にとって治療につなげられる方法を探りますとメールをいただいた。

そのうちに、検察からまた通知が来た。今度は高等検察庁からだ。封を切ると、確定の欄にチェックが付き、〈控訴取下〉とあった。？？？　刑が確定したことにより、被告人は受刑しますとあるので、また裁判ってことはなくなったらしい。だけど取り下げってのは、誰がしたんだろう。裁判所がはねつけたのなら却下じゃなかったか？

藤吉先生に確認したところ、A本人の意思によって取り下げられたという意味なのだそうだ。もう何がなんだか、さっぱり分からない。しかも刑が確定したあとも引き続き検察に加害者処遇状況等を知らせていただく手続きを取ろうとしていたのだが、この控訴騒ぎによって、これまでの高松地方検察庁相手でなく、高松高等検察庁に申請しなければならなくなってしまった。

刑が確定したという通知には、加害者処遇状況などの通知を希望するための書類が同封されていた。非常に分かりにくい文面だった。教えてもらえるのはAの刑務所内の処遇と、仮釈放審理の開始、釈放年月日、保護観察期間の終了年月日。このときまでよく知らなかったのだが、刑務所内で問題なければ、刑の満期を前に仮釈放となるらしい。そして満期より早まった分の期間は、保護観察がつく。

通知申し込み書類を出せば、これらの処遇スケジュールを教えてくださるということだ。

ただし、上記以外にも、検察官が必要と認めれば、「加害者の出所直前における出所予定の時期」と「出所した後の住居地」を通知すると、最後にモソモソと記されている。え？　どういうことなんだろう。

これも後から知るのであるが、仮釈放の正確な日程は、直前にならないとはっきり決まらないらしいのだ。お知らせするのに一手間かかるし、加害者の人権問題にも関わるからなのだろうか。しかしストーカー被害者にとっては、出所した後に、出ましたよと知らされるのと、たとえ三日前でもいいからこの日にココで出所しますと知らされるのでは、大違い。知りたいに決まってるじゃないか。

で、後者の出所直前の予定日と指定帰住地の通知は、どう検事と談判すればいいのか。同封の申込書に書く欄は、ない。手続き方法も何にも書かれていない。慌てて高等検察庁に電話をして、申込書が別途あることを確認し、取り寄せた。

これまで長らく話をしてきた地方検察庁のN検事ならば、私がどれだけ怖がっているのかよく分かってくださっているはずだけれど、相手は話したこともない高等検察庁の検事。こんなしょぼい事件などと思われたら、かなわん。藤吉先生に相談のうえ、上申書を作っていただき、小早川先生に見ていただいて、Aが再犯するおそれがどれほどあるかをがっつり加筆していただいた。これを申込書に同封して、高等検察庁に送付した。

こうして裁判の判決からは二カ月、刑の確定から一カ月も経ってようやく、加害者処遇状況は、無事に仮釈放の日程や出所後の指定帰住地も含めて通知してもらえることになった。しか

も今後の通知は、有罪判決を出した高松地方裁判所に対応する高松地方検察庁に引き継ぎましたとある。ふう。

取り下げの時点で引き継いでくれれば、こちらとしては安心だったんですけどねえ。まあ、役所の手続きだから、仕方ないけど。Aが控訴をしたことで、こんなに手続きが遅れて、その間Aがどこに収容されたのかも分からず、不安な日々が続いた。合法的な嫌がらせかと考えてしまう。

一週間ほど置いて高松地方検察庁から処遇状況について、通知が送られてきた。書かれていたのは、執行終了予定時期、刑務所の名前と所在地、懲役刑の作業名、改善指導名、あとは制限区分とあるが、数字が記されているだけでなんのことなのかは、不明。優遇、褒賞、懲罰状況に関しては該当なしとのことだった。

執行終了予定、つまり出所予定日は、こちらの計算通りで、刑務所はそのまま高松刑務所に収容されたようだ。気になるところは、「改善指導」だ。一般改善指導と記されている。一般改善指導って、何⁈　いや、まさにここで、条件反射制御法を施してくだされば、再犯防止になるんじゃね？　そうしたら私はとっっっても安心なのだが？？？

すでに、私が実際に見聞きした中で、ストーカーに対してではないけれど、ストーカーと同じく行動欲求を止められずに再犯を繰り返してしまう窃盗や痴漢で収容されている受刑者に対して本人の希望があれば条件反射制御法を試みる刑務官や、ワークブックを差し入れる弁護士などもいる。

そもそも刑務所の中でぼんやり過ごしてさあ、なんになるんだよ。自由行動を制限されて、

軽作業で紙箱でも組み立てたとして。それは受刑者にとって苦痛なのかもしれないけれど、被害者としては、ざまあみろとも思わない。作業で発生する賃金が被害者への損害賠償に当てられるならばまだ話は分かる。本当に罪を反省したり、被害者にどう償うべきかを考えさせたりすることに繋がる指導をしてほしいところなのだが。

小早川先生が、高松刑務所にいるAに手紙を書いてくださった。出所後も私とAの間に立つ盾となるために、そしてAとある程度の信頼関係を築き、出所後に治療を受けるという意思を継続させる支えとなるために。もしA本人が希望すれば、条件反射制御法を実行するためのワークブックを送るつもりでいたそうだ。

ところが。Aからの返事は、待てど暮らせど来ないとのこと。あれだけ、勾留中の面談では治療をしたいと望んで、そしてそれを加味しての量刑十カ月の判決じゃなかったのか。「入院治療を受けることを誓約」したんだけど？　そこから心変わりしても、誰もAを非難することもできないのか。

しかしもう私はエネルギーを使い果たしてしまって、怒る気力も湧かないのだった。ひたすらがっかりして落ち込んだ。Aはまた翻意して治療をする気を、なくしているのかもしれない。ばかばかしい。本当に、ばかばかしい。もうしばらくはなんにも考えたくない。

小早川先生からのメールに、お返事をしてから、本当に自閉状態になってしまった。事件のことから離れたい。忘れてしまいたい。ヤギの世話だけして、ヤギたちとだけ話して、人間とは誰とも話したくない。ヤギはいついかなるときでも、私が落ち込んでいようがなんだろうが、常に私を見ると、美味い草葉をとってくるか、美味しい草の茂るところに連れていけと要求し

て鳴く。余計なことは一切言わない。それがどれだけありがたかったか。

この体験を書きたい、書かねばという気持ちも、いったんは凍結するしかなく、ともかく事件のことは忘れて脳を休めたかった。Aが治療して治ったことも含めて、実体験として書けたらと思っていた。Aが治れば、書くことで再び襲われるかもしれないと思うことなく、安心が担保されることもあるし、なによりストーカーが治るなんて、ほとんどの人が知らない状態なのだから、誰もが驚く本になるだろうという野心も、ゼロではなかった。

もちろん、成功体験だけが本になるわけではない。ノンフィクションでは失敗も隠さず記されるほうがリアリティが増すことも、ある。私の場合だって、Aがストーカーになり、違法行為を犯す加害者になる前に食い止めるための方策が皆無である現実や、逮捕されてから治療に向き合うことを促す仕組みがまるっきり構築されていない現実を、浮き彫りにすることは可能だと、頭では分かっていた。けれど、今はともかく思い出したくない。Aが絶対に来ない状況に安心して、寝たい。びくびくと周りを見回したりせずに、ヤギの世話に没頭したい。それだけだ。

抜け殻状態になって、あっという間に四カ月が経過した。見知らぬ個人名が裏に記された封書が届いた。住所から地方検察庁からかと思って開けると、四国地方更生保護委員会からの通知書だった。なるほど。検察庁も更生保護委員会も同じ法務合同庁舎の中にあるらしい。法務合同庁舎の入口には刑務官募集のポスターも貼ってあったな、そういえば。

内容は、Aの仮釈放審理が始まったことを通知するものであった。え、もう⁉　刑の満期ま

ではまだ四カ月あるはずだが。感覚としてはちょっと一息ついただけって感じなのに。また戦場に引き戻されるのか。ここにいたると、求刑から差っ引かれた二カ月が、惜しまれる。って、私がくれてやったようなものだが。一カ月でも長く塀の中にいてもらって、安寧なる日々を少しでも長く味わいたい。

なにしろ刑が確定するまでは、警察署からお借りしているキッズ携帯と自分の携帯と、必ずどんなときでも携帯の充電を絶やさぬように、充電池とコードも持ち歩き、首から下げる警報器に、友人から送られてきた、強烈な光量を瞬時に放ち、やけに硬くて重い金属でできている懐中電灯と、合法な刃渡りの折り畳みナイフまで武器代わりに持っていた。高松を歩くときはいつでもすぐ動画を撮れるようにしていたし。またあのフル警戒装備の日々に戻るのかと思うと、猛烈に憂鬱だった。

仮釈放というのは、刑期が満期になる前に釈放するかわりに、一定の条件を課す。仮釈放日から刑の満期日までの期間は保護観察所が定期的に面談、指導監督する。満期でいきなり野放しになって社会から孤立するよりは、再犯を防ぐことができるという考えのもとに実施されているようだ。加害者が保護観察中に守らねばならない条件に違反した場合は、刑務所に戻されるそうだ。なるほど。言わんとしていることは、よく分かる。何より誰かが社会に出たAの様子を定期的に保護観察してくださることが、復讐を恐れる被害者にとっては安心ではある。多少出所時期が早まっても仕方がないのか。でもこの保護観察の時期に治療をしてもらえるなら、さらに安心なのに。

文面の最後に特記事項として、仮釈放審理にあたり、被害者には意見聴取制度があり、希望

するなら既定の日時までに連絡をするようにとある。えっ、また意見が言えるの⁇　検事・裁判官の次は保護観察官。またストーカーの治療のこととかなんにも知らないお役人様を相手に、治療の必要性をひとしきりがなり立てねばならないのかと思うと、気持ちが萎《な》える。暖簾《のれん》に腕押しなんだろうな、どうせ。

でも待て。ここで腐っていいのか。小早川先生は、平井医師をはじめとするストーカー治療にかかわる医療関係者と出会ってから、治療の必要性を、いや正確には治療命令の必要性を、何度も何度も訴え続けてきたはずだ。私の何倍も何十倍も、悔しい思いをしても諦めずに、闘ってきたはず。そしてさらにその背後には、さまざまな事情で声を出せない被害者も沢山いるだろう。重篤な被害に遭って苦しんでいたり、無念のまま殺されてしまった人も、いる。犠牲になった方々のおかげで被害者を守る制度が少しずつできてきて、私もお世話になっている。続いてほしくないけれど、あとに続くであろう被害者のためにも、声を出せる人間が、声を出さなくてどうするのだ。

30　仮釈放

Aの仮釈放を審議する、四国地方更生保護委員会の担当者に電話をかけてみた。地方更生保護委員会は、全国八カ所に置かれ、少年院や刑務所に収容されている人の仮釈放に関わる。意

見を直接述べる日時を決めるためもあるが、そもそも保護観察期間に保護観察官が面談してみて、Aがあきらかに私への憎しみを増していると判断した場合に、私や警察にアラートしてもらえるシステムになっているのかどうか、知りたかった。通知の手紙にはなにも書かれていない。

電話口にでた保護観察官Uさんに、Aに私への恨みや執着をとりのぞく治療を受けてほしいと切望していることと、公判時にはA自身も治療をしたいと言っていたのに、服役中にカウンセラーの小早川先生が出した手紙に返事をしていないことから、翻意している可能性が高いことなどをまくしたてた。

驚いたことに、Uさんはストーカーが依存症の一病態であることをよくご存知だった。これまで警察でも、検察でも、この事件に関わってくださった方々すべてことごとく「ストーカーに治療？　は⁇」という反応ばかりだったので、治療の必要性が分かっているというだけで、ありがたかった。話が早い。そのうえで、Aが小早川先生へ返信しなかったのは、本人が希望申請しても、刑務所の許可が下りない場合もあることを、一応お伝えしますと言われた。なるほど。

ストーカー事件の場合は、加害者に仮釈放を許可するにあたり、被害者と接触しないことを条件に付けることが一般的。仮釈放期間は、一カ月程度の場合もある。釈放地域の保護観察官が面談するのは、だいたい月に二回程度のペース。期間中に付された条件を守らなければ、刑務所に逆戻りとなる。仮釈放期間分だけだが。

保護観察官には被害者に加害者の処遇について通知義務はあるけれど、「見た感じ、精神が

不安定だ」などという主観的なことを伝えることはできないのだそうだ。うーん。言われてみれば、そうか。加害者からの不安などの訴えがあれば、医療機関やカウンセラーにつなげることはしているが、保護観察官の裁量に任されているとのこと。

つまり、危険度マックスにならないと、こっちに通知されることはないってことか。黙り込む私に、Uさんは言った。

「どうしても不安でしたら、警察に行って、ストーカー規制法の接近禁止命令を出してもらうようお願いしてみてはどうでしょう。それが経験上一番安全かと思います。仮釈放の特別遵守事項で接近禁止をつけても、仮釈放期間だけしか適用されませんから」

ストーカー規制法な。二回とも適用してもらえなかった、私には絵に描いた餅的な、法律なんだが。けれど、ストーカー規制法をよく読んでみれば、二〇〇〇年に成立したときから、「名誉を害する事項や性的羞恥心を害する事項を告げ、またはそれらを知りうる状態に置くこと」は、適用対象になっている。これでどうして適用してくれないのか、単に使った媒体が電子メールではなかった（二〇一六年の改正後にSNSでも適用）だけで外されたけれど、行為の本質はストーカーではないか。小早川先生からも、適用されてもおかしくないのですがと何度も言われていた。すぐに小早川先生に相談した。

小早川先生の提案は、警察に接近禁止命令を出してもらえるようお願いするために、私が書く陳述書に加えて上申書を藤吉先生（病態については小早川先生からの添削付きで）に作成していただくことと、それからこの地方更生保護委員会のUさんにも、私の口ぶりだとストーカー治療にも理解のある方のようなので、再犯の危険性もよくご存じでしょうから、一筆書い

ていただいたらどうかというものだった。

……うーむ。仮釈放時のAの状態と私の不安を把握している四国地方更生保護委員会から、起訴後の状況をほとんど知らない、知るすべもない警察に、接近禁止命令の適用を促す書類を出す。小早川先生、すごいことを考えるなぁ。おそらくは、漂う空気を読んで察するに、ダメがでるだろう。

けれども、この二つの機関、いやさらに検察や裁判所も含めて、逮捕後に加害者が渡り歩く組織のすべてにおいてなんだが、組織の壁をまたいで密に連携して情報共有してくだされば、再犯の防止にも役立つし、なにより被害者としても安心なんだよ。ダメだろうからと働きかけなければ、この縦割り主義の悪弊は、二十二世紀まで変わらないんじゃないか。Uさんだったらもしかしたらもしかして、イケるかもしれないし。そしたらとっても心強い。分かりました。お願いしてみます。

四国地方更生保護委員会も、高松の法務合同庁舎内にある。検察も裁判所も何もかも、高速艇乗り場から降りて五分で着くのは本当に助かる。それもこれも遡れば海水をお堀に引いている高松城の立地のおかげだ。もし小豆島が岡山県に所属していて、Aが岡山県民だったら、新岡山港から町の中心までバスで四十分かかるのだ。高松城は現在城址とお堀が残るのみで、玉藻公園という緑地になっている。そこにほぼ隣接するのが丸の内一の一、法務合同庁舎だ。

もうすっかり常連気分で受付を済ませ、エレベーターに向かう。お目にかかったUさんは、枝野幸男と林修を足して二で割ったような風貌だった。

まずは、正確な刑の満期日と、仮釈放中に私に接近してきた場合の対処について教えていた

だいた。おそらくは満期より一カ月ほど前倒しで仮釈放になるだろうとのことだった。私に接近したことをA自身が認めれば、仮釈放は取り消し、刑務所に残る満期分だけ収監される。しかしAが認めなかった場合には客観的な裏付けが必要となるので、とにかく警察に通報相談すること。事件とならなくても、相談すれば記録として残るので、保護観察官は仮処分を取り消しできるという。なるほど。とにかく接近してきたら、警察だ。

それで今のままでは人前に出たりメディアに出る仕事のたびに不安で不安で仕方がないので、Uさんに教えていただいたように、接近禁止命令の適用を警察にお願いしに行こうと思うのです。つきましてはUさんの方からも、接近禁止命令が必要であるという手紙を一筆書いていただけませんでしょうか。

「それは……私の一存では、決めかねます。対応は模索しますが、それぞれの職分がありまして、我々としては、実際の指導をする保護観察所に意見陳述の希望などを伝えることはできますが、警察や裁判所に上申できるかというと……」

前例がないと？

「ないですね」

やっぱりね、とつぶやきそうになるのを堪える。

私としては、身の安全のためにやるべきことはすべてやっておきたいと考えています。A自身が遮断しようとしても、メディアに出れば、私の情報に触れてしまう状態なのですから、非常に危険だと懸念しております。それを恐れて公的な活動を制限されるのは、あまりにも理不尽です、とだけ言った。

仮釈放直前のAと面談する組織から、最終的に世間に放たれて再犯した場合の対応をすることになる組織へと、情報連携や意見交換することが、なぜ難しいのか。手紙一本書くことすらできないというのは、どうなのだろうか。

気を取り直して意見聴取を進めていただいた。公的活動や私的な生活でいかに不便を強いられてきたのか、これからさらに不安が増すことを細かく具体的に説明し、保護観察がつく仮釈放に異論はないが、とにかく不安なので治療を特別遵守事項に入れてほしいと申し上げた。

「私、矯正施設に勤務したこともありますし、これまで近畿の方で医療や福祉などの関係機関との連携も密にやってきた自負はあります。ストーカー事犯もたくさん見てきました。で、その経験から申し上げますが、依存症の場合、治療を受けても本人に病識がないと、なかなか継続しないんです」

病識って、自分が病気だという自覚ですね？

「そうです。それを治療したい、改善したいという気持ちを引き出すのが、なかなか難しい」

ああー。

「私はまだ彼に会っていませんが、面談したときに、自分の罪に向き合わずにあの女が悪いからこうなったんだというところで終わってしまうと、治療動機はないわけです。（被害者の）存在をなくすことが、万能の回復薬であると。つまりあいつが動かなければ自分はそんなことはやらんと」

それです、それ。絶対そう思ってる。

「で、限られた十カ月という懲役の中で、どれだけ本人が自分自身に向き合うことができたか

という と……ご心配はごもっともかと思います。ただ、内澤さんがおっしゃる通り、特別遵守事項に精神科医の指示を受けてカウンセリングを受けるなど、つけることはできます」

ストーカー事犯でもですか。小早川先生は、ストーカー事犯にはついたためしがないとこぼしていたのだ。

「ストーカーでも暴力や性犯罪をしていたら、ないことはないです。ありますよ。それとワンランク落ちますが、生活行動指針というところに意見として付す場合があります。ただ、一番の問題は、先ほども申し上げた通り、治療動機が本人の中にどれだけあるか、ということですね。病院に行くための費用がないだとか、時間がないだとか言い出したら、治療動機が強くないケースが多い。本人にどう治療動機を持たせるのかが、課題となるんですが、そこまでの時間が……。

去年の六月から新しく刑の一部執行猶予制度ができましてね。懲役三年以下の者については裁判官の判断で、一定期間は刑務所に入りますが、その後の数カ月間については保護観察をつけた執行猶予となります。そんなわけで、かなり長く時間をかけて計画的にフォローアップできる機会が増えました。ただし、今回の事件は適用外です」

ああ、また適用外!! 適用外ばっかりだよ、まったくもう。

「本件が仮に適用内だとしても裁判官が適用と判断したかは分かりません。ともあれ、現状では率直に言うと仮釈放もそんなに長くならないので、保護観察官や保護司とも数える程度の面談しかできない。更生保護委員会としては、関与しづらいです。約一カ月の保護観察期間では二回面接する程度です。もちろん限られた中でしっかり取り組みますが。むしろ内澤さんがお

考えのように、精神保健福祉センターとかカウンセリングを含めた医療機関につながるのが、ベストだとは思います。ただ先ほども申し上げましたがそこに行くには動機がないと……。現実問題としては、難しいのかなというのが私の見解です」

であれば、勾留中ではありますが、たった二十分の面談で、A本人から治療したいと言わしめた、カウンセラーの小早川先生に、連絡してほしいですね。本人から。連絡を取り合うことも約束したんですから。意見書に盛り込んでください。

意見書の作成が終わったところで、改めてUさんの目を見て申し上げた。これまで事件を担当する各組織の官僚の方たちの中で、ストーカー治療の存在を、しかも具体的な治療方法までご存知の方にお会いできたのは、初めてです。ようやく治療の必要性を前提にして、一歩進んだ話を伺えた気がします。ありがとうございます。

「我々の理解としては、あのー、いわゆる依存のあるものは、全部治療が必要なんです」

いや、ホントに私にはそうだとしか思えないんですよ。なんでそう考えない人がいるのか不思議なくらい。

「国の政策としても、再犯防止推進法ができてますし、そういう流れに時代は確実に変わってきています。昔は受刑者には懲役を受けさせるだけで完結していたんですが、今は治療モデルに変わりつつある。それを関係者全員が共有していかねばならないんですけど、まだそこまでの認識が足りないというか……。そしてやっぱりまだまだ受け皿となる専門の治療機関も少ないし」

はい、どの時点でどの窓口で治療に結び付けられるのかっていうのがまるで混沌としている

状態だと思いました。実際に結び付けようにも受け皿もおぼつかないんでしょうから仕方がないんですけど。

すべての窓口で治療治療と叫び続けてきました。白い目で見られることもありました。私が一番嫌なのは、窃盗や性犯罪などの他の反復事犯と違って、ストーカーは同じ被害者を再び襲う確率が異様に高いってことです。被害者ひとりに掛かる負担が非常に重い。なのに対策が……。

「それは、恐れずに、被害者自身が発信していくことです。加害者が特定されないようにしつつ」

そうですよね。発信することで、好意や恨みが高じた嫌がらせを自分の意志では止められなくなっている症状が病気であることを、多くの人に知ってもらって、それが常識になれば、ストーカー本人だって、自覚する可能性が高まって治療に向かってくれると思うんです。

自分からはこの体験を公に向けて書くつもりだとは言わなかったのだが、Uさんはまるで私が書くことを前提にしてお話ししてくださったようにも思える。

地方更生保護委員会での意見書作成の二日後。小豆警察署生活安全課に、藤吉先生の上申書と私の嘆願書を添えて、ストーカー規制法の接近禁止命令の適用をお願いしに行った。Gさんは最後にAがLINEを送ってきた日にちが法改正施行日にかかるかを気にしつつ、県警本部と相談して対応しますと言ってくださった。名誉毀損事件時の2ちゃんねるの書き込みとLINEのやりとりを印字して提出した。しばらくして電話があった。

「県警本部のストーカー事件担当者に見てもらったのですが、接近禁止命令は出せないということになりました。理由は、供述調書などを見てもストーカー的な感情、【好意の感情が満たされなかったことによる怨恨の感情を充足する目的】に当てはまらないということです」

はあ？　ヤフーパートナーがらみの嫌がらせは、好意の裏返しに当たらないと？　意味が分からん。

「一回目の脅迫事件に関しては好意の感情が満たされなかったことによる怨恨が認められるのですが、こちらは日にちの問題でダメでした」

いよいよ意味が分からない。

「それと、内澤さんが最初に相談に来られたときに記入をお願いしたチェックシートを覚えていますか。ストーカー加害者の危険度を判定するものです」

はい。マグショットを見せられて偽名を使われてると言われたショックで、なにを質問されたのかすらまったく覚えていませんがね。

「あの判定結果がですね、危険度がそれほど高くないんです。それもありまして、今回は適用しないということになりました」

はあ⁉︎　再犯しているというのに危険度が低いままってどういうことなんだろう。最後には島に行くとすら言っているのに。

「ただし内澤さんが不安を訴えるのも分かりますので、折衷案的なものとして、収監中のAに県警本部の人間と小豆署生活安全課の担当者とで面会に行き、何が違法行為にあたるか、ストーカー規制法が適用できなくても迷惑行為等防止条例などもあると、口頭注意します。こち

らは警察の記録にも残ります。それで、訪問日を刑務所の方に問い合わせましたら、某日に仮釈放申請を出しているそうで、その二日前に行くことになりました」

まさか、検察から仮釈放日が通知される前に教えていただくことになるとは思わなかったなあ。

しかもこの件とまさに並行して、刑事課から電話があり、「内澤さん、被害者に、加害者の処遇を通知する制度ゆうものがありまして……」と言われた。

あ、それ裁判の後にすぐ申し込んでますよ。すでにいろいろ通知していただいてますけど。

「そうですか。実はそのー、我々がAの出所日を知ろうとして検察に問い合わせても、そのー、時間がかかるんですわ。それで被害者の方に通知制度に登録してもらって教えてもらうのが、一番早いんです」

目が点になった。マジか。警察と検察と更生保護委員会との連携云々の前に、署内の生活安全課と刑事課の連携が……ない⁇

とりあえず仮釈放日をお知らせし、これまで届いている通知書が見たいとおっしゃるので、持参すると、コピーを取って保管していた。……よろしくお願いしますと頭を下げた。警察としては、起訴までは事件にかかわるのだろうけれど、その後どうなったのか、公判の結果を詳しく把握することすらも、なかなか難しいのだそうだ。とりあえず仮釈放前に気にして動いてくださっているだけでも、ひと昔前だったらあり得ないことなのかもしれない。そう、小豆署の方々はそれぞれ本当によく動いてくださっている。横で連携していないだけで……。

高松刑務所での面談日、生活安全課のGさんから電話があった。

「いろいろ注意してきました。それで……。Aからの伝言を受けたので申し上げます。内澤さんに二度と近づく気はない。自分はアルコールのせいで事件を起こした。出所後はアルコール依存症の治療をする。ストーカーではないのでカウンセラーの小早川さん？　ていうんですか？　を二度と自分に近づけないように。だそうです」

はあああ？　Aが裁判で言っていたことは、なんだったんだろう。真っ赤な嘘なのか？　真っ黒い気分のまま、小早川先生に電話を掛けて報告すると、「なんで警察が加害者の連絡係になるのよ!!」と怒った。

そうだ、そうそう、なんかムカムカするなと思ったの、そこです。もちろんAにもムカついてますけど、なんでこんな罪への反省も謝罪の気持ちもなんっっにもないクソ伝言を、正義の味方であるはずの警察から丁寧に伝えられなきゃならないんですかね、私。

31　終わりなき闘い

仮釈放前に、小豆署の生活安全課の刑事が、県警本部のストーカー事件担当の警察官とともに高松刑務所まで出向いてAと面談し、私に二度と近づかないように注意してくださったことは、本当にありがたいことだと思っている。どれだけ心強かったことか。島の警察はお前のことを忘れちゃいないんだぞと、念押ししてくださった効果は、絶対あると確信している。もし

私がAであったら、警察が目を光らせていると思ったら、とりあえず自由の身になったらすぐに島に行ってやるという気には、よほどのことがないかぎり、ならないだろう。物理的な安全度が高まるにこしたことは、ない。

とはいえ、Aの不遜な伝言は、なんなんだろう。自分は酒のせいで事件を起こしたのでストーカーではないだと⁉　二度と近づかないから、カウンセラーの小早川先生を近づけるなだと⁉

刑に服したからもう自分は悪くないと思っているのだろうか。ふざけんな。示談違約金も未払いのまま、2ちゃんねるのミラーサイトだって残っている状態なのだが？　まさかそれを忘れたとでもいうのだろうか。ひょっとして大したことじゃないといまだに思っているとか？　詫びの言葉すらなく、「近づけるな」とか、何様なのだろう。あまりにも根性が悪すぎる。

一回目の脅迫事件のときに綴られた手紙にも、まともな謝罪の言葉がなくて、茫然とした。この男、ストーカーという病だろうがアルコール依存だろうが、私に対してやっちゃいけないことを二回もやったのは、紛れもなく自分自身だということを、認めることが、できていない。刑務所での矯正指導、効果ゼロじゃないか。なにやってんだよ。紙箱なんか作らせる暇があったら、ちゃんと反省できるように洗脳でもしてくれよ‼

そもそも刑に服すという行為ってのは、ルールを作った国家に対して、それを破ったことに対しての罰則だ。刑務所に入れて不自由な生活を強いて、国にごめんなさいする行為。罰金刑のお金だって検察庁に納付するだけ。懲役刑にしろ罰金刑にしろ、加害者は国から痛い目に遭わされるだろうけれど、被害者の被害に対してなにか埋め合わせがあるかというと、刑事的に

は特に何もないのだ（殺人や重篤な傷害事件であれば、犯罪被害給付制度が適用される）。

それで、被害者である私になにかA自身からの、自発的な償いは、あったか？　2ちゃんねるの書き込みの削除は、A自身がやったのではなく、私や藤吉先生、Aの代理人であるZ弁護士が手続きし、しかも刑期短縮につながった。

まさかそれで堂々と、私にごめんなさいの言葉も、示談違約金を分割弁済しますの言葉もなく、カウンセラーの小早川先生を差し向けるなどと偉そうに吐き捨てて、何事もなかったかのように、社会復帰して、生きていくわけですか⁇　Aはコピーされ続ける2ちゃんねるのスレッドを永遠に削除し続ける義務を負うとか、刑事裁判の判決でつけてくだされればいいのに。

警察も刑事裁判の裁判官も、検事も、保護観察官も、だれもAに対して、私への償いを促したりは、しない。そこはもう範疇外ってことで。あとは民事裁判でやってねってことですか。でもね、それをただ淡々と伝えられる私の身になってほしい。書き込みは消えていないんですけど。Aはどうやら反省していないようですの一言でもあれば、まだ警察の方と悔しい気持ちが共有できたと思うけれど、それすらない。ただ伝言をそのまま伝えられただけ。Aと同等に扱われているようで、実に不愉快だった。

危険が一応回避されていることも手伝い、怒りが止まらない。

あまりにももやもやが止まらないので、犯罪被害者の会が運営するサイトや、犯罪被害者の境遇を扱ったドキュメンタリーなどを見まくった。服役が終わってから、被害者もしくは被害者の遺族に誠心誠意向き合い続けることができる人など、ほとんどいない。事件のショックや、物理的に怪我を負わされて障害が残るなどして、生活が立ち行かなくなっている人に対して、

加害者から償いがあるわけでもなく、国からの補償やケアも十分でなく、多くの人たちが苦しんでいることを知った。

四国地方更生保護委員会のUさんが意見聴取の際に、

「日本は先進国の中でも被害者に対するケアが本当に遅れています。我々が犯罪被害者から意見を賜《たまわ》るようになってからまだ十年経つか経たないかです」

とおっしゃっていた。いや本当に。被害者への償いがないこともそうだけれど、ストーカー事犯については、まずは、被害者の安全の確保と、事件前と同じ生活を送ることへのサポートが先だ。あ、書き込みを消すことは、事件前と同じ生活に戻るための第一歩でもあるか。

仮釈放からおよそ一カ月が経ち、Aの刑が満期を迎え、高松保護観察所から通知書が来た。保護観察の状況として、仮釈放期間に課せられた特別遵守事項と生活行動指針の内容が書かれていた。

特別遵守事項は、三つ。

1．バーチャル上の書き込みも含め、被害者等に一切接触しないこと。
2．酒を一切飲まないこと。
3．就職活動を行い、または仕事をすること。

生活行動指針は、一つ。

1．精神科医の指示に従い、必要な治療や服薬をすること。

倒れそうになった。この四つを見たら、自分はアルコール依存症だから書き込みしたんだと

お国が公認したと、Ａ自身が勘違いを起こすわ、そりゃ。高松刑務所に未決勾留中に、小早川先生をわざわざ派遣して、たった二十分でもカウンセリングしていただいて、「ストーカーの治療をしたい」と言わせた、つまり病識をつけたにもかかわらず、それがひっくり返されてしまったことになる。

Ａはとにかく自分がストーカーであることを認めたくないのであるから、ストーカー規制法が適用されなかったことに加えてこの沙汰で、また「俺はストーカーではない」と思い込んでしまったのではないだろうか。ぐったり。

ともあれ、これをもって、Ａは保護観察期間も終え、こちらへの通知もすべて終了、ノーコントロールで野に放たれた。気がついたら最初の逮捕から七〇〇日以上も経過していた。

Ａがどんな状態であろうとも、これまでのことを書く。と心に決めていたものの、何度も何度も迷い、怯え、逃げたくなった。泣き寝入りしようかと迷った。書けばＡを刺激することになりかねない。示談書にこの件についてＡだけでなく私も口外しないという条文が付けられていたことも、大変に気が重かった。私に示談を破った際の違約金条項はつけられていなかったし、Ａが先に示談を破っただけでなく、再び刑事犯罪を起こしたのであるから、ほぼ無効と解釈してもいいと言う人もあれば、厳密にいえば示談違反となると言う人もいた。たくさんの人に相談した。

結局は、私が腹を括るしかない。Ａが絶対に襲ってこないという保証はどこにもないのと同様に、これを書いて絶対何も起きないなどという保証も、誰にもできないのだ。「内澤さん、何事にも絶対は、ないんだよ」と言って気づかせてくださったのは、小早川先生だった。

ただ、名誉毀損でAが訴えてきた場合に、絶対に負けるような書き方は、しないことだ。つまりAがどこのだれか個人を特定できるようには書かない。そしてもう一点、このストーカー被害のルポの目的が、公益を図るものであることを明確にすることだ。ストーカー事件は大きな社会問題だ。このことについて書くことは公共性もある。公益を図る目的でかつそれが真実であることの証明があった場合、これを罰しないと、刑法の条文に書いてある。

ストーカー加害者は、自分の意志では加害行動を止めることができない、行動の嗜癖《しへき》、いわば依存状態にあるものが少なくない。被害件数は爆発的に増えているにもかかわらず、そのことすらも、知らない人が多い。まずはストーカーが病気であることを、とにかく世の中に知らしめたい。続いて病気だから、ただ罰するだけでは、効かない。縛《ばく》を解かれれば再び被害者へ向かう。そして恨みをたぎらせ嫌がらせを続け、エスカレートすれば殺人までしかねない（数パーセントだが）。それを防ぐためには、医療介入で無害化する必要があることを、訴えねばならない。

さらに私が被害者として対面した現状では、ストーカーを誰が、どの段階で、どのようにして医療と結び付けたらいいのか、法律も制度も恐ろしいほどなんにも整っていないということも、明示したい。刑事事件化して懲役刑を科したところで、いつかは社会に戻ってくる。そのために、どれだけの被害者が泣き寝入りして、住み慣れた町や職場すら変え、結婚も諦めて、隠れるように生きていることか。私とて、こうしてAの報復を恐れずに言いたいことを言ってはいるけれど、住んでいる場所についてはかなり気を使って人を遠ざけている。そのための不便も非常に多い。

もしかして首都東京では、もう少しストーカー対策が進んだ状況にあるのかもしれない。けれども、現実として、地の果てのような離島に住む私であっても被害に遭う。そしてこの島の警察は手厚く私に対応してくださった。しかも会話の端々で、島内の被害者が私ひとりではなく、相当数の相談案件を抱えている様子が窺えた（DVも含めてなのかもしれないが）。田舎だから安全などということは、全くないのだ。

幸運にして、「週刊文春」で連載が決まり、二〇一八年五月から掲載された。発売日翌日に電話が鳴った。小豆警察署生活安全課のEさんからであった。Aからの接触の有無を確認すると同時に、一一〇番通報登録制度に登録しているかの確認であった。Eさんは「私、四月に異動してきたばかりで、調書を読み直しているところでして……」と言う。調書のファイルは電話帳より厚い。

恐縮です。登録していただいてます。なにかあったらすぐにご連絡いたしますと申し上げて、少し雑談ぽく治療の話を振ると、

「やはり被害者の立場からお前は病気だ、治療に行けと言われると、加害者としてはどうしても反発したくなるのかもしれませんねえ」と言ってくださった。お、ちょっとカウンセリング技術ある？　これまでで一番ストーカー心理に通じた（おそらく対応してきた件数が多いのだろう）刑事さんのように思える。頼もしい。

それから一カ月後、小早川先生からの電話が鳴り、心臓が縮む。Aから連絡があったと言う。来たか。会話の内容は秘匿義務があるため、詳しくは知らされなかったが、「週刊文春」を見て、

憤っているということだった。予測通りだ。

Ａは小早川先生を自分に近づけるなと言いながら、私がＡにとって気に食わないことをしたとき、私自身に文句を言おうとすれば警察出動、となることは分かっているようで、そうなると唯一の窓口、小早川先生に連絡せざるを得ないのだった。条件反射制御法を受けさせることはできなかったけれど、やはり小早川先生にお願いして高松刑務所まで行って面談していただいて、良かった。

小早川先生と話をするということは、それはすなわちカウンセリング。認知行動療法をはじめとしたさまざまな手法を使い、Ａの怒りの根源をほぐそうと試みてくださる。著書では、被害者が加害者に対して不快なことをした場合、違法な手段で復讐するのではなく、あくまでも法に則って、訴えることを薦めると書いてある。正論だ。Ａにも言いたいことがあるなら裁判にしなさいと言ったのだろうか。

とにかく、危機的状況は、回避されたらしい。小早川先生としては、Ａの状態次第では警察と連携することも想定・覚悟していたようだ。驚いた。それでも私が書くことを止めようとせずに、書かせながら守ろうとしてくださっていることに、心底泣けた。

これまでの人生、わずかでも危険のある行為は、全く認めず、厳しく禁じるような親に育てられてきた私にとって、危険な目に遭ったときに、誰かに頼り、助けてもらうことが、これほど頼もしく、そして私自身をさらに強くすることを、はじめて知ったような気がする。この方にお願いして本当に良かったと思った。

それからまた一カ月後、小早川先生のところにＡから連絡が入った。やっぱり私に書かれる

ことに対して、どうにも納得できないということらしい。しかし今度もまた小早川先生との会話で憎悪の炎を削ぐことが、できたようだ。

この対応を、あのときにできていたら。あのときとはすなわち、一度目の脅迫事件を示談にして不起訴が決まってから数カ月後、私がまだ小豆島にいると知って、逮捕されたときの怒りが再燃したときだ。

Aは示談締結時の私の代理人であるI弁護士に連絡し、何を言われたのか。I弁護士のメールでの言い分と、取調べ調書でのAの言い分は食い違うのであるが、I弁護士の不誠実な対応によって、Aは再犯への道を歩むこととなったと、私は思っている。

ただし、示談相手に対して弁護士にカウンセラー的な対応を要求するのも、難しいとも思う。彼らは法律の専門家であり、膨大な法律知識に基づいて、トラブルを整理するプロだ。刑事事件で加害者の弁護人となれば罪状を軽くすべく動く。それはそれで大切で、社会生活に必要不可欠な職種だ。当たり前すぎることだが、彼らの発言の基幹は、法律。法律に拘泥すればするほど、対応によっていかようにも動いてゆく人間の心情から、かけ離れていくように思える。もちろんそういう弁護士ばかりではないのだが。

カウンセラーに相談することは、ストーカー被害に遭った者がとることができる数少ない選択肢の一つだ。警察に相談する。示談では弁護士にお願いする。彼らだけでは対応しきれない場合や、事態を悪化させることに繋がりかねない場合もあることを、多くの方に知っていただきたい。

それにしても、小早川先生は何を話してAの憤懣《ふんまん》を削いだのか。

「あなたは、内澤さんに対してまだ（示談違約金支払いなど）なんの償いもしていませんよね。（書くことを黙認することが）償いになると思ったらいかがですか、というようなことを言いました」

はあー。そんな言葉が咄嗟《とっさ》に出てくるなんて、プロは違う！　としか言いようがない。

その後「週刊文春」編集部に、Aと思われる人物が事件の相手であると名乗り、私の連載記事は不法行為である（示談に違反しているから）という電話が入ったという。法テラスにでも相談したのだろうか。

それ以降、現在にいたるまで、Aからの接触はない。訴訟も起こされていない。もちろんだからといって警戒を解いてもいない。

「絶対安全」は、もう私の人生にはないのだから。

以下を書くのは迷ったが、ストーカー被害に遭っている方も読んでくださっている（連載時）ようなので、敢えて書く。この原稿の執筆にあたり、刑事確定記録の閲覧を、高松地方検察庁に申し込んだ。刑事確定記録とは、警察での調書に検察の調書、判決文など、裁判に使われた資料すべてのことだ。裁判が終わってしばらくしたら検察庁に保管される。

被害者が申し込んだ場合、加害者の個人情報に抵触する部分などが墨塗りされた状態で開示される。刑事事件の被害者となった方は、その体験を書く書かないにかかわらず、民事訴訟の可能性を検討する際の資料ともなるので、開示されたものは全て、写しをとって持っていた方が良いとは思うが、気をつけていただきたい。ゲロ袋を横に置いてから読む方がいいくらいだ。

Ａが警察や検察の取調べで何を述べたか。とても正視できる内容ではなかった。調書には、書き込みや脅迫文の内容を数十倍に濃縮したような私への侮辱的文言の数々（それもほとんどが下ネタ）が、綿々と綴られていた。私との性行為についての感想が、犯行動機になるとでもいうのだろうか。2ちゃんねるに書き込んだ侮辱文言ひとつひとつについても、なぜそのような言葉を書いたのかの理由を述べている。聞かれたから正直に答えたということなのだろうか。ひどすぎる。

公的記録として、残されていいのかとすら思える内容だ。犯罪を起こした理由にさえ繋がらない。当時警察の方に会うたびに視線が妙だと、セカンドレイプ的な何かを感じたのは気にしすぎかと思っていたのだが、そんなことはなかった。

Ａには何度も身体の中を真っ黒に塗りつぶされるような気持ちにさせられたが、この調書群の破壊力ときたら。この調書は、私が二回目の書き込み事件が起きたときに、ＩＰアドレスを自力で取得し、逮捕後にも示談に応じずに起訴をお願いしたことで、閲覧可能になったとも言えるものだ。不起訴になっていたら、閲覧もできなかったのだろう。

三日ほど何もする気が起きずに寝込んだ。本稿を執筆することができていなかったらＡへの殺意を抑えることができたかどうか、正直自信がない。

32　未然に防ぐこと。そして治療に向けて

自分はどこで間違ったのだろうかと何度も考える。

そもそも付き合わなければ良かった。交際中に怒るべきときに怒れば良かったのか。別れ話をもっと丁寧にすれば良かったのか。

改めるべき点はすべてと言ってもいいのかもしれない。ただし、近しい人間関係における歪みは、当事者たちの互いのやりとりの中で少しずつ、しかし確実に、そして強固に醸成されていくもので、本人たちが一番気づけないものなのではないだろうか。

小早川先生のところには、加害者になりかけている相手にどのようなメールを送ったらいいのかという相談も来る。上から目線ととられがちな言葉を避けたり、新しい彼がいるなどの余計な情報は書かない、相手の内面に踏み込まないなどなど相手を無用に怒らせない書き方というものがあるそうだ。早くきりあげようと焦って警察に通報しますなどと書くのも、もちろんNG。

別れ話をしても受け入れられず、「めちゃくちゃにしてやる」などと切迫したメッセージがしきりに届く状態になってしまったら、被害者側がいくら受け答えを工夫したとしても効果はほとんどない。むしろ危険なのだそうだ。直接対話を避けて、第三者（カウンセラーや弁護士）を

はさんでの話し合いに切り替えるべきだったのだ。私の場合は警察に相談しますと発信した直後あたりだ。

しかしこの時点できっぱりと連絡を絶ち、カウンセラーを探して相談・契約に踏み切れる人は、そう多くはないのではないだろうか。メッセンジャーなどのSNSでのやりとりでは、相手は十秒で豹変、別人のようになるのだ。たった数文字のメッセージを間違うだけで一気に暗転し、暴走列車のようなスピードで相手がモンスター化していき、返事をしなければさらに罵詈雑言が連続連発で降ってくる。そうなったら対応に追われ、相談に乗ってくださるカウンセラーを検索する時間すら持てない。

さらに酷い言葉を浴びるうちに、自分では気丈に振舞っているつもりでも、恐怖で判断力も思考力も理性もどんどん失われていき、被害に遭っているという感覚も麻痺してくる。振り返ってみると、普段の三分の一くらいしか脳が働かなくなっていたと思う。

そもそも警察に相談するよりも前の段階で、Aはストーカーになるのかもしれないという予感こそあれど、何のプロに相談すればいいのかが、まるで分からなかった。普段ならば検索ワードを広げるなど、もう少し何かできたように思えるが、恐怖で頭が回らなかった。

現在では警察庁がストーカー被害を未然に防ぐためのサイト（Café Mizen）を立ち上げている。相談に乗ってくださる公的機関や、電話相談口、支援制度も、簡潔に記載されているのでまずは参照されたい。とにかく早めに。これくらいで相談したら迷惑ではないかなどと思わずに、早め早めに相談して自分が置かれている状況を客観的に判断してもらう方がいい。

また、被害者の多くは自分も加害者に対して悪いことをしてしまったなど、公言しにくい事情を持っていることが多い。それが誰かに相談するのを躊躇させる原因ともなっている。それはそれ、被害は被害と分けて考えることが重要だ。

そしてもし被害に遭っている（遭いそうで悩んでいる）友人から相談を受けたら、どうかその人のこれまでの所業を責めないでほしい。責めればその人は誰かの手を借りることを諦め、孤立してしまうかもしれない。ストーカーの思うつぼとなる。今対面している事態を把握し、公的機関の窓口に、どうかその人を連れて行くなどしてあげてほしい。

あなた自身が第三者としてその人と加害者との間に立つことは、弁護士やカウンセラーなどのプロ以外は私はお勧めはしない。加害者の嫌がらせがあなたにも及ぶ可能性が高いからだ。関わるならば、そこまでの覚悟が必要だ。自分にできるかと言われると、正直に言って心もとない。だからこそ、その道のプロが増え、公的機関がしっかりと対応・采配してくださることを望んでいる。

最後に体験を振り返り、ストーカー加害者をどうしたら治療に持ち込めるのか、それを阻んでいる様々な問題点や改善点を、検証してみたい。この項は私の力不足に加えて精神医学と法律に関しての専門用語がどうしても増えてしまい、読みにくい部分もある。それでも敢えて書いておきたいと思ったのは、もしストーカー事件被害者になってしまったら、もしくは友人や恋人、または家族がストーカー被害者となり、支援しようと決心したら、これらの専門用語あふれる世界と嫌でも向き合わないと、闘い抜くことができないからである。読み物として読み

すすめてきた方は、退屈であれば読み飛ばしてくださっても構わない。

小早川明子先生には、二〇一六年にカウンセリング契約をして以降数えきれないほど、福井裕輝先生には二〇一八年二月に二時間弱、お話を伺い、私の疑問に答えていただいた。福井先生は認知行動療法でストーカーの治療をしている。

条件反射制御法を開発した平井愼二先生にも取材を申し込んだが、残念ながら応じていただけなかったので、御著書や講演、実際に条件反射制御法の治療に関わった小早川先生の著書から抜粋する。いずれにせよ医学的な治療の詳細は、福井、平井両先生の著書およびＨＰに当たられることを薦める。

誰かを恨み（ＳＮＳ上のファンなど面識すらない場合もあるが）、付け回したり嫌がらせをするストーカーのうちの大半は、途中で自制するか、警察などの警告を受ければ我に返り、おとなしくストーカー行為をやめるという。彼らもストーカーではあるが、治療が必要なレベルではない。警察から注意を受けてもまったく反省もせず、自制が利かず、むしろ逆上して違法行為に踏み込んでいってしまう者に対しては、精神疾患とみなし、治療が必要となる。

ただし、ストーカーが依存性の精神疾患となること、そして治療も可能であることは、まだ世間に知れ渡っているという状態とは言えない。Ａが二度目に逮捕された二〇一七年の時点では、検察官にも刑事課の刑事にも、「は、治療⁇　何それ」という顔をされた。

そんな状況で加害者側に自分はストーカー病だという自覚（病識と呼ぶ）ができるはずがない。そもそもストーカーは自分をストーカーであると認めたがらない場合がほとんどなのだ。

それでも、仮にストーカー本人が「やめたいと思っているのに止まらない」ことに悩み、自分が病気であることを知り、治療を望んでくれたと仮定しよう。それでも、現時点では簡単手軽に受診・治療ができるわけでは、ない。

まず治療を扱っている病院が非常に少ない。ストーカー行為の治療方法は、認知行動療法と条件反射制御法の二つがある。どちらもストーカー治療だけに特化したものではない。他の依存症に効くのでストーカーにも試してみたところ、効果があったという段階なのだ。

認知行動療法は、カウンセリングを重ねることによって、思い込みと現実のギャップを認識させ、認知の歪みを正していく。一方で条件反射制御法では、ヒトには動物的な脳と人間的な脳の二つの中枢があるという学説の下で、ストーキングしても成功しない、失敗したと動物的脳が反応する動作やストーリーを作成して、治療対象に何百回も辿らせることで、ストーカー行為を司る神経活動を崩壊させる。

小早川先生が対峙してきたストーカーたちの中で、九割はカウンセリングとセラピー（イメージ療法）によってストーカー行為を止めることができるようになったという。ところが残り一割はそれらが効かない。もしくはそれらをする時間的余裕がないほど加害衝動が強まっている。そんなときに条件反射制御法に出会い、彼らを入院治療させることによって被害者への接近衝動や拘りを消し去ることができたという。

現在、統合失調症や躁うつ病の治療では、薬物投与によってコントロールしていくのが一般的なため、私はどちらの治療法も薬ではなく、言葉や行動によって脳に働きかけることに、驚

きを禁じ得なかった。言葉は、心を闇に突き落としもするし、闇から救い上げる一本の糸ともなる。言葉を扱う仕事をしている人間としては、身が引き締まる思いだった。

素人の私見であるが、認知行動療法は、理性や意志に働きかけて良くないことをしているということを言葉によって理解させ、条件反射制御法は、言葉と動作によって本能などを司る無意識領域に働きかけて衝動を消す。アプローチ方法が全く異なるのだ。加害者には、とりあえず入院して絶対にストーキングできない状態にして、条件反射制御法を受け、被害者に向かっていく衝動を消した後、社会に出てから認知行動療法のカウンセリングで「愚かなことをした。被害者には悪いことをした」と反省に導いてくだされば、理想的に思えるのだが。

認知行動療法は、一般的にもよく知られていて、治療やカウンセリングに使っている医師やカウンセラーも多い。ただしストーカーに特化してカウンセリングを扱っている人となると、非常に少ない。福井先生によれば、「全国で十名くらい」というから驚いた。それじゃ各県に配置なんてずっと先の話だ。しかも、認知行動療法をストーカー治療に適用しても、保険がきかないという。最低でも一回九十分のカウンセリングを毎回自費。かかる期間は約一年となると、かなり高額となる。

一方で、条件反射制御法を取り入れている病院やカウンセラーも徐々に増えているはずなのだが、正式な数としては把握できていない。大半が外来診療と思われるのと、アルコールや薬物、ギャンブル依存に対応とは書かれていても、ストーカーに対応とは書かれていなかったりする。外来診療に関しては、自立支援医療制度を利用すれば、自己負担額は一割となる。入院設備を整えて治療に臨んでいるのは千葉県の下総精神医療センターの他二院が確認できたのみ

だ。下総精神医療センターでは保険適用となる。ただし三カ月かかる入院治療を受けるには、仕事を持つ者であれば休職しなければならない。

医師資格をもたないカウンセラーが条件反射制御法を行うことも可能だ。たとえば、下総精神医療センターで一連の治療を受けて衝動を消したあと、その状態を維持するためのケアトレーニングを受け持つカウンセラーも数人存在する。カウンセラーのカウンセリングには保険は適用されない。複数のカウンセラー（条件反射制御法に限らず）のサイトを見た感じでは一時間あたり六千円から一万円くらいが相場だろうか。

警察に寄せられるストーカー事案の相談件数は二〇一七年度で二万三千七十九件。福井先生はそのうちの一〇パーセントが要治療案件と見ている。つまり、およそ二千三百人。

警察庁のサイトにあげられたストーカー総合対策の中で加害者対策の推移を見ていく。二〇一五年には「様々な段階で更生のための働きかけ、保護観察付執行猶予となった者に対して保護観察所と警察との連携による特異動向などの把握と措置、受刑者・少年院在院者に対する問題性を考慮したプログラムの実施・充実」「ストーカー加害者に対する精神医学的・心理学的手法に関する調査研究の実施」とある。

これが二〇一六年の取り組み状況では「係る経費を予算案に計上（警察庁）」という文言が見られる。

そうして二〇一七年四月の改訂でようやく「加害者への治療等に係る警察及び地域精神科医療等との連携の推進」という文言が入る。Aを逮捕していただいたときには、すでに警察庁は

公に地域精神医療との連携に舵を切ろうとしていたのだ。
それから十カ月ほど経過しても、四国地方更生保護委員会から香川県警に、仮釈放者の処遇についての所見すら言ってもらえないというのが現状だったわけだ。文字通り、私はストーカー対策の過渡期の真っただ中に被害に遭ったのだと言えよう。これが他の対策ならば、大変だろうが長い目で……などと言えるのだが、ことこの件に関しては、亀が会議してんのか？もっと急げないのかと頭を抱えてしまう。

二〇一八年一月二十五日付の日本経済新聞の記事によると、二〇一七年四月から十二月までに警察が精神科医による治療などを勧めた件数は五百二十二件。そのうち七割が拒否。同意した百六十二人のうち受診に至ったのは百八人で、勧めた件数全体の二〇・七パーセントにすぎない。本来治療が必要と想定される二千三百人を総数とすると、たったの四・七パーセントとなる。

ちなみに二〇一六年に治療を受けた九十三人のうち治療が完了した三十三人は、つきまといなどの再発が一七年九月まで確認されなかったという。小早川先生が対応して、下総精神医療センターに入院させた二十人は、ほぼ全員被害者への関心がなくなったという。
つまり、キチンと治療を受け切れば治る可能性は非常に高いのだ。被害者にとってそれがどんなに大きなことか。毎日尾行されてやしないかピリピリし、友人と会食していても、誰かがSNSにアップする写真に写り込まないようにさりげなく顔を隠し、毎年住民票の閲覧制限の更新を申請するのに警察と役場で手続きをするなどの煩雑な手間から解放されるのだ。

問題は、嫌がる加害者をどう治療につなげるか、だ。自分がストーカー行為をしていないと思っているストーカーに病識をつけ、治療に向かわせるためのカウンセラーが是が非でも必要なのだ。Ａの例を見れば分かるように、小早川先生などきちんとした専門家と面談させれば、受診したいという気持ちになる加害者は多いと思われる。

そして、ストーカー加害者を医療につなげようと動いているのは警察の中でも生活安全課だ。実際、福井先生が警察関係者に対して講演をする場合も、生活安全課の人たちがやってくるそうだ。しかし私の場合、逮捕に動いたのは二回とも刑事課なのだ。より危険レベルの高いストーカーは、刑事課扱いになってしまう。逮捕送検の間、取調べを行う刑事課の刑事も、そして検事も、治療の必要性を理解している人がほとんどいなかった。このままでは警察が動いたときに治療が必要な加害者が医療に繋がらない恐れがある。

十分な調査母数とは言えないものの、七割が治療を拒否しているという結果は、衝撃的だ。これでは被害者は安心して生活していくことはできない。本人に病識がないまま治療に向かわせる方法はないのだろうか。

二〇一四、一五年度の警察庁委託調査研究「ストーカー加害者に対する精神医学的・心理学的アプローチに関する調査研究」では、イギリス、オーストラリア、カナダ、アメリカ、ドイツ、イタリアでのストーカー対策を紹介している。すでに六カ国ともストーカー加害者に対して（ときには被害者にも）精神医学的・心理学的手法によるカウンセリングや治療などに取り組んでいた。先進諸国を眺めれば、「ストーカー加害者に治療」はすでに常識なのだった。警察

と臨床心理士、医療機関などが連携した取り組みも、日本から比べれば大きく進んでいる。治療命令を出すことに限らず、関係機関が組織の壁を越えて連携し、被害者の安全を守るために柔軟に対応していることが窺えた。

中でもストーカー対策先進国であるイギリスの取り組みを少し調べてみたところ、二〇一八年五月にはロンドンに新しい組織が立ち上がったという記事があった。ロンドン警視庁と国民保健サービス配下の地域の精神医療センターとスージー・ランプルー・トラストというストーカー（正確にはパーソナルセイフティ、個人の安全）対策のための支援団体が連携して、ストーカー対策を行う。将来的には全国にこれらの連携組織を広げていく予定らしい。前述の論文と比べてみると、警察と医療の連携はすでにできていた。今回はスージー・ランプルー・トラストという支援団体が加わったということだ。

この団体のサイト（https://www.suzylamplugh.org）は本当に素晴らしいの一言に尽きる。目的は個人の安全を守ること。そのためにキャンペーン、教育、サポートと多岐にわたり活動している。被害者サポートの中には、国立ストーキングヘルプラインがあり、固定電話と一部の携帯電話からは無料で相談が受けられる。メールでも対応しているし、さまざまなケーススタディを読むこともできる。もちろん加害者を作らないための若者教育だとか、企業教育などにも力を入れているし、まあ、とにかくすべてにおいて、手厚い。読んでいて羨ましくて泣けてくる。ストーカー対策先進国は、司法と医療の連携だけにとどまらず、さらにその先を進んでいるようだ。

話を日本の現状に戻す。ストーカー加害者を治療に向かわせる手段として、刑事事件となる

罪を犯し逮捕送検された場合には加害者につく弁護士が動くという方法も、ある。加害者側につく弁護士が加害者を説得し、治療に行くことを示談の条件に盛り込む場合には、途中で治療に行かなくなる可能性を考え、被害届を安易に取り下げないようにすることを薦めたい。また、検察官や裁判官そして受け入れ側の医師と掛け合い、起訴後に保釈請求時の制限住居を病院にして、治療に当てるというやり方もある。

今後ストーカー行為が治療を受ければ止む可能性が高いことが社会全体に知れ渡り、治療者が増えていけば、動いてくださる弁護士も増えるだろうか。

ただしこの場合の治療方法は、条件反射制御法となるだろう。認知行動療法は、依存物からの誘惑がある自由の身においてやらねば意味がないのだそうだ。相手に付きまとったり嫌がらせをして逮捕されていたら、保釈が許される可能性は低い（被害者はなんとか阻止してもらうよう、強硬に検事に訴える）。

加害者側弁護士の動き方については、『治療的司法の実践　更生を見据えた刑事弁護のために』（指宿信監修　治療的司法研究会編著　第一法規）に実例などが細かく載っている。弁護士はカウンセラーではないので、加害者を説得するというよりは、適切な助言とカウンセラーや病院につなげる役割をしていく。

ストーカー事件での具体例は一つしか紹介されていないが、覚醒剤依存やクレプトマニア（窃盗症）、摂食障害での弁護方法でも、どの段階でどう治療機関と連携させるかという点は参考になるのではないだろうか。ぜひともひとりでも実例を増やしていただき、ストーカーに限らず依存性の行動嗜癖による犯罪は、治療を受けながら裁かれるのが当たり前の世の中になっ

てほしい。

公判前に治療を受けていれば、罪を軽くできる可能性もあり再犯の可能性も低くなるので、加害者側の弁護士としては決してマイナスにはならないはずだ。被害者としては治療を受けることで罪が軽くなるのは不本意な部分もある。しかしそれでも加害者が無害化するならば、安全を選択する被害者は多いはずだ。

また裁判の判決で、刑の一部を執行猶予にして保護観察に付し、依存の改善にあてるという制度を適用すれば、専門的医療援助を受けるよう指示することが可能である（本人の承諾を得るか意に反しないことを確認しなければならない）。二〇一六年六月からの施行となった制度だ。

しかしそもそもこの制度の正式名称は「薬物使用等の罪を犯した者に対する刑の一部の執行猶予に関する法律」なのだ。あくまでも薬物依存症者が対象。また更生保護法第五十一条の特別遵守事項で命じることが可能な「専門的処遇プログラム」とは、性犯罪者処遇、覚せい剤事犯者処遇、暴力防止、飲酒運転防止の四つであり、これがストーカーに適用されたことは、ない。

福井先生によると、暴力防止の一環としてストーカーへの治療プログラムをつくることを法務省としても検討はしているようなのだが、完成・適用はまだ先のことになりそうとのことだった。

また、定期的にカウンセリングがあるとしても、加害者が自宅で放置状態になるのは、不安

だという被害者も多いだろう。

そう、専門家の方々にはお叱りを受けるのを覚悟で書く。ストーカーを、つきまといや嫌がらせができる環境にあえて置きつつカウンセリングしていく認知行動療法で、本当に火が付いて手が付けられなくなったとき、どうするのだろう。たとえばカウンセリングを受けた翌日深夜などに、どうにも我慢できずに相手にメールをして、うっかり被害者が加害者を怒らせる返事をしてしまい、一気に怒りが暴発して相手の家に乗り込んでしまうとか、そういった場合に対応しきれるのだろうか。

もちろん治療機関は警察や被害者との連携も密に行っているのだろう。けれども、現状ではストーカーの状態の変化に対応、協議し、被害者をストーカーから守る手段を変えていくなどという目に見えるシステムも、ないのだ。警察は、ストーカーが違法行為をしない限り、警告までしか出せない。一部のストーカーは、警告でさらに被害者への恨みを倍増させる。理性も何もかもかなぐり捨ててむき出しの怒りをぶつけられた恐怖は、忘れようにも忘れられず、思い出せば今も脳がブラックアウトしそうになる。Aが本当に怒り狂っているときに私は実際に会っていないけれど、メッセージか、ひとづての対応ですらも恐ろしく、生きた心地がしなかった。実際に警告を受けるなど警察との接触があってから逆上して殺人に向かった例もある。

やはり、加害者本人の同意なき入院も、非常時には視野に入れなければならないと思う。非同意入院には、前述した措置入院と医療保護入院などがある。措置入院は、自傷他害の恐れがある場合に限り、二名以上の精神保健指定医の診断によって可能になる。医療保護入院は、自

傷他害はないが入院する必要がある人で、家族や自治体の同意と精神保健指定医の診断で入院できる。

ただ、ここで問題がある。一部の重篤なストーカーは、行動制御能力に障害をきたす疾病であり、判断能力はしっかりとある。「心神喪失および心神耗弱」状態ではない。だからこそ裁判で有罪に持ち込めるのだし、被害者としても徹底的に刑を科してほしいと思っている。もし殺人などの重大な罪を犯した人間が心神喪失もしくは心神耗弱状態であると鑑定された場合には、「心神喪失者等医療観察法」（二〇〇五年七月施行）によって、治療を命じられる。

ところが小早川先生によると、ストーカーには判断能力があるうえに本人に病識がないことも手伝い、重篤な犯罪でも犯さないかぎり治療が命じられることはない。親がストーカー行為を繰り返す子どもを病院に連れて行ったとしても、医師からは病気ではなく、ただ単に悪事をたくらむ人間と判断され、治療対象ではないと言われてしまうことが多いのだそうだ。

しかし平井先生は、一九三一年の大審院判例では、心神喪失を「精神の障碍に因り事物の理非善悪を弁識する能力なく又は此の弁識に従て行動する能力なき状態」、心神耗弱をこれらの能力の「著しく減退せる状態」と記されていることから、判断能力はあっても行動制御能力がなければ精神疾患と見なすべきだという見解を発表している（「反復する行動 同一違法行為反復者の疾病性と有責性」『医療の広場』二〇一七年七月号）。

ストーカーをパーソナリティ障害の一種と診断する医師もいるが、このパーソナリティ障害者の中には恨みや憎悪の対象が一人の人間に向かわずに「自分が不遇なのは社会のせい」「障害

者が生きているせい」などと思い込んで無差別大量殺人に向かう者もいる。社会全体を恐怖のるつぼに落とし込む事件のたびに、彼らをなぜ止められなかったのかと、大騒ぎとなる。ストーカーと全く同じ構造で、現行の制度では惨事を起こす前に医療機関につなげようにもつなげきれないのだ。「精神病ではない精神病」を患った犯罪者および犯罪予備軍への対処と治療機関の拡充に、国が本気で取り組む時期に来ているのではないだろうか。

小早川先生が二〇一三年から提携している下総精神医療センターは、行動制御能力の障害も精神病とみなして入院を受け入れる、数少ない病院である。病識がなく、小早川先生が契約するガードマンに連れてこられたストーカーも、平井先生から「あなたの判断能力は正常だが、行動制御能力に障害があります」と言われると、納得するという。

行動制御能力障害に有効な薬は、今のところない。認知行動療法にせよ条件反射制御法にせよ、効果があることが分かってからまだ日が浅く、治療体験者も少ない。

それでも、被害者側の人間としては、認知行動療法も、条件反射制御法も、どちらも効果が認められているのだから、両方の治療を受けてほしいとすら思う。もし他にも画期的な治療方法や薬があるのならば、それも試してほしい。がん患者が放射線療法も切除手術も抗がん剤も免疫療法も試すようなものだと言ったら乱暴だろうか。それくらい私たちは、ストーカーの自分への恨みや執着が消えうせることを、切望している。

Aが逮捕されずに毎日のうのうと2ちゃんねる（当時）に罵詈雑言の書き込みをしていた頃、もしAがなんらかの防護策をとって、IPアドレスを確定できないようにしていたら、刑事告

訴を断念しなければならなかった。その場合、どう闘ったらよいのか。Aに影響を与えることができる、助けてくださりそうな人は誰か、必死で考え続けた。そのときに辿り着いたのは、Aの鬱病を診ている医師の存在であった。向精神薬を処方するときの問診で、なんらかの異常行動に気づかなかったのだろうか。

後の公判で判明したところでは、Aは毎晩、向精神薬を服用すると同時に、ビールを大量に飲んでから、書き込みを行っていた。私への嫌がらせを助ける薬を処方していたようにすら思えて、腹が立って仕方がない。医師に患者の違法行為を注意する義務はないのか。

『サイコ型テロへの処方箋』（吉川圭一　近代消防社）の中で、国立研究開発法人 国立精神・神経医療研究センターの藤井千代氏へのインタビューが掲載されている。著者は相模原障害者殺傷事件の犯人が、非常に危険な言動から他害の恐れがあるとして措置入院させた後、恐れがなくなったとして解除して地域に戻った後で犯罪が起きたことを問題視し、措置入院の解除審査をもっと厳しくするべきではないかと問うのであるが、藤井氏は、精神福祉法の目的は精神障害の治療であり、精神障害者の社会復帰を重点に置くのが基本であり、犯罪予防という観点はないと何度も発言しているのには不安を感じずにはいられない。

福井先生に、もし患者が違法行為をしていたらどうされるのですかと伺うと、

「やめさせる介入は当然します。医師には守秘義務と通報義務があり、どっちを優先するのか、明確な基準があるわけではありません。常にケースバイケースで考えますね。具体的に実行に移すと予見できる場合については、通報します。昨日メールを送ってしまいましたと言われて通報することはしないです。昨日もやったけどまた明日もやる、それは駄目だよと言ったとし

てもやっぱりやると言う場合には通報します。
再犯についてはどのスタッフもかなり厳密に発言記録を残すようにして、再犯の可能性があるかどうかを吟味したうえで、守秘義務を解除して通報するかを決めます」

とても難しい判断が迫られるとは思うけれど、誠意を感じる発言には救われる思いだ。そういえば平井先生の講座でも、薬物常習患者とのやり取りの中で、通報するかどうかの判断の難しさについて触れていた。平井先生の口調にも、やっぱり患者を治すとともに、世の中を良くしたい、という思いがにじみ出ていた。

もし今後も加害者に十分な治療を受けさせないまま処罰を与えるのみで放置するのならば、前述したように、あとは加害者にGPSをつけて被害者とのフィジカルな接近を阻んでいただくしかないのではないだろうか。Aのように、実際に私の家に来なくても、私が困る嫌がらせを山のようにすることはできるので、直接的接近を阻むだけでは被害者のQOLが上がるとは思っていない。けれど、それでも殺されないという担保ができるだけマシにはなる。

福井先生は、性犯罪者にGPSをつけることについては疑義を呈しているが、ストーカーにはGPS装着が効果的と発言している。というのも、性犯罪者が向かう対象となる人間は、幼児や女性など分類はあるものの、不特定多数。GPSで犯罪者の位置を確認できたところで、犯罪を予知する情報にはなりえない。一方でストーカーが向かうのは、確実にたったひとりの標的なのだ。被害者の半径五キロ以内に近づいたら、警戒態勢をとれば、被害者の生命の危機は、免れる。

ＧＰＳ装着にせよ非同意入院にせよ、人権の問題など、さまざまな抵抗があるのは理解している。しかし被害を受けた側が、以前と同じ生活を捨てざるを得ない状況に甘んじなければならないのは、やっぱり明らかにおかしいではないか。犯罪加害者の人権と同じように、被害者の人権も尊重していただきたい。それは至極当然の要求だと思うのだが。どうか私たちに、普通の、不安と恐怖のない日々を送らせてほしい。

ただし、誰でも被害者になりうるのと同様に、誰でもほんの少しの行き違いから、相手を過剰に攻撃したくなったり、気に入った他人のＳＮＳを覗いてるうちにプライバシーをこっそり暴くのが楽しくなり、気がついたら止まらなくなっていたということは、あるのだ。何かの手続きの一環で誰かの現住所を知り、グーグルマップのストリートビューでどんなところか見たことがあるという人は、結構いるのではないだろうか。そんな行為だってストーキングにつながっていく危険は十分にあると思う。

私とてもし今回の事件で被害者体験をしなかったとしたら、ストーカー規制法のことも良く知らずに、だれかと激しい喧嘩をして頭に血が上り、大量のメッセージを送りつけてしまう可能性も、ゼロとは言えない。

被害者となった現在では、メールやメッセージがいかに危険なものかよく分かったし、相手に対して膨大な恐怖を与えるかも、身をもって知った。それ以上接近されるなんて、考えただけで呼吸困難になる。そして相手に何をしたら違法行為となるのかも普通の人よりは詳細に知った。今後誰かをストーキングする確率は極めて低いと我ながら思う。

とはいえ、だ。もし気がついたら加害者側の立場になっていたら、どうか。いきなり自分の

言い分も聞き入れてもらえず、治療も薦められずにGPSの足環を装着させられたり、無理やり病院に突っ込まれたら、たまったもんじゃないなとは思う。あくまでも、それらは最終局面としての、対策である（ストーカー被害というのはそこまで突き詰めて考えたくなるほどの恐怖体験なのだということは、重ねて申し上げたい）。現実的には、被害者をしっかり守ることと、加害者の加害衝動を高まらせないように、カウンセリングし、必要ならば医療機関に確実につなげながら見守り続けること。危険が少しでもあれば被害者側の守備にフィードバックすることを、まずは徹底するべきなのだ。前述したようにあれだけの諸外国がすでに実施していることだ。日本において不可能とは思えない。

以上、素人なりに駆け足で治療につなげるための問題点を検証してみた。で、最初に戻ってしまうが、究極の対策は、やっぱりストーキングされないようにすることが一番なのだ。これは今何の被害にも遭っていない、平穏な暮らしを満喫されている多くの読者の方にも、すぐに実行できることだ。ストーカーを治療が必要な病と呼ぶレベルにこじらせる前に、逮捕されるような「事件」に育つ前に、炎上の気配があればすぐにしかるべき人や組織に相談し、相談された人や機関が対応を誤らずに進められたら、沈静化、回避できる事件は絶対沢山あるはずなのだ。

私はこの事件の対応で、多くの間違いを重ねてしまった。思い返せば恥ずかしいことばかりだ。原稿を読み返していると何度も燃やしてしまいたい衝動に駆られる。黒歴史なんてもんじゃない、ブラックホール級の闇歴史だ。Aを怒らせ、ストーカーにしてしまったこと以外に

も、刑事事件の被害者として、それぞれ関係機関がどういうところで、法律の他に何を基準として動くのか、動かないのか、いかにそれぞれが断絶しているかもよく分からずに、言ってみれば最後の最後まで散々な目に遭った。

ただし死んではいない。心はズタズタだがフィジカルな怪我も負っていない。パソコンを打つための手も目も動く。話すこともできる。警察庁が、法務省が、ストーカー対策に動いてくださっていることは分かっている。恩恵を受けた部分もあり、大変ありがたいとも思っている。けれども、遅い。被害者が刺されたり死亡したりしてはじめて法改正が大幅に進むという前例を、変えていきたい。そんな気持ちでこの章を書いた。だからこそ、ここまで読んでくださった皆様には、感謝とともに、明日は我が身（被害者にも加害者にもなりうるという意味で）と思っていただき、ストーカー事件加害者を罰するだけでなく治療につなげていく必要性を、どうかご理解いただけたらと強く願う。

あとがき

やっとあとがきを書くところまでたどり着いた。長かった。

なんとかしてこの体験を書かねば、吐き出さなければ、今後自分は文章を書いていくことができなくなってしまう。けれども怖い。すべてを忘れて逃げ出したい。何もなかったことにして引きこもりたい。けれども、事件からサバイブした自分が、ストーカー被害者が味わう無念を書かないで、どうするのだ。三つ巴に渦巻く思いを抱えて、ここまで来た。

自分は決して強くもなく、人づきあいも下手な上に、ディベートを見るのすらも苦手なくらい、誰かと争うのが嫌いだ。けれども、異常な嫌がらせを受けて、いつのまにかストーカー被害者になっていた。なんの準備もなくリングに上がらされたようなものだ。きっと多くの犯罪被害者の方も気がついたら被害者になっているのだろう。しかも闘う相手は加害者ひとりだけなのかと思っていたら、そうではなかった。味方なのか敵なのか、いや敵ではないけど本当に味方なのかと疑いたくなる、なんとも、よく分からない、組織や制度や法律条文、暗黙のしきたりその他を背負った方々との辛いやりとりが、延々と続く。自らの尊厳を守るために。

ひとりでは、ここまで来ることはできなかった。以下に述べるすべての方々に、深い感謝を捧げる。迷惑が及ぶかもしれないことを考え、ほとんどの方たちの実名を明かすことはできな

いし、本人と特定できないように特徴などを変えねばならなかったけれど、小豆島に住む友人たち、そして東京やその他の場所に散らばる友人たちに、沢山助けていただいた。こんなことがあれば、関わり合いになりたくないと思われても仕方がないのに、暖かく手を差し伸べてくださった。ありがとう。いつか恩返しさせてください。

小豆警察署の皆様にも、現在進行形でお世話になっている。今後ともよろしくお願いします。ストーカー・DV事件の対応は、システムとして改善しなければならないと考えるが、それでも想像していたよりもずっと細やかに対応してくださった。特にYさん。逮捕に向けての証拠固めに尽力してくださったことは、忘れようにも忘れられません。

名誉毀損逮捕の決め手となった書き込み人の本人確定には、弁護士の藤吉修崇先生にお世話になり、その流れで連載時から本書まで法律用語の監修をお願いすることとなった。ありがとうございました。また、誰の力も借りることも叶わず、たったひとりでAと対峙していたときに、内容証明の発送元住所となってくださった本の雑誌社さん。無茶言って本当にすみませんでした。

そしてなにより、カウンセラーの小早川明子先生と出会い、加害者Aとの間に立ってくださる契約を結んだことで、筆を執ることができたし、ストーカー加害者を治療に結びつけることの困難さと必要性を、本書に盛り込むことが可能となった。心から信頼できる方に出会えたことは、本当に大きかった。ありがとうございました。今後ともよろしくお願いします。

被害体験を書くにあたり、書く場の確保については難航するだろうと思っていた。こんな地

味な事件被害を載せてくれる媒体が果たしてあるのか。しかも示談のこともある。以前に企画書を提出したことのある新谷学さんが週刊文春の編集長になっていたので、ダメ元でメールを書いた。あわよくば月刊誌をご紹介いただけたらというくらいの気持ちだったが、四時間後には「うちでやりましょう」との返事をいただき吃驚した。本当に心強かった。とはいえ業界の隅っこでのらくらしていた私には、週刊誌でルポ連載はハードルが高かった。立ち上げには時間を要したが、石井一成さんに随分助けていただき、なんとか形を掴み、連載を始めることができた。しかし今度は筆が止まらなくなり、担当の豊田健さんには長らくご迷惑をお掛けすることとなった。さらにどうしても最終章を書き足したく、書籍担当の山本浩貴さんをギリギリまでお待たせすることとなった。関わってくださった編集者全員の的確かつ客観的なアドバイスのおかげで、読み応えのある本に仕上げることができたと思う。そして素晴らしい表紙題字をデザインしてくださった平野甲賀さん、本当にありがとうございました。

本書に書かれていることが、昔話として笑われるように、ストーカー加害者の治療と、被害者支援や予防対策が、少しでも早く進み充実することを、心から祈念しています。

二〇一九年　卯月

内澤旬子

内澤旬子（うちざわ・じゅんこ）
1967年、神奈川県出身。文筆家、イラストレーター。2011年、『身体のいいなり』で講談社エッセイ賞を受賞。著書に『センセイの書斎　イラストルポ「本」のある仕事場』『世界屠畜紀行』『おやじがき　絶滅危惧種中年男性図鑑』『飼い喰い　三匹の豚とわたし』『内澤旬子のこの人を見よ』『捨てる女』『漂うままに島に着き』などがある。

初出：「週刊文春」2018年5月17日号～2018年12月27日号

ストーカーとの七〇〇日戦争《ななひゃくにちせんそう》

2019年5月25日　第1刷発行

著　者　内澤旬子《うちざわじゅんこ》
発行者　鳥山 靖
発行所　株式会社 文藝春秋
〒102-8008
東京都千代田区紀尾井町3-23
電話　03-3265-1211
ＤＴＰ　エヴリ・シンク
印刷所
製本所　凸版印刷

 ISBN978-4-16-391028-4
Printed in Japan